JAHRBUCH DER PSYCHOANALYSE
Band 62

AF210817

JAHRBUCH DER PSYCHOANALYSE

Beiträge zur Theorie, Praxis und Geschichte

Herausgeber

Claudia Frank
Ludger M. Hermanns
Elfriede Löchel

Mitherausgeber

Hermann Beland
Friedrich-Wilhelm Eickhoff
Lilli Gast
Ilse Grubrich-Simitis
Helmut Hinz
Albrecht Kuchenbuch
Horst-Eberhard Richter
Gerhard Schneider

Beirat

Wolfgang Berner
Terttu Eskelinen de Folch
M. Egle Laufer
Léon Wurmser

62

frommann-holzboog

Bibliografische Information
der Deutschen Nationalbibliothek

Die Deutsche Nationalbibliothek verzeichnet
diese Publikation in der Deutschen National-
bibliografie; detaillierte bibliografische Daten
sind im Internet über <http://dnb.d-nb.de> abrufbar

ISSN 0075-2363
ISBN 978-3-7728-2062-5
eISBN 978-3-7728-3162-1

© frommann-holzboog Verlag e. K. · Eckhart Holzboog
Stuttgart-Bad Cannstatt 2011
www.frommann-holzboog.de
Satz: Offizin Scheufele, Stuttgart
Gesamtherstellung: BoD, Norderstedt

Inhalt

Buchessay

Editorial

In »Erinnern, Wiederholen, Durcharbeiten« (1914 g) verwendet Freud erstmals den Begriff »Wiederholungszwang«, in *Jenseits des Lustprinzips* (1920 g) den des »Todestriebs« – die zwei Titelbegriffe unseres Schwerpunktthemas für den vorliegenden Band. Seither wurden diese Konzepte unterschiedlich interpretiert und weiterentwickelt, letzterer dabei nicht selten für überflüssig (u. a. auch von Scheunert, s. *Jahrb. Psychoanal.* 61), problematisch oder gar schädlich erklärt – und dennoch immer wieder aufgegriffen. Wir wollen mit diesem *Jahrbuch der Psychoanalyse* verschiedene Aspekte der aktuellen Diskussion vorstellen.

»Das Hauptmittel aber, den Wiederholungszwang des Patienten zu bändigen [...], liegt in der Handhabung der Übertragung« (Freud 1914 g, 134). Das klinische Phänomen, das Freud hier mit »Wiederholungszwang« tituliert, dürfte unter Psychoanalytikern weitgehend unbestritten sein und die meisten würden wohl auch der allgemeinen Beschreibung zustimmen, daß im Umgang mit der Übertragung der Schlüssel zur Therapie liege. Die Differenzen beginnen, wenn wir uns seiner Konzeptualisierung im einzelnen zuwenden. Helmut Hinz legt in seinem Beitrag »Konstruktion und Wiederholungszwang« eine Untersuchung vor, die sich vorrangig auf die Prozesse in der analytischen Situation bezieht – »vor Wissen und faktischer Wahrheit«. Von Freuds Überlegungen ausgehend entwickelt er, u. a. auf zentralen Arbeiten Wolfgang Lochs aufbauend, seine konstruktivistische Sicht und expliziert anschließend an einem kasuistischen Beispiel, was dieser Ansatz in der Praxis bedeutet.

Finden wir also auf der einen Seite des weitgefächerten Spektrums das Studium der Mikrobewegungen in der analytischen Situation mit dem Patienten, so springen wir mit dem nächsten Beitrag sozusagen ans andere Ende, nämlich zu Überlegungen hinsichtlich der menschheitsgeschichtlichen Entwicklung.

Der Philosoph und erste Preisträger des Sigmund-Freud-Kulturpreises (2009) Christoph Türcke bereichert nämlich die Diskussion von einer ganz anderen, neuen Seite, wenn er vom traumatischen Wiederholungszwang als Kulturstifter spricht – also den Aspekt des Wiederholungszwanges aufgreift, wo dieser selbst schon eine Funktion von »Bändigen« hat, von »Deeskalieren und Beruhigen« in den Worten Türckes. In seinem Beitrag »Konzentrierte Zerstreuung. Zur mikroelektronischen Aufmerksamkeitsdefizit-Kultur« legt er nun seine These dar, daß diese Errungenschaft der Menschheit durch die modernen Kommunikationsmittel tendenziell zurückgenommen werde, insbesondere durch die Bildmaschinen eine Reeskalation drohe.

Elfriede Löchel, die sich schon verschiedentlich intensiv mit Freuds *Jenseits des Lustprinzips* befaßt und einschlägige Veröffentlichungen vorgelegt hat, setzt sich aus psychoanalytischer Perspektive mit Türckes kulturphilosophischer Sicht in ihrem Kommentar »Aufmerksamkeitstechnik Psychoanalyse« auseinander. Sie hebt auf die Orientierung am Konflikt im psychoanalytischen Denken ab und plädiert dafür, die »Fragen nach der Bedeutung der neuen mikroelektronischen Medien« psychoanalytisch zu erforschen – das nächste *Jahrbuch* wird diese Anregung aufnehmen und den »neuen Medien« einige Beiträge widmen.

Nachdem Freud in *Jenseits des Lustprinzips* von Todestrieben zunächst (nur) bezogen auf das Zellniveau spricht, wendet er sich in einem nächsten Schritt der Liebe und Aggression gegenüber dem Objekt zu. Man habe von jeher eine sadistische Komponente des Sexualtriebs anerkannt, die sich gegebenenfalls selbstständig mache. »Wie soll man aber den sadistischen Trieb, der auf Schädigung des Objekts zielt, vom lebenserhaltenden Eros ableiten können? Liegt da nicht die Annahme nahe, daß dieser Sadismus eigentlich ein Todestrieb ist, der durch den Einfluß der narzißtischen Libido abgedrängt wurde, so daß er erst am Objekt zum Vorschein kommt?« (1920 g, 58). Von »seelischer Grausamkeit und geistiger Gewalttätigkeit« spricht Joachim F. Danckwardt, wenn er in seiner Wolfgang-Loch-Vorlesung »Die Verleugnung des Todestriebs« den von Loch erwogenen »Rest […] essentieller Destruktivität« behandelt. Danckwardt wurde am 22. Oktober 2010 der zum zweiten Mal verliehene Wolfgang-Loch-Preis überreicht, mit dem die Arbeit »Über die allmähliche Verfertigung neuer Theorien in psychoanalytischen Prozessen: Sigmund Freuds dritte Traumatheorie und Synthesetheorie von Setting und Deutung« ausgezeichnet

8

wurde[1] – ein Baustein eines seiner Forschungsprojekte, nämlich das der impliziten Theorien Sigmund Freuds. Seine Arbeit in diesem Band stellt einen weiteren Ausschnitt dieses Forschungsprojektes dar – Danckwardt zeigt, in welchen Arbeiten Freuds vor und nach 1920 sich als solche nicht ausgewiesene Ausarbeitungen seiner Lebens-Todestriebhypothese finden und entfaltet damit eine Lesart, die insbesondere den Beitrag hin zur Symbolbildung sinnfällig macht.

Auch auf der Suche nach impliziten Theorien bei Sigmund Freud nähert sich Christine Kirchhoff wiederum von einer anderen Seite unserem Schwerpunktthema. In ihrem Beitrag »Von der Wiederkehr des unbewußtem Wunsches als Todestrieb und der Nachträglichkeit in der Theorie« zeigt sie detailliert die Konzeption des unbewußten Wunsches in Freuds Werk auf. Auf dem Hintergrund ihrer kulturwissenschaftlichen Forschungen entwickelt sie, welche Bedingungen ihrer Hypothese nach dazu führten, daß sie 1920 in dem Konzept des Todestriebs Eingang fand.

Cordelia Schmidt-Hellerau legte vor 15 Jahren eine Revision der zweiten Triebtheorie Freuds vor. Sie vertritt u. a. die Idee, den Erhaltungstrieb als eine dem Todestrieb abgerungene Triebstrebung anzusehen. In dem vorliegenden Beitrag »Die Angst in der negativ therapeutischen Reaktion« führt sie im einzelnen aus, wie auf diesem Hintergrund die negativ therapeutische Reaktion als erstes progressives Zeichen verstanden werden kann.

Primär klinisch orientiert versucht Claudia Frank in ihrem Beitrag »Zum Ringen mit Manifestationen des Todestriebs – theoretische und klinische Aspekte« eine Linie der Weiterentwicklung von Freuds Überlegungen in der kleinianischen Tradition aufzuzeigen und an einem kasuistischen Beispiel anschaulich zu machen.

Wenn der Buchessay von Eberhard Haas »Untot oder auferstanden? Das Jesusbild Christoph Türckes« auch nicht im engeren Sinn unserem Schwerpunktthema zuzuordnen ist, so finden sich doch unschwer schon in den ersten Abschnitten erhellende Bezüge auch hierzu. In erster Linie handelt es sich aber um eine sorgfältige, kritische Auseinandersetzung mit Türckes Buch *Jesu*

---

1   Diese Arbeit ist zwischenzeitlich unter dem Titel »Über die allmähliche Verfertigung neuer Theorien in psychoanalytischen Prozessen am Beispiel von Sigmund Freuds dritter Traumatheorie, Entdeckung des Widerstands und Synthesetheorie für Setting und Deutung« in der *Psyche – Z Psychoanal* 64, 2010 (408–436) erschienen.

Traum. Psychoanalyse des Neuen Testaments auf dem Hintergrund eigener weit-gespannter einschlägiger Forschungsarbeiten, von der auch die Leser profitieren werden, die mit dem Buch nicht vertraut sind.

»Zur Frage der Entwicklung einer psychoanalytischen Denkweise: Psycho-analytisches Wissen und Erkennen als Prozeß« lautete das Thema der von Fred Busch im Mai 2010 gehaltenen Karl-Abraham-Vorlesung. Die Bedeutung der *Art des Erkennens* wird hervorgehoben, um dann die einzelnen Techniken zur Förderung des Prozeßwissens herauszuarbeiten.

»›Being in Berlin‹. Eine Großgruppenerfahrung auf dem Berliner Kongreß« von H. Shmuel Erlich, Mira Erlich-Ginor und Hermann Beland rundet diesen Band ab. Wir hatten Band 57 der »Psychoanalyse aus Berlin 1920 bis 1933 – Transfer und Emigration« gewidmet und darin Arbeiten aus den drei Panels, die diesem Thema auf dem 45. IPV-Kongreß in Berlin vom 25.– 28. 7. 2007 gewid-met waren, abgedruckt. In Band 58 war ein Erfahrungsbericht dieses Kongresses vertreten, nämlich die »Persönliche[n] Betrachtungen über den Objektverlust« von Marion M. Oliner. Wir freuen uns, nun auch den deutschen Lesern die Reflexion eines einmaligen Formats einer Veranstaltung, nämlich das Angebot einer täglichen Großgruppensitzung, vorlegen zu können – mit ihnen sollte ein Raum für die antizipierten emotionalen Erfahrungen bei einer internationalen psychoanalytischen Tagung in Berlin geschaffen werden. Wir danken Lilli Gast für die Übersetzung der 2009 im *International Journal of Psychoanalysis* (90, 809 – 825) erschienen Arbeit.

Im November 2010

Stuttgart   Claudia Frank
Berlin   Ludger M. Hermanns
Bremen   Elfriede Löchel

10

Schwerpunktthema Todestrieb und Wiederholungszwang heute

Konzentrierte Zerstreuung

Zur mikroelektronischen Aufmerksamkeitsdefizit-Kultur[*]

Christoph Türcke[**]

Der traumatische Wiederholungszwang ist ein erstrangiger Nervenzerrütter. Er setzt aber nicht nur Individuen unerträglichem Leiden aus, sondern auch die psychoanalytische Theorie unter Druck. Freud hat lange gebraucht, bis er sich den Sonderstatus dieses Phänomens überhaupt eingestand. Gegen Ende des Ersten Weltkriegs, unter dem Eindruck der vielen Kriegstraumatisierten, konnte er daran nicht mehr vorbeisehen – und merkte sehr wohl, daß damit auch die zentrale These seiner *Traumdeutung* wackelte:»Der Traum ist eine Wunscherfüllung« (Freud 1900a, 127). Welche Wünsche erfüllen sich denn Menschen, die im Schützengraben, bei einem Eisenbahnzusammenstoß oder sonst einem Unfall einen Schock erlitten hatten und Nacht für Nacht im Traum immer wieder in die Situation des Schocks zurückversetzt werden? Wünschen sie lediglich, eine unbewußt gefühlte Schuld abzubüßen? Bestrafen sie sich etwa für unerledigt bohrende, ihnen selbst zutiefst peinliche erotische Regungen, wie Freud es bei

---

[*] Dieser Text besteht aus bearbeiteten Auszügen meiner *Philosophie des Traums* (Türcke 2008).

[**] Christoph Türcke, Professor für Philosophie an der Hochschule für Grafik und Buchkunst, Leipzig. Wichtigste Bücher: *Erregte Gesellschaft. Philosophie der Sensation* (2002); *Vom Kainszeichen zum genetischen Code. Kritische Theorie der Schrift* (2005); *Philosophie des Traums* (2008); *Jesu Traum. Psychoanalyse des Neuen Testaments* (2009).

seinen neurotischen Pappenheimern nahezu regelmäßig bemerkt hatte, wenn sie von Alpträumen befallen wurden? Nein, hier lag Anderes vor. Hier hatte der Traum Heftigeres zu bewältigen als peinliche erotische Wünsche, nämlich von außen jäh einbrechenden Schock. Der Schock ist eine Elementargewalt. Er läßt alle Liebesgefühle erbleichen. Wo er zuschlägt, gilt alle Aufmerksamkeit, alle Bewältigungsarbeit nur mehr ihm. Der Wiederholungszwang, den er mobilisiert, »erscheint uns ursprünglicher, elementarer, triebhafter als das von ihm zur Seite geschobene Lustprinzip«, räumt Freud in *Jenseits des Lustprinzips* (Freud 1920 g, 22) daher ein und nimmt »für die wunscherfüllende Tendenz des Traumes eine Vorzeit« (Freud 1920 g, 33) an. Diese »Vorzeit« des Lustprinzips ist vielleicht die größte Entdeckung seiner späten Jahre. Aber er hat sie nicht ernstlich an sich heran gelassen (ausführlich hierzu Türcke 2008, 56 ff.). Man kommt jedoch nicht umhin, sich mit ihr zu befassen, wenn man ihr Nachleben, ihr Nachbeben, ja in gewisser Weise ihre Wiederkehr in der *Hightech*-Gesellschaft begreifen will. Tauchen wir also einmal tief in die Vorzeit ein, um unversehens in der Gegenwart wieder aufzutauchen.

So wenig wir vom Menschheitsanfang auch wissen, eines ist sicher: Zur Menschwerdung gehört die Ausbildung von Sitten und Gebräuchen, und die haben ihren Ursprung in sakralen Riten. Die wiederum haben eine gemeinsame Wurzel: das Opferritual. Wo immer wir archäologisch auf Spuren früher Menschheit stoßen, stoßen wir auf Rückstände, Beigaben der Opferdarbringung. Siedlungsplätze sind um ein sakrales Zentrum, einen Opferstein, einen Totempfahl, einen Berg, eine Grabstelle gruppiert, und Begräbnis ist von Opferung nicht trennscharf zu unterscheiden. Und wo wir in die ältesten Erzählungsschichten der Menschheit vordringen, da ist ebenfalls das Opfer entweder die zentrale Handlung selbst oder aber diejenige, die alle andern rituellen Handlungen begleitet bzw. die literarische Handlung wie ein Leitmotiv durchzieht. Töten – das tun auch Tiere, gelegentlich auch ihresgleichen. Aber rituell töten, in feierlicher Versammlung an einem bestimmten Ort nach einem festgelegten Schema: das ist eine Besonderheit der Spezies *Homo sapiens*.

Wie das angefangen hat? Sicherlich unfeierlich, sporadisch, diffus. Es muß unvorstellbar lange gedauert haben, bis sich feste Opferrituale formierten. Jedenfalls dürften die menschlichen Kollektive, die vor etwa 30 000 Jahren in der Lage waren, die Wände der Höhlen von *Chauvet* so zu bemalen, daß wir heute noch sprachlos davor stehen, schon einen hoch entwickelten Opferkult praktiziert haben. Nicht unwahrscheinlich, daß dessen Anfänge, je nach Weltgegend, weitere zwanzig oder vierzig Jahrtausende zurückreichen. Man kann sich hier leicht um ein paar Jahrzehntausende verrechnen. Eines freilich ist gewiß: Opfer sind kein Restmüll. Sie bestehen im Teuersten, was man hat. Man schlachtet Menschen und kostbarste Tiere. So etwas tut man nicht aus Spaß, sondern nur unter äußerstem Druck: weil man sich anders nicht zu helfen weiß, weil man sich damit Entlastung zu verschaffen glaubt. Nur: Was ist am Opfer entlastend? Es wiederholt doch Grauen und Leiden, *tut* doch das, wovon es entlasten will. Das ist absurd. Nur hat diese Absurdität eine geheime Logik. Die Logik des Opfers ist die physiologische des Wiederholungszwangs. Es vollzieht Grauenhaftes, um von Grauenhaftem loszukommen. Die ständige Wiederholung soll das Unerträgliche allmählich erträglich, das Unfaßliche faßlich, das Ungewöhnliche gewöhnlich machen. Physiologisch gesprochen stellt sie den Versuch dar, geeignete Nervenbahnen anzulegen, um in ihnen einen ungeheuren Erregungsschwall zu kanalisieren und zur Abfuhr zu bringen. Der Zwang zur permanenten Wiederholung des Grauenhaften ist schreckliches Leiden, aber ebenso das Bestreben, davon loszukommen: ein erster, unbeholfener Selbstheilungsversuch. Auf die Länge eines individuellen steinzeitlichen Menschenlebens wird dieser Versuch nicht viel gefruchtet haben. Auf 20 oder 30 Jahrtausende gerechnet aber hat die Wiederholung genügend Zeit gehabt, ihre beruhigende, deeskalierende Wirkung zu entfalten und sich als Kulturstifter par excellence zu erweisen.

Man macht sich durchaus keiner monokausalen Herleitung schuldig, wenn man sagt: Alle Rituale, Sitten, Grammatiken, Gesetze, Institutionen, zu denen menschliche Kultur geführt hat, sind Niederschläge des traumatischen Wiederholungszwangs. Denn seine Niederschläge sind ebenso Resultate seines Wirkens wie seines tendenziellen Aufhörens. Er hat sich in ihnen beruhigt. Das ist allerdings immer erst im nachhinein feststellbar. Nie läßt sich im Einzelfall voraussagen, ob er zu einem verbohrten ausweglosen Kreisen in sich selbst führen wird oder zu einem allmählichen Abbau seiner selbst. Und die Tatsache, daß Kultur nur dauerhaft hat werden können, wo ein beträchtlicher Abbau zwanghafter Wiederholung gelungen ist, darf nicht die ungeheuren Opfer vergessen lassen, die dieser Prozeß gekostet hat: nicht nur die Opfer im buchstäblichen Sinn, die sakralen Menschenopfer, sondern auch die zahllosen individuellen Nervenzerrüttungen, durch die sich der traumatische Wiederholungszwang über lange Zeiträume gleichsam hindurcharbeiten mußte, um sich allmählich zu jenen Riten,

Sitten und Gebräuchen zu temperieren, die die Grundstrukturen menschlicher Gemeinschaften ausmachen. Der traumatische Wiederholungszwang ging buchstäblich in der Kultur unter. Er lebt darin fort als ein unberuhigter Rest, als ein sporadischer Störenfried, ein pathologisches Überbleibsel der Vorzeit – in einer Umgebung, die aus seinen Niederschlägen besteht. Er selbst ist furchtbar, seine Niederschläge sind kostbar. Jede Kultur braucht erhebende Rituale, vertraute Gewohnheiten, routinemäßige Abläufe. Sie sind die Basis jeglicher freien individuellen Entfaltung.

Bis zum Beginn der Neuzeit war Wiederholung gleichbedeutend mit tendenzieller Deeskalierung und Beruhigung. Dann wurde eine bahnbrechende Erfindung gemacht: der Automat. Werkzeuge gibt es, seit es Menschen gibt. »Automobile« Werkzeuge, die sich, gleichsam von selbst, immer wieder in gleicher Weise bewegen, gibt es hingegen erst seit der Neuzeit. Ihre Prototypen, durch Dampf, Benzin, schließlich durch Strom getriebene Maschinen, übernehmen menschliche Bewegungsabläufe. Das kann herrlich entlastend sein. Man läuft nicht mehr, sondern fährt Bahn oder Auto; man sägt, hobelt und schleift nicht mehr, sondern läßt eine Maschine das machen. Doch schon in der ersten industriellen Revolution, die im 19. Jahrhundert von England ausging, überwog die zermürbende Wirkung der Maschinen. Ihr menschliches Zubehör, das Proletariat, wurde in einem 12- bis 14-stündigen Arbeitstag, der in nichts bestand als in ihrer stumpfsinnigen Bedienung und Wartung, regelrecht verschlissen, ehe es sich Arbeitsbedingungen erkämpfte, die dieses Dasein überhaupt aushaltbar machten.

Mit der Übernahme menschlicher Bewegungsabläufe durch Maschinen widerfuhr der Wiederholung etwas qualitativ Neues: ihre Auslagerung aus dem menschlichen Organismus und damit ihre Objektivierung. Maschinelle Bewegungen lassen sich ungleich besser wiederholbar machen als menschliche, nämlich durch Programmierung. Die Qualität eines maschinellen Programms besteht darin, daß es immer wieder mit der gleichen Zuverlässigkeit ablaufen kann. Das Können von Maschinen ist eine neue, gleichsam übermenschliche Art von Wiederholen-Können. Was Maschinen leisten, erledigen sie gewöhnlich weit schneller, genauer und ausdauernder als Menschen. Allerdings nie, ohne daß Menschen sich an ihnen zu schaffen machen. Und das heißt: Alle Wiederholungen, die Menschen auf Maschinen abwälzen, wirken auf Menschen zurück. Keine Maschine, auch nicht die raffinierteste, läßt sich handhaben, ohne daß die,

die mit ihr umgehen, sich ihrem Programm, ihrem Bewegungsablauf angleichen. »Angleichung eines Ichs an ein fremdes« (Freud 1933a, 69) aber ist die stehende Freudsche Formel für Identifizierung. Und in der Tat: Menschen sind gar nicht in der Lage, Maschinen zu steuern oder zu bedienen (und steuern kann sie nur, wer sie auch bedient), ohne sich bis zu einem gewissen Grad mit ihnen zu identifizieren. Identifizierung aber gilt stets einer überlegenen Instanz, die etwas hat oder kann, was einem selbst fehlt. Und Maschinen können stets etwas, was ihr Benutzer nicht kann. Das Überlegenheitsgefühl, das ihre effiziente Nutzung verschafft, ist das Gefühl, an ihrer Überlegenheit teilzuhaben. Es ist nur die Kehrseite des Gefühls, daß *sie* die Überlegenen sind – also des Minderwertigkeitsgefühls ihnen gegenüber.

Die Dampfmaschine übernahm Bewegungsabläufe. Die Bildmaschine übernahm Wahrnehmungsabläufe. Ähnlich wie das Auge auf seiner Netzhaut, so läßt die Kamera auf chemisch präparierten Flächen Bilder entstehen – Bilder, die sie genau so, wie sie sich abzeichnen, festhält, Bilder, die sie sich buchstäblich einbildet – und dann auch noch beliebig vielen menschlichen Augen zugänglich macht. Welch ein Fortschritt! Während Menschen mühsam von diffusen Eindrücken zu distinkter Wahrnehmung, von der Wahrnehmung zur Einbildung gelangen müssen, und das Eingebildete Außenstehenden zudem nur indirekt durch Gesten und Worte mitteilen können, schafft die technische Einbildungskraft der Kamera das alles simultan und direkt. Verständlich, daß die Identifizierung, die »Angleichung eines Ichs an ein fremdes«, diesem Wunderwerk gegenüber ungleich intensiver ausfiel als gegenüber der Dampfmaschine. Und als die technischen Bilder dann auch noch »laufen lernten«: wie gebannt saß da das Publikum vor den ersten kurzen Filmen, auch wenn sie bloß den Ausgang der Arbeiter aus ihrer Fabrik oder die Ankunft eines Zuges zeigten. Das Faszinierende war, daß eine Apparatur es vermochte, sich diese Vorgänge einzubilden, sie zu speichern und sie, beliebig oft wiederholbar, öffentlich sichtbar zu machen.

Dieses Vermögen gab der Phantasie der Filmpioniere und ihrem Publikum zunächst einen Schub nach dem andern. Neue Ausdrucks- und Wahrnehmungsweisen eröffneten sich. Bildern schien ungeahnte Kraft zuzuwachsen. Eines entging den Hoffnungsträgern des neuen Mediums allerdings: wie sehr ihre eigene Einbildungskraft noch von traditionellen, vergleichsweise beschaulichen Medien und Spektakeln geformt war: Brief, Zeitung, Buch; Volksfest, Konzert, Theater – je nach sozialer Stellung und Vorliebe. Diese Einbildungskraft war es, die sie mit ins Kino brachten, als handle es sich dabei um einen sicheren mentalen Grundbesitz, der sich im Kraftfeld des Films nur erweitern, aber keinerlei Einbußen erleiden könne. Und es fiel ihnen noch nicht auf, daß die Frühblüte des Films sich nicht nur dem Reiz neuartiger Bilder, der sich rauschhaft entfaltenden Phantasie der Regisseure, der Goldgräberstimmung um ein neues Medium verdankte, sondern auch der simplen Tatsache, daß Filmvorführungen zunächst Raritäten waren: festliche Abend- oder Wochenendereignisse. Zwischen den einzelnen Filmen war viel Zeit, um das Erlebte sacken zu lassen. Es drängte nicht sogleich der nächste Streifen, die nächste Talkshow oder Nachrichtensendung nach. Erst als der Film sich durch seinen rasanten Siegeszug selbst inflationierte und vom *Highlight* zur Alltäglichkeit absank, erreichte er allmählich das Stadium, in dem sein maschineller Ablauf auf seine Rezipienten voll zurückwirken konnte.

Die idealen Rezipienten des Films sind anachronistische Rezipienten: Menschen, die noch in der Lage sind, anderen einen gerade gesehenen Film zusammenhängend zu erzählen, über ihn nachzudenken, ihn zu diskutieren, womöglich zu rezensieren, kurzum Menschen, die ihn mit einer Ausdauer verfolgen und mit Verhaltensweisen umgeben, die sie bei kindlichen Bastelarbeiten und Geschicklichkeitsspielen, beim Betrachten und Malen von Bildern, beim Lesen und Schreiben von Texten gelernt haben, aber nicht am Film selbst. Ist dessen Prinzip doch gerade, wie schon von Benjamin klar gesehen, der unablässige »Wechsel der Schauplätze und Einstellungen«, »welche stoßweise auf den Beschauer eindringen«. »In der Tat wird der Assoziationsablauf dessen, der diese Bilder betrachtet, sofort durch ihre Veränderung unterbrochen. Darauf beruht die Chockwirkung des Films« (Benjamin 1974a, 502f.).

Nun läßt zwar die Schockwirkung nach, wenn Bildschirme zur alltäglichen Kulisse werden, aber der »Wechsel der Schauplätze und Einstellungen«, »welche stoßweise auf den Beschauer eindringen«, hört damit keineswegs auf. Er wird allgegenwärtig. Nach wie vor wirkt jeder Bildschnitt als optischer Ruck, der ein »Achtung«, »Aufgemerkt«, »Hierhergesehen« auf den Betrachter ausstrahlt, ihm eine neue kleine Aufmerksamkeitsinjektion verabreicht, einen winzigen Adrenalinstoß – und seine Aufmerksamkeit gerade dadurch zermürbt, daß er sie ständig stimuliert. Der Bildschock zieht durch seinen abrupten Lichtwechsel das Auge magnetisch an; er verspricht ständig neue, noch ungesehene Bilder; er übt in die Allgegenwart des Marktes ein; sein »Hierhergesehen« preist die nächste Szene an wie ein Marktschreier seine Ware. Und seit der Bildschirm ebenso dem Computer wie dem Fernseher angehört, nicht mehr nur die Freizeit füllt, sondern das gesamte Arbeitsleben durchdringt, fallen auch Bildschock und Arbeitsauftrag ineinander. Die Daten, die ich mir ruckartig aufrufe, rufen mich ebenso ruckartig auf, sie zu bearbeiten – oder mit Kündigung zu rechnen.

Mit alledem ist der Bildschock zum Brennpunkt eines globalen Aufmerksamkeitsregimes geworden, das durch Dauererregung von Aufsehen abstumpft. Die Gestalter von Fernsehprogrammen setzen längst nicht mehr darauf, daß ein durchschnittlicher Zuschauer längere Sendungen von Anfang bis Ende verfolgt. Sie kalkulieren von vornherein ein, daß er beim geringsten Spannungsabfall auf andere Sender umschaltet, und sind froh, wenn sie ihn wenigstens an die *Highlights* ihres Programms, die sie durch spektakuläre Vorschau ankündigen, temporär binden können. *Dieser* Zuschauer ist dem Aufmerksamkeitsregime des Bildschocks kongenial, nicht der Filmkritiker, der Leinwand- oder Bildschirmeindrücke professionell nachbearbeitet, Artikel und Bücher darüber schreibt und so dem Gesehenen buchstäblich hinterherhinkt. Freilich fügt sich das Geschriebene selbst zunehmend dem neuen Aufmerksamkeitsregime. Jedes Printprodukt, das noch beachtet sein will, muß sich ähnlich ruckartig wie ein Filmbild ans Auge herandrängen. Man halte nur einmal das heutige Erscheinungsbild großer Tageszeitungen gegen das von vor zwanzig Jahren; im Vergleich zu damals mutet es wie das einer Illustrierten an. Ohne große Farbphotos kann es sich kaum mehr blicken lassen. Zu den stillen Voraussetzungen des gesamten Printdesigns gehört, daß kaum mehr jemand die Konzentration und Ausdauer hat, um einen Text von der ersten bis zur letzten Seite Zeile für Zeile zu studieren.

Dies alles sind manifeste Aufmerksamkeitsdefizitsymptome. Das sogenannte Aufmerksamkeitsdefizitsyndrom (ADS) oder sogar Aufmerksamkeitsdefizit-Hyperaktivitätssyndrom (ADHS) ist nur ein krasser Sonderfall davon. Da geht es um Kinder, denen es nicht gelingt, sich auf irgend etwas zu konzentrieren, bei etwas zu verweilen, eine Freundschaft aufzubauen, ein gemeinsames Spiel durchzuhalten, Kinder, die alles Mögliche anfangen und nichts zu Ende bringen. Sie sind von ständiger motorischer Unruhe getrieben, die kein Ventil, keine Ruhestätte findet und sie zu ständigen Störenfrieden in Schule, Familie und Jugendgruppen macht. Um sie ruhig zu stellen, gibt es gleichwohl ein hoch wirksames Mittel. »Wenn man Kinder, die keine Sekunde stillsitzen können und ihre Augen nach rechts und links bewegen, suchend und ausweichend, vor einen

Computer setzt, wird ihr Blick klar und fixierend, ihre Aktivitäten sind zielge-
richtet und geduldig«, schreibt der Kinderanalytiker Wolfgang Bergmann.

> Jedenfalls ist es mehr als auffällig, wie gut sich die hyperaktiven Kinder und Jugend-
> lichen, die in der realen Welt wie verloren wirken, in den Computern zurecht finden
> und sich in den Spielen und online-Kontakten mit einer Sicherheit bewegen, über die
> sie in der so genannten ›ersten Realität‹, im Alltag ihres Lebens, nicht verfügen.

Und warum wird ihnen diese Maschine im Nu vertraut? Es »reichen wenige
Handbewegungen aus, um ein gewünschtes Objekt in den Bereich der Verfüg-
barkeit zu holen, oder einen Kommunikationspartner für den Austausch dieser
oder jener Phantasie, dieser oder jener Kontakte aufzurufen – alles steht wie auf
Abruf bereit«. Jedoch:

> Alles ist auf die jeweils eigene *Jetzt-Befriedigung* gerichtet. Sobald sie sich eingestellt
> hat, erlischt die Repräsentanz des eben noch ersehnten Objekts, der Aktion oder des
> Kontakts zu Anderen; mit einer Handbewegung, einem Klick auf der Tastatur, werden
> sie entfernt«, »als hätte es sie nie gegeben. (Bergmann 2007, 54; Hervorh. i. O.)

Freilich laborieren auch Kinder mit Hirnschäden, manifesten psychotischen
Störungen oder nachweisbaren traumatischen Erfahrungen an gravierenden Auf-
merksamkeitsdefiziten. Doch es stiftet Verwirrung, wenn diese in der Regel klar
diagnostizierbaren Fälle ebenfalls unter ADHS verbucht werden. Denn was die
Bezeichnung ADHS aufgebracht hat, war ja gerade die Ratlosigkeit gegenüber
einer Symptomatik, bei der diese diagnostischen Muster nicht greifen, sogar
unklar ist, ob es sich überhaupt um eine Krankheit handelt; einer Symptomatik,
die sich rasant und quer durch alle sozialen Schichten verbreitet, also keine zu
vernachlässigende unaufgeklärte Restmenge darstellt – und signifikant mit
Fixierung auf Bildmaschinen verbunden ist.

In diesem Bezugsfeld – man darf es vielleicht als den ADHS-Herd bezeichnen – hat man es in der Regel mit Kindern und Jugendlichen zu tun, deren Aufmerksamkeitsdefizit zunächst einmal dasjenige ist, das sie selbst *erlebt* haben.
Die Aufmerksamkeit, die sie nicht zu geben vermögen, ist ihnen zuvor selbst
vorenthalten worden. Kleinkinder wissen zwar nicht, was ein Aufmerksamkeitsregime ist, aber sie haben überfeine Antennen für Aufmerksamkeitsverhältnisse.
Und wenn sie ihr ganzes Säuglingsleben bereits von einer Fernsehkulisse umgeben verbringen, haben sie alle Chancen, früh und traumatisch zu erleben, wie die

Aufmerksamkeit ihrer nächsten Bezugspersonen sich zwischen ihnen und dieser Kulisse verteilt, wie zwischenmenschliche Zuwendung unter den Aufmerksamkeitsansprüchen, die diese Kulisse permanent erhebt, flach und unwirklich wird. An traumatischen frühkindlichen Aufmerksamkeitsentzug, der auf derart unspektakuläre Weise entsteht, kommt man mit empirischer Forschung schwer heran, wie man ja auch noch nicht weiß, was Mütter, die beim Stillen telefonieren, oder Eltern, die beim Spielen ständig *mails checken,* ihren Kindern antun. Sie mißhandeln sie ja nicht, empfinden sich selbst womöglich nicht einmal als lieblos. Vielfach sind bei ADHS-Kindern weder manifeste Verletzungen feststellbar noch unterlassene Fürsorge oder überlange Abwesenheitsphasen der Eltern – und doch: Fände nicht ein vitaler Entzug statt, gäbe es nicht die motorische Dauerunruhe, die unablässige Suche nach etwas, was die Gestalt eines verlorenen Objekts noch gar nicht angenommen hat. Erst nachträglich, wenn die Betroffenen geradezu kollektiv auf Bildmaschinen fliegen wie die Motten zum Licht, wird erkennbar, woher ihre Unruhe kommt. Längst ehe sie nämlich Bildmaschinen als Objekte, den Bildschirm als Ding wahrnehmen konnten, haben sie die aufmerksamkeitsabsorbierende Kraft ihres Flimmerns erlebt: als Entzug. Dieser Entzug verlangt nach Wiederholung, um bewältigt zu werden. Er sucht sein Verlangen dort zu stillen, wo es entstand. Und so suchen die »kleinen Hypies« gerade bei den Maschinen Ruhe, die sie auf diffuse Weise, noch präobjektal, gewissermaßen spukhaft, und dennoch prägend als Stifter ihrer Unruhe erlebt haben. Das ist die Logik des traumatischen Wiederholungszwangs: »Vor dem mir graut, zu dem michs drängt« (Otto 1917, 42). Nach dieser Logik hat die werdende Menschheit einst den Naturschrecken durch Ritualisierung und überhöhende Halluzinierung zu bewältigen gesucht. Bei den »kleinen Hypies« feiert dieses Verhaltensmuster seine hochtechnologische Wiederauferstehung. »Was mir die Zuwendung raubt, dem wende ich mich zu. Was mich haltlos macht, daran suche ich Halt«.

Im Kraftfeld der neuen Aufmerksamkeitsverhältnisse gewinnen die zwischenmenschlichen Primärbeziehungen nicht mehr so viel Kontur, daß sie solchen Kindern ein Elementarmaß an Halt und Orientierung böten. *Die neuen Leiden der Seele,* schreibt Julia Kristeva, haben

einen gemeinsamen Nenner: die Schwierigkeit der Repräsentation. Ob sie nun die Form der psychischen Stummheit annimmt oder unterschiedliche Signale ausprobiert werden, die als ›hohl‹ oder ›künstlich‹ empfunden werden, diese fehlende psychische

Kraft zur Repräsentation behindert das sensorische, sexuelle, intellektuelle Leben und kann gar dem biologischen Funktionieren schaden. (Kristeva 1994, 15)

Einen signifikanten Trend zu diesen unrepräsentativen, fluktuierenden Leidensformen, die kaum mehr die konkrete Gestalt greifbarer Krankheitsbilder annehmen, gibt es aber erst seit einigen Jahrzehnten: seit das neue Aufmerksamkeitsregime deutliche Konturen zeigt. Jeglichen Zusammenhang zwischen beiden leugnen ist wie bestreiten, daß Infekt und Fieber etwas miteinander zu tun haben.

»Schwierigkeit der Repräsentation«: darum geht es, wenn der Kinderanalytiker Michael Günter ADHS als »Denkstörung« bezeichnet (Günter 2009, 388). Denken bindet. All seine differenzierenden Leistungen erbringt es nur auf der Basis einer synthetischen, um nicht zu sagen, alchemistischen Elementarleistung: Reize und Impulse so ineinander zu schieben, daß sie sich zu inneren perseverierenden Gestalten verbinden, statt bloß Unruhe stiftend durchs Nervensystem zu vagabundieren. Das glückt natürlich nicht auf Anhieb. Es bedarf zahlloser wiederholender Anläufe. Denken ist ein Abkömmling des traumatischen Wiederholungszwangs.[1] Es beginnt mit innerer Gestaltbildung – mit dem, was bei Freud Primärvorgang heißt: Verdichtung, Verschiebung, Umkehrung. Analysiert hat er diesen Prozeß am Traum, aber man vergesse nicht, daß er den Traum »primitive Denktätigkeit« nannte. Und wenn bei ADHS-Kindern eine signifikante Abnahme von konturierten, erzählbaren Traumsequenzen beobachtet wird, dann zeugt das davon, daß sich diese Denktätigkeit bei ihnen nicht mehr von selbst versteht.

Es liegt auf der Hand, daß jenes diffuse Phänomen, für das »ADHS« mehr eine Verlegenheitsbezeichnung als eine trennscharfe pathologische Diagnose ist, ohne umfassende kulturtheoretische Perspektive gar nicht angemessen begriffen werden kann. ADHS ist ja nicht einfach eine Krankheit in gesunder Umgebung. Umgekehrt: Nur wo schon eine Aufmerksamkeitsdefizit-Kultur besteht, gibt es ADHS. Ihr Wahrzeichen ist das, was ich »konzentrierte Zerstreuung« (Türcke 2002, 271) nenne. Durch Milliarden winziger audiovisueller Schocks wird die menschliche Aufmerksamkeit auf etwas konzentriert, was sie gerade zermürbt.

---

1   Zur menschheitsgeschichtlichen Konstitution des mentalen Raums siehe Türcke 2008, 60ff. Bions Alpha-Funktion setzt diesen Raum immer schon voraus, ohne sich um seine Entstehung zu kümmern.

Das ist das Aufmerksamkeitsdefizitgesetz, dessen Dynamik unsere gesamte Kultur durchdringt. Gegen seine Wirkung kann man sich wehren; verhindern läßt sie sich auf absehbare Zeit nicht. Wer bis drei zählen kann, kann sich daher auch ausrechnen, daß das, was gegenwärtig unter ADHS firmiert – etwa jedes sechste Kind ist hierzulande nach vorsichtigen Schätzungen davon betroffen –, nur eine Ouvertüre ist: ein Anfang, eine Einstimmung, Ankündigung, Vorwegnahme zentraler Themen, ohne daß schon genau ersichtlich würde, was kommt – ganz wie in der Musik.

Allerdings ist das hochtechnologische Aufmerksamkeitsregime seinerseits in eine gesamtkulturelle Perspektive zu rücken, wenn man ermessen will, welch epochale Zäsur es in der Geschichte menschlicher Wiederholung setzt. Mit der Übernahme immergleicher menschlicher Bewegungsabläufe durch Maschinen und deren Rückwirkung auf Menschen begann ein Prozeß, den man die Rückwendung der mechanischen Wiederholung gegen ihre Erzeugerin, die organische Wiederholung, nennen könnte. Mit der Bildmaschine trat diese Rückwendung in eine neue Phase. Nun war nicht mehr nur der äußere muskuläre Bewegungsablauf betroffen, sondern auch jener innere sensorische, der sich in einem Netz von Reizfluchtbahnen sedimentiert hatte. Für die Anlage dieser Bahnen hat der Homo sapiens den größten Teil seiner Frühzeit gebraucht, nie gekannte Verdichtungs-, Verschiebungs- und Umkehrungskräfte in unzähligen Wiederholungsschüben mobilisieren müssen, um sich den traumatischen Schrecken einzubilden, dessen diffuses Bild durch viele weitere Bilder zu dämpfen, zu begrenzen, zu konturieren, zu synthetisieren und so schließlich zur inneren Vorstellungswelt zu entfalten (ausführlich hierzu Türcke 2008, 60ff.). Und dann kam das Wunderwerk einer technischen Einbildungskraft und leistete dies alles auf verblüffend einfache Weise im Handstreich: durch das Auffangen von Licht auf chemisch präparierten Flächen.

Damit ist aber eine neue Art von Wiederholungszwang über die Menschheit gekommen. Eine technisch perfektionierte Bildmaschinerie, stets begleitet von Ton und gelegentlich von haptischem oder olfaktorischem Firlefanz, um ganzheitliches Erleben zu suggerieren, läuft zwar rund um die Uhr, wiederholt unablässig die Ausstrahlung ihrer aufmerksamkeitsheischenden Impulse, aber sie wiederholt nicht mehr jene Art von Bewegungsabläufen, die sich zu Ritualen und Gewohnheiten sedimentieren. Daß aufwendige Designs entworfen werden müssen, um bestimmte immer wiederkehrende Sendungen wie Nachrichten und

Serien sofort aus der amorphen Sendemasse hervorzuheben, zeigt gerade, daß die Dynamik der maschinellen Wiederholung in die Gegenrichtung geht. Sie ist deritualisierend, desedimentierend. Und das liegt daran, daß sie Ritualisierung und Sedimentierung nicht nötig hat – ganz im Gegensatz zur altsteinzeitlichen, werdenden Menschheit, die nichts nötiger hatte als dies. Die traumatische Erregung, die einst zur Bildung und Wiederholung von Ritualen trieb, der Wunsch, diese Erregung loszuwerden und Ruhe zu finden – dies alles ist dem technischen Wiederholungszwang fremd. Er läuft einfach bloß mechanisch ab; ohne Schmerz, ohne Müdigkeit, ohne Wunsch, ohne Ziel. Und die ungeheure Kraft seiner Bedürfnislosigkeit und Selbstgenügsamkeit setzt nichts Geringeres in Gang als die Umkehrung der menschlichen Wiederholungslogik. Bis zur Neuzeit lief sie auf Deeskalation, Sedimentierung, Beruhigung hinaus. Mit der Wendung der technischen Einbildungskraft gegen die menschliche hat eine Wiederholung eingesetzt, die die bisherige Wiederholungsgeschichte rückwärts geht. Ihre deritualisierende, desedimentierende Wirkung beginnt den mentalen Boden der Kultur, der sich seit der Altsteinzeit allmählich gesetzt hatte, wieder aufzurühren.

Die Bildmaschine kann etwas, was Menschen nicht können: sich nicht nur äußere Ereignisse aufs Genaueste einbilden, sondern die dabei entstandenen Bilder auch noch so nach außen kehren, daß sie zum öffentlichen Blickfang werden und nicht, wie die inneren Bilder des Menschen, ein verschwommenes, blasses, in den mentalen Innenraum eingeschlossenes Dasein führen müssen. Daher die Identifikation der blassen menschlichen Einbildungskraft mit der kraftvollen technischen und die Rückwirkung der technischen auf die menschliche. Zu sehr besticht die technische Einbildungskraft dadurch, daß ihre Bilder echt, sinnlich, vorzeigbar sind, Direktabdrücke der äußeren Realität, die sich ebenso direkt auch wieder nach außen kehren lassen. Damit beschämt sie aber nicht nur die menschliche Einbildungskraft, die an der Nicht-Vorzeigbarkeit ihrer Bilder krankt; sie nimmt zugleich eine der größten Errungenschaften der menschlichen Einbildungskraft zurück: die Differenz von Halluzination und Vorstellung. So richtig blaß und abstrakt sind mentale Bilder ja erst geworden, als sie sich von der Halluzination abhoben, sich zur Sphäre der Vorstellung lichteten und ihren eigenen halluzinatorischen Herd zu ihrem Untergrund degradierten (cf. Türcke 2008, 73ff.). Und dann diese paradoxe Umkehrung: Nur kraft abstrakter Vorstellungen hat eine technische Einbildungskraft ausgeheckt werden können, die diesen Vorstellungen nun ihre eigene Blässe vorführt und ihnen durch eine Flut satter, praller, zudringlicher Bilder ständig die Frage stellt: Wer seid ihr schon, ihr Bläßlinge? Wollt ihr euch nicht ergeben?

Filmbilder, gleichgültig, ob dokumentarisch oder fiktional, dringen mit halluzinatorischer Intensität auf den Betrachter ein. Er sieht sie, ob er will oder nicht, durch das mechanische Auge einer Kamera, die die Differenz von Halluzination und Vorstellung nicht kennt. Sie funktioniert gewissermaßen auf psychotischem Niveau. Wer seinen Blick in den der Kamera einläßt, tritt in ein nach außen gekehrtes, technisch präzisiertes Traumszenario ein – ein Szenario, das andere schon für ihn geträumt haben. Er muß es nicht selbst erst durch Verdichtung, Verschiebung und Umkehrung latenter Motive zustande bringen und kann es deshalb so mühelos mitträumen, weil es vom Traum nur die Außenseite übrig gelassen hat: den manifesten Trauminhalt. Keine Frage, daß der Film durch seine besondere Art der Traumähnlichkeit eine neue Dimension der Welterfahrung erschlossen hat. Für seine großen Werke gilt ohne Einschränkung die berühmte Definition Paul Klees: »Kunst gibt nicht das Sichtbare wieder, sondern macht sichtbar« (Klee 1987, 60). Nur eben um einen hohen Preis. Auch in ihren größten Werken macht die technische Einbildungskraft keinen Unterschied zwischen Halluzination und Vorstellung – und arbeitet unweigerlich daran mit, auch der menschlichen Einbildungskraft diese Unterscheidung abzugewöhnen. Sie hat eine repsychotisierende Tendenz.

Ließe sich der Rückfall in die Indifferenz doch auf ein paar erholsame Kinostunden beschränken. Phasen der Regression, des entspannten, zerstreuten Absinkens in einen Zustand, worin Vorstellung und Halluzination spielerisch ineinander verschwimmen, braucht jeder, gerade um sich seine Realitätstüchtigkeit zu erhalten; genauso wie jeder den Traum braucht, den Freud einmal als harmlose Psychose (Freud 1933a, 16) bezeichnet hat. Das Problem ist die *konzentrierte* Zerstreuung: das Regime. In großen Filmen feiert es seine Sternstunden. In den Niederungen des Alltags nimmt die Rückannäherung der Vorstellung an die Halluzination die Gestalt von Jammer und Elend an. Davon zeugen die ADHS-Kinder. Ihre Vorstellungen sind kaum mehr als Wurmfortsätze dessen, was sie gerade erleben und wünschen, und indem sie sich diesem Hier-Jetzt überlassen und darin um so besser versinken können, je unruhiger es flimmert und zuckt, nähern sie sich einer neuen Art des Tagträumens an – nicht jenem beschaulichen, in das ein gedankenverlorenes Sinnieren übergeht, wenn seine Vorstellungen zu Bildern absinken und für Momente halluzinatorische Plastizität gewinnen, sondern einem hektischen, wo Traum- und Wachzustand so ineinanderrutschen, daß die Betroffenen weder mehr intensiv träumen noch zur Strukturiertheit wachen Verhaltens gelangen. Wo der mentale Vorstellungsraum, also der innere Wachraum, kein nennenswertes Volumen mehr gewinnt, gewinnt auch der Traumraum keines mehr. Er vertieft sich nicht mehr zum mentalen *back office,* wo die Tagesreste, die das Wachbewußtsein unverarbeitet gelassen hat, nachbearbeitet werden, so daß etwas stattfinden kann, was das menschliche Nervensystem nicht minder braucht als den Schlaf: das mentale Nachsitzen.

Das Wahrnehmungsregime des Films bewirkt, wie Benjamin sagt, daß »der Assoziationsablauf dessen, der diese Bilder betrachtet, sofort durch ihre Veränderung unterbrochen« wird. Diese Bilder selber verhindern also, daß man bei ihnen verweilt, ihnen nachhängt, sie nachbearbeitet, über ihnen nachsitzt. Wenn diese Verhinderung aber nicht mehr nur sporadisches Einzelerleben ist, wenn sie systematisch wird und in ein gesamtgesellschaftliches Aufmerksamkeitsregime übergeht, dann kann Zeitgenossenschaft nur noch *up to date* heißen: sich dem Hier und Heute weihen. Und in der Tat: Inbegriff moderner Zeitgenossenschaft ist das *updating* – jene Tätigkeit, zu der jeder verurteilt ist, der eine Website unterhält. Sie ist heute die Identitätskarte, die zählt. Indem sie dauernd zu veralten droht, ständig auf den neuesten Stand gebracht werden muß, erweist sich *updating* als die eigentlich identitätsstiftende Tätigkeit. Sie gilt als der Inbegriff der Realitätstüchtigkeit. Ihr Erfolg besteht darin, Realität auf Aktualität zu reduzieren. Gerade dadurch aber nähert sie sich unversehens der Wahrnehmungsweise des Traums an, dem kein Zeitmaß eigen ist als die Gegenwart, der nichts anderes kennt als das, was sich *jetzt* in ihm abspielt. Die Wahrnehmungsweise des Films, eines manifesten Trauminhalts ohne latentes mentales *back office,* überträgt sich, wo immer das Aufmerksamkeitsregime voll greift, auf die Wahrnehmung aller Aktualitäten – und führt etwa bei Börsianern, die ständig angespannt Aufstieg und Fall von Aktienkursen auf ihren Monitoren verfolgen, zu ähnlichen Wachtraumzuständen wie bei Kindern, die auf ihre Computerspiele starren. Notorische Unruhe, ständiges Gespannt- und Abgelenktsein sind die verläßlichen Beigaben solcher Tätigkeiten. Und so bleibt es nicht aus, daß bei der Avantgarde des *updating,* an der Börse wie im höheren Management, Aufmerksamkeitsdefizits- und Hyperaktivitätssyndrome nicht minder umgehen als bei den »kleinen Hypies«, nur auf ungleich komfortablere Weise und einem weitaus höheren Niveau. Doch die Extreme berühren sich, und der Punkt ihrer

Gemeinsamkeit ist die rapide Abnahme der Fähigkeit zum Nachsitzen – im wört-
lichen wie im übertragenen Sinne. *Updating,* so könnte man auch sagen, ist Desedimentierung des mentalen Sitzfleischs.

Jedoch ist die laufende Desedimentierung ebenso wenig ein monokausaler,
eindimensionaler Prozeß, wie es die Sedimentierung des traumatischen Wiederholungszwangs zu den Ritualen und Institutionen der Kultur war. Und sie ist
kein Schicksal. Von Anfang an hat sie Gegenkräfte hervorgerufen. Eine der
finstersten ist der Fundamentalismus: das geistlose Sich-Versteifen auf ebenso
erschütterte wie zweifelhafte Rituale und Glaubensinhalte (Türcke 2003). Aber
es gibt auch andere Gegenkräfte. Dafür sind Netzwerke globalisierungskriti-
scher Hilfsorganisationen, dauerhafte Widersetzlichkeiten von Lehrern gegen
die Fortsetzung konzentrierter Zerstreuung im Bildungswesen, oder zivilgesell-
schaftliche Initiativen gemeinsamen Nachsitzens über Ausstellungsbesuche oder
Leseerfahrungen zumindest hoffnungsvolle Anzeichen. Sie beweisen, daß Desedimentierung auch Resedimentierung hervorrufen kann. Nachsitzen kann geübt,
ja es kann im Zeitalter seines Bedrohtseins in nie gekannter Weise zur Tugend
werden. Und zweifellos ist es Bestandteil dessen, was Benjamin (1974, 1232) als
die eigentlich revolutionäre Tätigkeit erahnte: »Marx sagt, die Revolutionen sind
die Lokomotive der Weltgeschichte. Aber vielleicht ist dem gänzlich anders.
Vielleicht sind die Revolutionen der Griff des in diesem Zuge reisenden Men-
schengeschlechts nach der Notbremse«.

Zusammenfassung

Alle Rituale, Sitten, Grammatiken, Gesetze, Institutionen sind Niederschläge
des traumatischen Wiederholungszwangs. Bis zum Beginn der Neuzeit war Wiederholung gleichbedeutend mit tendenzieller Deeskalierung und Beruhigung.
Die maschinellen Wiederholungsprozesse, vor allem die von Bildmaschinen,
wirken reeskalierend, versetzen das menschliche Sensorium in eine Dauererregung und leiten eine Aufmerksamkeitsdefizit-Kultur ein, die im Begriff
steht, eine der großen mentalen Errungenschaften der Menschheit zurückzuneh-
men: die Unterscheidung zwischen Wahrnehmung und Vorstellung.

Summary

Concentrated Distraction. On Microelectronic Attention-Deficit-Culture

Any rituals, customs, grammatics, laws, institutions result from traumatic repetition compulsion. Up until the beginning of modern times repetition meant de-escalation and reassuring. The mechanical processes of repetition, especially those of picture-machines, have a re-escalating effect, they put the human sensorium under permanent agitation and create an attention-deficit-culture, which is about to take back one of the great achievements of mankind: the distinction between perception and illusion.

Literatur

Benjamin, W. (1974a): Das Kunstwerk im Zeitalter seiner technischen Reproduzierbarkeit. In: *Gesammelte Schriften*. Hg. von Tiedemann, R./Schweppenhäuser, H. Bd. I. 2. Frankfurt am Main: Suhrkamp.

— (1974b): Notizen und Vorarbeiten zu den Thesen Über den Begriff der Geschichte. In: *Gesammelte Schriften*. Hg. von Tiedemann, R./Schweppenhäuser, H. Bd. I. 3. Frankfurt am Main: Suhrkamp.

Bergmann, W. (2007): Ich bin nicht in mir und nicht außer mir. In: *Hyperaktivität. Kulturtheorie, Pädagogik, Therapie*. Hg. von Ahrbeck, B. Stuttgart: Kohlhammer.

Freud, S. (1900a): *Die Traumdeutung*. In: *GW* II/III.

— (1920g): *Jenseits des Lustprinzips*. In: *GW* XIII, 1–69.

— (1933a): *Neue Folge der Vorlesungen zur Einführung in die Psychoanalyse*. In: *GW* XV.

Günter, M. (2009): Die Aufmerksamkeitsdefizithyperaktivitätsstörung (ADHS) – eine Denk- und Affektverarbeitungsstörung? In: *Kinderanalyse* 17, H. 4, 388–416.

Klee, P. (1987): *Kunst-Lehre*. Leipzig: Reclam.

Kristeva, J. (1994): *Die neuen Leiden der Seele*. Hamburg: Junius.

Otto, R. (1963 [1917]): *Das Heilige*. München: C. H. Beck.

Türcke, Ch. (2002): *Erregte Gesellschaft*. Philosophie der Sensation. München: C. H. Beck.

— (2003): *Fundamentalismus– maskierter Nihilismus*. Springe: zu Klampen.

— (2008): *Philosophie des Traums*. München: C. H. Beck.

Prof. Dr. Christoph Türcke, Hochschule für Grafik und Buchkunst Leipzig,
Postfach 10 08 05, 04008 Leipzig, ctuercke@hgb-leipzig.de

Friedrich-Wilhelm Eickhoff

PRIMÄRE IDENTIFIZIERUNG, NACHTRÄGLICHKEIT UND ›ENTLEHNTES UNBEWUSSTES SCHULDGEFÜHL‹

Ausgewählte Schriften zu psychoanalytischen Themen 1976–2008. – *Jahrbuch der Psychoanalyse. Beiheft 24. 2009. 236 S., 2 Abb. Broschur. € 56,-. Vorzugspreis für Mitglieder der IPV und deren Zweige, der DPG und DGPT € 44,-. ISBN 978 3 7728 2510 1.* Lieferbar

Auch im 21. Jahrhundert kann die Auseinandersetzung mit dem Werk Sigmund Freuds nicht als abgeschlossen gelten. So erlaubt das von Freud selbst nicht voll ausgearbeitete Nachträglichkeitskonzept neue Aufschlüsse über die Deutung individueller und generationsübergreifender Prozesse. Zentrale psychoanalytische Begriffe wie die der Verdrängung, Verleugnung und Identifizierung, moralischer Masochismus, die Wandlungen des Neutralitätskonzepts und der Einschätzung kurativer Faktoren werden aus einer aktuellen Perspektive dargestellt.

Franco De Masi
DIE SADOMASOCHISTISCHE PERVERSION

Herausgegeben von Helmut Hinz. Aus dem Italienischen übersetzt von Stefan Monhardt. – *Jahrbuch der Psychoanalyse. Beiheft 23. 2009. 208 S. Broschur. € 58,-. Vorzugspreis für Mitglieder der IPV und deren Zweige, der DPG und DGPT € 46,-. ISBN 978 3 7728 2445 6.* Lieferbar

Franco De Masi, Psychoanalytiker und Supervisor der Italienischen Psychoanalytischen Gesellschaft, ist bekannt für seine Forschungen zu psychotischen Phänomenen. Sein hier vorgelegtes Buch zur Perversion gibt zahlreiche Denkanstöße und Orientierungshilfen zum besseren Verständnis der komplexen Vorgänge und des Erlebens bei perversen Beziehungsmomenten und in strukturierten sexuellen Perversionen. De Masi untersucht die Beziehung zwischen Sadomasochismus und anderen psychischen Verfassungen, z.B. Depression, Psychosen und Borderline-Störungen, und erörtert die Natur des Bösen im Licht verschiedener psychoanalytischer Ansätze.

frommann - holzboog

Aufmerksamkeitstechnik Psychoanalyse

Kommentar zu Christoph Türckes
»Konzentrierte Zerstreuung«

Elfriede Löchel[*]

Sobald Veränderungen der menschlichen Subjektivität im Verhältnis zur technischen Entwicklung und dem damit einhergehenden sozialen Wandel (Modernisierung) betrachtet werden, beginnt das Begriffspaar Aufmerksamkeit und Zerstreuung eine zentrale Rolle zu spielen. Nicht erst die »Paläste der Zerstreuung«, wie Siegfried Kracauer die Kinos nannte, geschweige denn das spätere Fernsehen, sondern bereits frühe optische Massenmedien des 19. Jahrhunderts wie Diorama und Panorama warfen Fragen nach veränderten Wahrnehmungsstrukturen auf und trugen so dazu bei, daß sich Zerstreuung als »epistemisches Objekt« herausbilden konnte (Löffler 2010). Bekannt für ihre medienkritischen Analysen in den ersten Dekaden des zwanzigsten Jahrhunderts sind Siegfried Kracauer (1926) und Walter Benjamin (1939), aber auch der amerikanische Soziologe der Nachkriegszeit David Riesman (1956) thematisierte bereits Reizüberflutung und »Außengeleitetheit« der Subjekte. Die mit der Modernisierung einhergehende »gewaltige soziale Krise der subjektiven Desintegration« wurde immer wieder als Verfall oder Verkümmerung, »als ein Versagen der ›Aufmerk-

---

[*] Elfriede Löchel ist Psychoanalytikerin und Lehranalytikerin (DPV/IPV), niedergelassen in Bremerhaven und außerplanmäßige Professorin an der Universität Bremen. Zahlreiche Veröffentlichungen zur psychoanalytischen Konzeptforschung, Freud-Relektüre, Symbolisierung u. a.

Jahrb. Psychoanal. 62. S. 31–50 © 2011 frommann-holzboog

samkeit‹ diagnostiziert« (Crary 2002, 13). Dieses Modell des Versagens der Aufmerksamkeit als Kulturphänomen liegt auch der aktuellen Zeitdiagnose Christoph Türckes[1] zugrunde, der – der gegenwärtigen Leittechnologie entsprechend – von einer »mikroelektronischen Aufmerksamkeitsdefizit-Kultur« spricht. Neu ist daran nicht, daß abermals ein Massenmedium als aufmerksamkeitszerstreuend analysiert wird. Neu an Türckes Unterfangen ist vielmehr, diese Zeitdiagnose mit einer theoretischen Spekulation über die Anfänge der Menschheit zu verbinden und einen Bogen von der Steinzeit zum mikroelektronischen Zeitalter zu schlagen. Als roter Faden dient dieser kühnen Kontinuitätsannahme das Prinzip des »traumatischen Wiederholungszwangs«, entlehnt von Freud (1920g). Angesichts der offensichtlich als katastrophal eingeschätzten Gegenwart eine »Rückbesinnung« auf die Anfänge vorzuschlagen, folgt der Denkbewegung der *Dialektik der Aufklärung* (Horkheimer/Adorno 1947). Anders als diese jedoch, die sich die »Selbstbesinnung« des Denkens »über seine eigene Schuld« (a. a. O., 2) zum Ziel setzte, also von eigener, der Reflexion bedürfender Verstrickung ausging, scheint Türckes Denkansatz die Diagnose von einer Position des Wissens aus zu stellen. Dadurch, wie auch durch die ungebrochene Ursprungslogik seiner Zivilisationstheorie[2] erscheint mir der gewählte Zugriff auf die Gegenwart methodisch fragwürdig, auch wenn er sich inhaltlich auf der Höhe der Zeit bewegt: Er greift Beunruhigendes auf und verleiht ihm eine theoretische Fassung. Irritierend ist, wie unbekümmert Türcke sich über die methodischen Kautelen etwa der analytischen Sozialpsychologie hinwegsetzt und Begriffe, die in der Analyse individueller Subjekte gewonnen wurden, umstandslos auf Gruppen, Gesellschaften, die ganze Menschheit überträgt. Irritierend ist auch, daß er aus der Freudschen Theorie Begriffe wie aus einem Werkzeugkasten herausnimmt und dabei von der psychoanalytischen Denk- und Erkenntnismethode (vgl. dazu Löchel/Härtel 2006) abstrahiert.

Zugestanden: Vielleicht muß ein Denker sich über solche Einwände – zunächst einmal – hinwegsetzen können, um wie Türcke auf beispiellose Art den aufwühlenden und beunruhigenden Phänomenen der mikroelektronischen Me-

---

1 Ich beziehe mich im wesentlichen auf den im vorliegenden Band enthaltenen Beitrag »Konzentrierte Zerstreuung« (2011), greife jedoch an einigen Stellen auch auf die umfangreichere Monographie *Erregte Gesellschaft* (Türcke 2002) zurück.
2 Vgl. dagegen Heinrich (1981; 1983); Derrida (1976).

diengesellschaft auf die Spur zu kommen. Chronische Zerstreuung und unproduktive Unterbrechung zusammenhängender Arbeitsabläufe durch das sogenannte *Multitasking* sind inzwischen auch andernorts zum Problem geworden: In den USA wurden bereits eine neue akademische Disziplin *Interruption Studies* und ein sogenanntes *Attention Movement*[3] ins Leben gerufen – allerdings, leicht erkennbar, unter ökonomischem Vorzeichen, mit dem Interesse, wirtschaftliche Verluste infolge allzu häufig unterbrochener Arbeitsvorgänge zu vermeiden. Türckes Impetus dagegen ist ein kritischer. Er läßt einen Schmerz beredt werden (vgl. Adorno 1966, 29), der auf Bedrohungen und Verluste verweist, er versucht, einen Leidensdruck in Theorie zu übersetzen, den gegenwärtig – das mag auch ein Grund für die begeisterte Rezeption sein – viele von uns kennen, die den Einbruch der mikroelektronischen Medien in vertraute Lese-, Schreib- und Denkwelten als überwältigend erleben.

Ausgehend von diesem Eindruck – Türcke versucht Wichtiges, aber er tut es auf methodisch problematische Weise – zielt dieser Beitrag darauf, einige Differenzen zwischen psychoanalytischem Denken und dem ihm spezifischen Gegenstand einerseits und Türckes Denkansatz andererseits kenntlich zu machen.[4] Der Beitrag geht auf zwei Thesen Türckes genauer ein, die an psychoanalytischen Begriffen und Erfahrungen anzuknüpfen scheinen. Das ist zum einen die These vom traumatischen Wiederholungszwang als vorrangigem Kulturstifter, als »Kulturstifter *par excellence*«, zum anderen die These von der aktuellen mikroelektronischen Kultur- und Nervenzerrüttung, für die Türcke das Beispiel des sogenannten Aufmerksamkeitsdefizitsyndroms anführt.

1. Zur These vom traumatischen Wiederholungszwang als Kulturstifter

Türcke geht, in Einklang mit ethnologischen, frühgeschichtlichen und religionswissenschaftlichen Befunden (vgl. Girard 1972; Haas 2002; Horkheimer/ Adorno 1947) davon aus, daß als eines der ältesten menschheitsgeschichtlichen

---

3 Vgl. z. B. den Buchtitel *Distracted: The Erosion of Attention and the Coming Dark Age* von der Journalistin Maggie Jackson, zitiert in dem Beitrag von Eduard Kaeser in NZZ online vom 3.05.09: *Cogitus interruptus*.
4 Ich stütze mich dabei auf eine vorausgegangene Arbeit (Löchel 2010).

Rituale das Opfer gelten kann. Er hebt hervor, daß in der frühesten Frühzeit, in einem präanimistischen Stadium Menschenkollektive noch nicht intentional opferten, also etwa um einen Geist oder eine Gottheit zu beschwichtigen, zu besänftigen, milde zu stimmen, sondern daß – zunächst ohne Adressat dieses Tuns – das Opfer ein Nachhall, wenn auch bereits ein kollektiv organisierter, sozial gefaßter Nachhall einer passiv erlittenen Gewalt ist. Türcke versteht das anfängliche Opferritual als eine Wendung von passiv zu aktiv, ähnlich wie die psychoanalytische Theorie diesen Vorgang als Abwehrmechanismus und Triebschicksal kennt. Aber gemeint ist damit kein Triebschicksal, sondern etwas dem Trieb Vorausgehendes, ihn – so Türcke – erst Schaffendes, nämlich die unvermittelte Reaktion auf eine traumatische Reizüberflutung, die Türcke dem Ausgeliefertsein an die Übermacht einer mörderischen Natur zuschreibt.[5] Die These besagt, das, was die übermächtige und gefürchtete Natur den Hominiden- bzw. Menschengruppen antut, tun sie sich selber an: »Im Opfer wird Grauenhaftes vollzogen, um von Grauenhaftem loszukommen« (Türcke 2011, in diesem Band, 15). Dabei versteht Türcke die Wiederholung zunächst als rein *physiologischen* Vorgang,[6] als den »Versuch,[7] [...], geeignete Nervenbahnen anzulegen, um in ihnen einen ungeheuren Erregungsschwall zu kanalisieren und zur Abfuhr zu bringen« (a. a. O., 15).

Diesen Vorgang nennt Türcke »traumatischen Wiederholungszwang«, wobei er sich auf eine Passage in *Jenseits des Lustprinzips* (1920g) bezieht. Dort führt Freud – bekanntlich in einem Kontext dramatischen Ringens, vielschichtiger, heterogener, in sich gegenläufiger, zugleich zaudernder und vorwärtspreschender Denkbewegungen – die Angstträume der Kriegstraumatisierten als *ein* Beispiel unter anderen dafür an, daß es neben dem Lustprinzip im psychischen Apparat noch eine andere Bewegkraft geben müsse: nämlich den Drang zum Abbau übergroßer Erregungsmengen, die das Lustprinzip überforderten, weil sie ohne

5 Was immer wieder auffällt, ist die fraglose Annahme einer ausschließlich destruktiv überwältigenden Natur, auf die ich später noch eingehen werde. Fraglich erscheint mir darüber hinaus auch, wie sich eine noch so primitive kollektive Formation denken läßt ohne ein Minimum an libidinöser Kohäsion.

6 »Die Logik des Opfers ist die physiologische des Wiederholungszwangs« (in diesem Band, 15), an anderen Stellen: »physiologischer Wiederholungszwang«.

7 Kann ein physiologischer Vorgang eine Intention haben, etwas »versuchen«? Oder wird hier die Neurophysiologie mit animistischen Vorstellungen aufgeladen?

Vorwarnung hereingebrochen seien. Die zwanghafte Wiederholung der traumatischen Schrecksituation in all ihrer Grauenhaftigkeit, etwa im Traum, aber auch im Agieren, könne als Versuch – und hier wäre meines Erachtens zu betonen – *des Ichs* verstanden werden, durch Angstentwicklung im nachhinein die traumatische Erregung »zum Gegenstand der Erinnerung und seelischen Bearbeitung zu machen« (Freud 1920 g, 15), das heißt, die Erregung an Repräsentanzen zu binden und der Bewältigung durch das Lustprinzip zuzuführen. Ohne dieser Vermittlungsfunktion eines wie auch immer rudimentär oder geschwächt gedachten Ichs Rechnung zu tragen, aber auch ohne dem Kontext der Freudschen Denkbewegungen Aufmerksamkeit zu schenken, die – wie mehrfach gezeigt wurde – dem Inhalt keineswegs äußerlich sind (vgl. Derrida 1987; Mahony 1989; Löchel 1996), entnimmt Türcke den Begriff des traumatischen – physiologischen – Wiederholungszwangs und erhebt ihn zum Schlüsselbegriff der Kultur- und Menschheitsentwicklung. Dabei stützt er sich im wesentlichen auf Freuds Formulierung, jener Wiederholungszwang sei »ursprünglicher, elementarer, triebhafter als das von ihm *zur Seite geschobene* Lustprinzip« (Freud 1920 g, 22; Hervorh. E. L.). Hier erweist sich indes die textnahe Lektüre als unumgängliches methodisches Gebot. Sie relativiert Türckes Lesart. Es ist nicht zwingend, dieses Zitat ausschließlich zeitlich zu verstehen. Buchstäblich konstatiert Freud mit diesen Worten keineswegs ein zeitliches, sondern vielmehr ein – zumindest *auch* – räumlich zu verstehendes Verhältnis: der Wiederholungszwang setzt das Lustprinzip nicht außer Kraft, sondern tritt an seine Seite, sagt Freud, tritt *neben* das Lustprinzip, zu diesem hinzu, wobei es dieses durchaus an Intensität übertreffen kann. Türcke dagegen scheint den räumlichen Aspekt, das *Nebeneinander* zweier Prinzipien nicht in Betracht zu ziehen, sondern interpretiert das Verhältnis von Wiederholungszwang und Lustprinzip rein zeitlich. Während Freuds Text mehrfach nach dem Verhältnis von Lustprinzip und Wiederholungszwang fragt und zu *verschiedenen* Antworten ansetzt (Freud 1920 g, z. B. 18, 22, 67), *vereindeutigt* Türcke ihn zu einem monistischen, zeitlich und kausal vorgeordneten Prinzip. Er postuliert eine hierarchische, nicht heterarchische Ordnung. Daraus ergibt sich der in meinen Augen irreführende Eindruck, die Wunscherfüllungstheorie sei durch *Jenseits des Lustprinzips* widerlegt und nicht nur erweitert worden.[8]

8 Freud wörtlich: »[…] eine Funktion des seelischen Apparats, welche, ohne dem Lustprinzip zu widersprechen, doch unabhängig von ihm ist und ursprünglicher scheint als

Mit anderen Worten: Eine entscheidende Differenz liegt in der Bedeutung des Konflikts und verschränkten Neben- und Ineinanders von Bewegkräften: Während das Freudsche Denken stets vom Konflikt als Movens ausgeht – im Verlauf seiner Theorieentwicklung zunächst der Konflikt zwischen Hunger und Sexualität, dann kurzzeitig die Entgegensetzung von Ichlibido und Objektlibido, schließlich die Dynamik von Eros- und Todestrieb – scheint Türckes Auffassung der Konstitution von Kultur in der Tat von einem einzigen, monokausalen Prinzip auszugehen: dem traumatischen Wiederholungszwang. Er legt besonderen Wert darauf, libidinöse Bindung, lustvolle Befriedigung als etwas Sekundäres, aus dem Wiederholungszwang Abgeleitetes, durch ihn erst Ermöglichtes zu begreifen. Dieser Ableitungsgedanke, der den zeitlichen Vorrang des Einen behauptet, widerspricht fundamental dem Freudschen Denken, das eine unhintergehbare Trieb*mischung* annimmt (vgl. Freud 1923, 269 ff.), der zufolge weder das Eine (Eros) noch das Andere (Todestrieb) je in Reinform aufzufinden sei – es sei denn als Verfallsprodukt in der Auslöschung des Lebens (Freud 1923 b, 283).

Warum aber muß so rigoros die Annahme ausgeschlossen werden, daß es nicht nur Schreck-, sondern auch Befriedigungserlebnisse gegeben haben mag, die nach Wiederholung drängen? Woher diese Gewißheit, daß Naturverschlungenheit nur und ausschließlich als mörderische, grauenvolle Übermacht erlebt werden kann? Warum nicht auch als schützende, nährende, beschenkende, Geborgenheit gebende? Erinnern wir uns daran, daß Freud gerade den Drang, ein primäres *Befriedigungserlebnis* zu wiederholen,[9] als initiale *psychische* Regung eingeführt hat.

Spekulieren über die Anfänge

Da wir die Anfänge nicht wissen können, aber gerne wissen wollen, auch gar nicht anders können, als sie wissen zu wollen, ungeachtet aller erkenntnistheo-

die Absicht des Lustgewinns und der Unlustvermeidung« (Freud 1920 g, 30). Freud verwendet an einer Stelle zwar auch eine zeitliche Formulierung: »für die wunscherfüllenden Tendenz des Traumes eine *Vorzeit* zuzulassen«, doch er fährt fort: »Damit wird seiner späteren Funktion nicht widersprochen« (Freud 1920 g, 33; Hervorh. E. L.).

9 Genauer: die Erinnerungsspur des Befriedigungserlebnisses wieder zu besetzen (Freud 1900 a, 571).

retischen Vorbehalte, darum also erzählen wir Geschichten, wie es gewesen sein könnte. Auch in der Wissenschaft geht es nicht ohne Mythen oder Axiome. Sie lassen sich nicht auf Wahrheit oder Falschheit hin diskutieren, weil sie selbst den Rahmen für mögliche Wahr-Falsch-Diskurse abstecken. Solche Geschichten, Erzählungen, Mythen, ebenso wie wissenschaftliche Theorien lassen sich aber befragen: Was decken sie auf, was verhüllen sie? Was fangen sie ein, was schließen sie aus? Mit Klaus Heinrich (1981) lassen sie sich vor allem auch daraufhin befragen: Welche Ängste versuchen sie zu bannen? Auf welche Bedrohung antwortet die genealogische Rückbindung an den Ursprung?

Der von Türcke erzählte Mythos handelt von überwältigender traumatischer Erregung, Ringen mit Grauenhaftem und Mörderischem: »Man schlachtet Menschen und kostbarste Tiere. So etwas tut man nicht aus Spaß, sondern nur unter äußerstem Druck: weil man sich anders nicht zu helfen weiß, weil man sich damit Entlastung zu verschaffen sucht« (in diesem Band, 15). Doch allein in der aktiven Wiederholung des Schreckens sieht Türcke – wie die Laudatio Werner Balzers[10] schon im Titel treffend formuliert – den Ansatz seiner Wendung in Rettendes: Opferrituale – so die Argumentation – schaffen feste Orte und Zeiten, sind gedächtnisstiftend und bilden auf diese Weise die Urformen symbolischen Denkens, das heißt der Vergegenwärtigung von Abwesendem und Lösung von physischer Präsenz.[11] Durch diese Bannung und Bejahung des Schrecklichen entstehe eine Vertrautheit mit ihm. Der Schrecken werde zu dem, was vor ihm rettet. Türcke nennt das an anderer Stelle – abermals Physiologie und Subjekt gleichsetzend – den »physiologischen Fehlschluß« (Türcke 2005, 10). Auf diesem Wege entstünden aus präanimistischen Verhaltensritualen erste Auffassungen von personalen Geistern oder Gottheiten, die dann auch Schutz bieten können.

---

10 Balzer, W. (2010): »Denn das Denken ist nichts als des Schrecklichen Wandlung«.
11 Der Wiederholung des Opfers gelinge »der Kunstgriff der Vergegenwärtigung. Sie läßt etwas, was nicht mehr ist, was kein Hier und Jetzt mehr hat, dennoch wiederkehren, abgelöst von seiner singulären, physischen Präsenz – als deren Echo, Zitat, Abzug, Vervielfältigung, Extrakt. Was wiederkehrt, ist nicht die Sache selbst, sondern ihr ›Geist‹« (Türcke 2005, 141 f.). Das erinnert an Entwicklungstheorien, die die stufenweise Abstraktion vom Sensomotorischen, Sinnlichen als den Weg zum Denken (Jean Piaget) respektive zur Zivilisation (Norbert Elias) ansehen. Vgl. dagegen Lévi-Strauss (1968).

Im Vergleich dazu ist die Freudsche Opfertheorie, der Mythos vom Urvater-mord (Freud 1912–13) auf einer objektalen Stufe angesiedelt. Er handelt nicht nur vom Mörderischen, sondern auch von der Liebe zum – eben auch – als beschützend erlebten Urvater, enthält Ambivalenz und daher Zerrissenheit des Subjekts *von jeher*. Der einzelne hat folglich nicht nur traumatische Erregung ab-zubauen, sondern auch seine Liebe zum Objekt zu erhalten. Unumgänglich ist der Konflikt, *selbstverschuldet* Liebes (mit)gemordet zu haben. So wird das ein-zelne Subjekt nicht nur als konflikthafte, sondern als im wesentlichen tragische Gestalt aufgefaßt, was entsprechend auch für die Dynamik der sozialen Ordnung angenommen wird.

Was Freud in *Totem und Tabu* versucht, bezieht sich also nicht einfach auf einen – im Vergleich zu Türckes Ansatz – »späteren Zeitpunkt« auf einer ima-ginierten Entwicklungsachse, sondern es handelt sich um ein anderes Denken, einen anderen Zugang zu der auch von Türcke gestellten Frage des »Anfangs« der Kultur. Gemeinsam ist beiden (wie auch Girard, Haas u. a.) der Gedanke, daß Kultur sich der Gewalt verdankt. Aber welcher?

Freud hat mit dem ödipalen Strukturmodell – so fragwürdig seine phylo-genetische Argumentation ist, wenn man sie biologisch versteht (vgl. dagegen eine andere Lesart: Lang 1986) – einer klinischen Einsicht Rechnung getragen, die nach ihm insbesondere Melanie Klein in aller Schärfe betont: Es ist die eigene Aggression, die unvermeidlich vom Subjekt selbst ausgehende Zerstö-rungswut, die – allerdings nur, indem sie sich *neben* anderen, libidinösen Impul-sen entfaltet – Schuld, Reue, Trauer und Tendenzen der Wiedergutmachung zu aktivieren vermag. Nur durch diese aktive Komponente der vom Subjekt selbst ausgehenden Aggression und nur durch das gleichzeitige Vorhandensein libidi-nöser Kräfte kommt es zu Schuldgefühlen, Trauer und Wiedergutmachungs-bestrebungen, das heißt zu psychischer und kultureller Arbeit.

So wichtig die »Destruktion als Ursache des Werdens« (Spielrein 1912) ist, so kommt ihr diese Funktion doch nur zu, wenn auch genügend Libidinöses da ist. Die konstruktive Wendung des Traumatischen aus sich selbst heraus, die Türcke postuliert, ist schwer mit der analytischen Erfahrung in Verbindung zu bringen.

Fazit

Ich habe drei Differenzen und kritische Einwände benannt: Erstens läßt sich mit dem Text *Jenseits des Lustprinzips* die Priorität und monistische Vorherrschaft des traumatischen Wiederholungszwangs nicht begründen. Zweitens fehlt in Türckes Ansatz der für psychoanalytisches Denken essentielle Konflikt. Drittens unterscheidet sich das Prinzip des traumatischen Wiederholungszwangs vom Freudschen Mythos des Urvatermordes darin, daß zwar beide von mörderischer Gewalt als Gründungsakt der Kultur ausgehen, aber entgegengesetzte Auffassungen darüber darstellen, ob es Transformationen der erlittenen Gewalt oder Transformationen der selbst praktizierten Gewalt seien, denen kulturstiftende Wirkung zukommt. Die letztgenannte Annahme rückt die produktive Funktion von Schuld, Trauer und Wiedergutmachung in den Blick, die jedoch nur auf dem Boden des Libidinösen gedeihen.

Der Ersatz des Konfliktdenkens durch »Ein Prinzip *par excellence*« trifft auf Türckes Denkmethode und -gegenstand gleichermaßen zu. Eine Folge davon ist, daß es im Rahmen seines Denkansatzes zwangsläufig so aussehen muß, als ob es keine Vieldeutigkeit, kein Nebeneinander von destruktiven und kreativen Phänomenen der »mikroelektronischen Kultur« geben könne, ebensowenig wie unvorhersehbare Spielräume der Subjekte in der Gestaltung dieser Kultur. Auch wenn Türcke gelegentlich von Hoffnung auf »Gegenfeuer« (2002, 316), »Bremsen« (a. a. O., 308 f.), »Nachsitzen« (2011, 27) spricht, bleibt diese, wie das Folgende zeigt, entsprechend dem monistischen Denkansatz letztlich ohne überzeugende Begründung.

2. Zur These von der aktuellen mikroelektronischen Kultur- und Nervenzerrüttung am Beispiel des sogenannten Aufmerksamkeitsdefizitsyndroms

Türcke geht aus von folgendem Befund: Unsere gegenwärtige Kultur befinde sich in einem Zustand der Dauererregung – ohne Anfang und ohne Ende, ohne zeitliche und ohne räumliche Begrenzung. Es gehe zu wie auf einem ganzjährigen Jahrmarkt, wo die Sensationen sich ständig überbieten müssen. Diese Beobachtung erscheint auf den ersten Blick nur allzu treffend. Den Zustand der

Dauererregung führt Türcke auf die Omnipräsenz visueller Imperative, optischer Reize zurück, die als Resultat einer spezifischen technischen Entwicklung gesehen werden: Maschinen der Neuzeit – im Unterschied zu Werkzeugen – wiederholen selbsttätig, automatisch zunächst mechanische Bewegungsabläufe, später Wahrnehmungsabläufe. Impliziert ist hier eine Techniktheorie, die davon ausgeht, daß Technik, auch wenn sie nach ihrer Erfindung den Menschen als Anderes gegenübersteht, doch aus ihrem eigenen Inneren ›herausgesetzt‹ wurde. Das gilt auch und besonders für die Tendenz zur Wiederholung.

Was im 19. Jahrhundert mit der Phototechnik begann und sich in der Filmtechnik fortsetzte, erreiche nun mit der Mikroelektronik und der Digitalisierbarkeit der früher relativ schwerfälligen Techniken seinen Kulminationspunkt: Der allgegenwärtige Bildschirm mit seinem permanenten Aufforderungscharakter ist der Inbegriff dieser Entwicklung. Türcke versteht die diagnostizierte Reizüberflutung im Rahmen seiner Spekulation über den Gang der Menschheitsgeschichte: Während in der Früh- und Urgeschichte die Menschen stets dem unkontrollierbaren Hereinbrechen der Naturgewalt ausgeliefert waren, habe sich über Jahrzehnttausende hinweg mit Hilfe der Wiederholung, der Verkehrung von Passivität in Aktivität und dadurch Wendung des Schrecklichen allmählich eine »kulturelle Rinde« um die traumatischen Reizeinbrüche herum gebildet (vgl. Türcke 2005, 20). Die traumatische Erregung sei durch kulturelle Strukturbildung eingebunden und befriedet worden. Eben diese Entwicklung sei gegenwärtig im Begriff sich *umzukehren* – der mediale Dauerbeschuß erschüttere und zerrütte die »Nerven« und bombardiere uns gleichsam zurück in die Steinzeit (Türcke 2011, in diesem Band, 24). War Kultur bis zum Beginn der Neuzeit auf »Deeskalierung, Sedimentierung, Beruhigung« von Erregung ausgerichtet, so Türcke, gehe es nun »rückwärts« in Richtung ›Deritualisierung, Desedimentierung‹ (Türcke 2008, 244).

Bei seiner Ausarbeitung der Interdependenzen von technischer Entwicklung und Wahrnehmungsveränderungen stützt sich Türcke auf Walter Benjamin. In seiner Schrift *Das Kunstwerk im Zeitalter seiner technischen Reproduzierbarkeit* spricht Benjamin bereits von »tiefgreifenden Veränderungen des Apperzeptionsapparates« (Benjamin 1936, 67 FN 29), die der Filmtechnik entsprächen. Im Film wechselten ständig die »Schauplätze und Einstellungen [...], welche stoßweise auf den Betrachter einwirken«, so daß dessen eigener Assoziationsablauf unterbrochen werde (a. a. O., 66). Benjamin ging aber davon aus, daß die

Chockwirkung des Films »wie jede Chockwirkung durch gesteigerte Geistesgegenwart aufgefangen« werden würde (a. a. O., 67) und sah darin sogar eine Bereicherung der Wahrnehmung.

Allein die Möglichkeit einer produktiven Wendung oder auch nur einer fragenden Offenheit gegenüber dem weiteren Zusammenspiel von Mensch und Technik ist in Türckes Ausführungen kaum zu finden. Sie artikulieren ausschließlich Verluste, Defizite, Bedrohungen. Anders ausgerichtet ist dagegen eine Studie des Kunsthistorikers Crary (2002) zur Aufmerksamkeit in der Moderne. Crary legt gerade Wert darauf, keine generalisierenden Aussagen zu einem als einheitlich unterstellten Aufmerksamkeitsregime zu machen, sondern konkrete Aufmerksamkeitspraktiken in bezug auf konkrete Objekte (verschiedene künstlerische Darstellungen) zu untersuchen. Durch seine Untersuchungsmethode gelingt es ihm, nicht einen generellen Zerfall von Aufmerksamkeit, sondern im Gegenteil die Bedeutung neuer Normen und Praktiken der Aufmerksamkeit, neuer »Aufmerksamkeitstechniken« aufzuweisen. Er gelangt zur

> Auffassung, daß es sich bei der modernen Zerstreuung *nicht* um die Zerstörung von stabilen oder ›natürlichen‹ Arten vertiefter, werthaltiger Wahrnehmung handelt, die seit Jahrhunderten existiert hatten, sondern [...] in vielen Fällen auch einen konstituierenden Bestandteil der zahlreichen Versuche, bei menschlichen Subjekten Aufmersamkeit zu produzieren. Das Problem der Zerstreuung, das im späten neunzehnten Jahrhundert auftaucht, ist von der parallel dazu auf den verschiedensten Gebieten stattfindenden Konstruktion eines aufmerksamen Beobachters nicht zu trennen. (Crary, a. a. O., 47)

Crary sucht also nicht *die* typische heutige Aufmerksamkeitsformation oder -störung zu diagnostizieren, sondern findet vielmehr *heterogene* Aufmerksamkeitspraktiken vor – und nicht nur Zerstreuung, sondern Transformationen der Aufmerksamkeit. Es ist interessant, daß er als eine »der folgenreichsten Aufmerksamkeitstechniken«, die das zwanzigste Jahrhundert hervorgebracht habe, die Psychoanalyse bezeichnet (Crary 2002, 288).

Mit der Grundregel der gleichschwebenden Aufmerksamkeit – und ihrem Gegenstück der freien Assoziation, »die auch freie Dissoziation genannt werden kann« (Laplanche 1997, 60) – verzichtete Freud bekanntlich auf die zielgerichtete Konzentration des bewußten rationalen Denkens. Die Lockerung der Prädominanz des letzteren, der Verzicht auf zielgerichtete Erfassung von Sinn und Bedeutung zugunsten einer Offenheit gegenüber allen Wahrnehmungseindrücken nebeneinander eröffnete den Zugang zur Arbeitsweise eines anderen, unbewußten Denkens. Die »Zerstreuung« und Zerrüttung gewohnter Aufmerksamkeit erweiterte schließlich den Denk- und Wahrnehmungshorizont, ließ aufmerksam werden für zuvor Undenkbares. Warum sollte man eine solche Möglichkeit in bezug auf die neuen Technologien – in manchen Bereichen, bei manchen ihrer Nutzer – von vornherein ausschließen?[12]

Türcke folgt Walter Benjamin nicht im Hinblick auf die produktive Seite des Wahrnehmungs-Schocks, sondern greift einen anderen Gedanken Benjamins auf, nämlich daß »das Bedürfnis, sich Chockwirkungen auszusetzen, [...] eine Anpassung der Menschen an die sie bedrohenden Gefahren« sei (Benjamin a. a. O., 67 FN 29). Er ist der Ansicht, daß der Sog der Anpassung im Kontakt mit den mikroelektronischen Filmbildern unwiderstehlich sei, da diese nicht nur in gerahmten Kinosituationen, sondern omnipräsent im privaten wie beruflichen Alltag unablässig auf uns einströmen, so daß sie nicht mehr innerlich verarbeitet werden und daher auch nicht zu einer Bereicherung der Wahrnehmungsfähigkeit führen können. Laut Türcke verlieren sie aber durch die Dauerpräsenz keineswegs ihren Schockcharakter, sondern potenzieren ihn noch, lassen ihn grenzenlos werden. »Nach wie vor wirkt jeder Bildschnitt als optischer Ruck, der ein ›Achtung‹, ›Aufgemerkt‹, ›Hierhergesehen‹ auf den Betrachter ausstrahlt, ihm eine neue kleine Aufmerksamkeitsinjektion verabreicht, einen winzigen Adrenalinstoß – und seine Aufmerksamkeit gerade dadurch zermürbt, daß er sie ständig stimuliert« (in diesem Band, 18).

Auf den ersten Blick fällt es nicht schwer, eine solche Beschreibung in die psychoanalytische Sprache zu übersetzen, zum Beispiel: Aufmerksamkeit und

12 Das Vermögen, mit Hilfe des Mediums auf es selbst und das zugehörige Subjekt zu reflektieren, findet sich vorzugsweise in der künstlerischen Arbeit. Ich habe an anderer Stelle auf ein aktuelles Kunstwerk von Mircea Cantor »Vertical attempt« (2009) aufmerksam gemacht (Löchel 2010, 185 ff.): »Der Künstler vollzieht eine gegenteilige Bewegung zu der für das Medium Film charakteristischen Verschmelzung unzähliger Einzelbilder. Er hält die Bewegung an. Ein Film, der nur eine Sekunde dauert, ist fast wie ein stehendes Bild – nur, daß es dem Betrachter sofort wieder entzogen wird. Dadurch aber wird der Entzug fühlbar, denkbar (sichtbar?), der allen Bildern anhaftet, ob laufend oder stehend. Der Zuschauer kann sich nicht ins Bild vertiefen, dafür aber in die eigenen Gefühle von Enttäuschung, Entzug, Lust auf mehr, Wunsch zu bleiben, Wunsch, daß es bleiben möge.«

Konzentration, beides Ich-Leistungen, werden unterlaufen durch die Überreizung der Sinne; die Transformationsprozesse, die rohe Sinneseindrücke in psychische Elemente verwandeln sollen, kommen nicht mehr nach; so kann kein innerer Raum gebildet werden, die Fähigkeit, zu denken bzw. Verbindungen herzustellen, wird angegriffen usw. Bei genauerer Betrachtung allerdings erscheint dies allzu eindeutig: Die Metaphern sind eindrucksvoll, gewiß. Aber ist denn schon klar, worüber hier gesprochen wird? Wenn Türcke von einem »Adrenalinstoß« spricht oder, wie an anderer Stelle, sagt, die audiovisuellen Schocks hätten »die Wirkung von kleinen psychophysischen Injektionen, die den *Organismus* so anfixen, daß er ohne sie eine unerträgliche Leere zu spüren« beginne (Türcke 2005, 21, Hervorh. E. L.), stellt sich vielmehr die Frage: Geht es um physiologische Vorgänge oder geht es um psychische Verarbeitung, Bindung von Erregung, Repräsentanzenbildung? Geht es um den »Organismus« oder geht es um das Subjekt?

Ein Problem ganz anderer Art liegt in folgendem: Mit der These von der technischen Reizüberflutung gerät die Argumentation auf einmal in die Nähe technikdeterministischen Denkens: die Technik wird zur Ursache, die Menschen reagieren. Aber eine solche Sicht würde die oben bereits erwähnte und auch von Türcke theoretisch vertretene Erkenntnis negieren, daß Technik Produkt von Menschen, Externalisierung von Aspekten ihrer Verfaßtheit ist. In der sozialwissenschaftlichen Techniktheorie und -forschung wurde daher in den letzten Jahrzehnten vom Ursache-Wirkungs-Denken des Technikdeterminismus abgerückt zugunsten der Frage nach den Umgangs- oder Aneignungsweisen sowie nach den symbolischen Bedeutungen, die an der Technik manifest werden. Psychoanalytisch betrachtet sind in die Technikentwicklung immer schon unbewußte Phantasien eingeflossen, so daß wir als Techniknutzer ihr nicht nur fremd und anders gegenüberstehen, sondern sie auch in uns selbst suchen könnten, selbst in gewisser Weise in ihre Voraussetzungen verstrickt sind (vgl. Löchel 1997). Auch der Umgang mit den mikroelektronischen Medien verläuft nicht bei allen Subjekten gleich: Zu fragen wäre: wie knüpfen technische Objekte an die innere Objektwelt an, auf welchen Boden von unbewußten Phantasien und Vorstellungen treffen sie? Hier stellen sich gegenwärtig drängende und spannende Fragen, Fragen, die teilweise noch der Formulierung harren, Fragen, die nicht durch vorschnelle Antworten stillgestellt werden sollten.

Aufmerksamkeitsdefizit-Hyperaktivitätssyndrom (ADHS)

Es ist zweifellos richtig, daß eine kulturtheoretische Perspektive zum Verständnis des Phänomens, das »ADHS« genannt wird, unabdingbar sei (Türcke 2011, in diesem Band, 22). Das gilt im übrigen auch für die aktuellen Erscheinungsformen anderer psychischer Erkrankungen – etwa Hysterie, Eßstörungen, Depression oder sogenannter »früher Störungen«. Gerade am Beispiel der letzteren ist eindrücklich gezeigt worden, daß Eins-zu-Eins-Zuordnungen von äußerer und innerer Realität nicht zu rechtfertigen sind (vgl. den immer noch aktuellen Aufsatz *Haben frühe Störungen zugenommen?* [Reiche 1991]). Es hat seit Erich Fromm (1941) immer Versuche gegeben, Typen von Störungen mit gesellschaftlichen Realitäten zu korrelieren, »Sozialcharaktere« dingfest zu machen: der autoritäre Charakter, der außengeleitete Charakter, der neue Sozialisationstyp, der flexible Mensch etc. ADHS wäre dann etwa der Sozialcharakter der »flüchtigen Moderne« (Bauman 2003). Diese Versuche sind verständlich aus dem Wunsch heraus, die Zeit, in der wir leben, unsere unhintergehbare Eingebundenheit und Geprägtheit durch sie, zu begreifen, treffende Worte und Bilder dafür zu finden. Sie sind wichtig, um das Fragen nach den Zusammenhängen zwischen Gesellschaft und Individuum, zwischen innerer Realität und Außenwelt offenzuhalten. Solche Fragen sind Gegenstand analytischer Sozialpsychologie und Kulturtheorie. Die klinische analytische Arbeit indes bezeugt, daß die innere Realität niemals ein direktes Abbild der äußeren Realität darstellt, sondern ihre Vermittlung weitaus komplexer zu denken und vielleicht auch nur um den Preis des Scheiterns zu versuchen ist. Dieser Erfahrung gilt es auch im sozialpsychologischen oder kulturtheoretischen Denken gerecht zu werden.

Auch im Fall von ADHS geht psychoanalytisches Denken eben gerade nicht vom Erscheinungsbild des Symptoms aus, sondern fragt nach der unbewußten Konfliktdynamik, den unbewußten Phantasien, für die es steht und die es als individuelle Schöpfung hervorgebracht haben. Analytiker *schauen* nicht einmal auf das Symptom, sondern *hören* dem sprechenden Subjekt *zu*. So waren die Anfälle und bizarren Gebärden der Hysterikerinnen, die Charcot vorführte, etwas für die photographische Dokumentation (vgl. von Braun 1985). Ihre *Bedeutung* erschloß sich dem Zuhören. Dieser *shift* vom Blick zum Hören erscheint mir als der wesentliche Beitrag der klinischen Psychoanalyse zu dem, was Walter Benjamin »Nachsitzen« nannte: die nachträgliche Bearbeitung dessen, was passiert sein wird, das Verarbeiten von Wahrnehmungsreizen, ja ihre Umschrift auf dem Boden der vorgängigen Wünsche, Ängste, Phantasien, die dabei möglicherweise ebenfalls umgeschrieben werden, das immer neue Ausarbeiten der inneren Repräsentanzenwelt – ein Prozeß, der schließlich erlauben kann, eine Haltung zum eigenen Innern wie zum Außen zu entwickeln.

Nun geht es um Kinder, denen diese Fähigkeit fehlt, die hyperaktiv sind, nicht stillsitzen, nicht mit sich allein sein, sich nicht konzentrieren können. Türcke argumentiert: Der passiv erlittene Aufmerksamkeitsentzug, dem diese Kinder ausgesetzt waren, das fehlende *containing* ihrer Affekte und Erregungszustände durch die – vielleicht ebenfalls schon mikroelektronisch geschädigten – Eltern verlange nach Wiederholung, um bewältigt zu werden: sie wenden sich zwanghaft den Bildschirmreizen zu, denen sie ehemals ausgeliefert wurden: »Vor dem mir graut, zu dem michs drängt« (Türcke in diesem Band, 21).

Wie in Türckes Kulturgeschichte, so fehlt auch in diesem Blick auf die sogenannten ADHS-Kinder der Konflikt. Sie unterliegen nach dieser Argumentation allein dem traumatischen Wiederholungszwang und sie haben lediglich Defizite – an Aufmerksamkeit, Impulskontrolle usw. Zugestanden zwar, daß es nicht Gegenstand einer kulturphilosophischen Argumentation sein kann, eine psychodynamische Ätiologie des ohnehin fraglichen Syndroms zu formulieren, so erfolgt doch der Türckesche Sprung von der Kultur zum Symptom allzu unbekümmert und setzt sich damit über die *Essentials* psychoanalytischen Denkens, das nur vordergründig in Anspruch genommen wird, hinweg.

So wichtig es angesichts der vorherrschenden biologisierenden Tendenz erscheint, ihr eine kulturelle Perspektive entgegenzusetzen, geschieht dabei doch in Türckes Argumentation spiegelbildlich das, was bereits durch die Dominanz des medizinischen Diskurses geschieht, nämlich eine De-Konfliktualisierung (vgl. dazu Ahrbeck 2007, 8). Beide Sichtweisen, die kulturalistische wie die biologistische, verstellen den Konflikt, den Riß, der durch das Subjekt geht. Hier findet womöglich im Denken, in der theoretischen Annäherung etwas Ähnliches statt wie in dem zur Diskussion stehenden Phänomen: Ein Nicht-Aushalten von Spannung und Konflikthaftigkeit. Es gelingt nicht, sich nicht zu verstricken in das, was Reiche in der bereits erwähnten Arbeit den »überwältigenden Augenschein« (Reiche 1991, 1050) nannte, den allzu offensichtlichen, aber doch nur scheinbar ursächlichen Zusammenhang von Kultur und Symptom.

Viele Untersuchungen und Fallberichte (siehe z. B. Ahrbeck 2007, Staufenberg 2008, Streeck-Fischer 2009; vgl. auch den sozialpsychologischen Ansatz Haubl 2009) deuten darauf hin, daß es sich bei der Diagnose »ADHS« um ein Artefakt, eine »dubiose Etikettierung« (Crary 2002, 36) handelt. »Nichts« spreche dafür, so ein Autor eines aktuellen Sammelbandes, daß es sich bei »ADHS« »wirklich um ein eigenständiges, das heißt zusammenhängendes und abgrenzbares Krankheitsbild« handele (Perner 2007, 74). Psychodynamisch betrachtet können sich, bis auf eine verschwindend kleine Restkategorie, fast alle bekannten Krankheitsbilder dahinter verbergen. Nicht selten machen praktizierende Analytiker die Erfahrung, daß die analytische Arbeit mit Müttern von solchermaßen etikettierten und behandelten Kindern zu einer veränderten Haltung gegenüber dem angeblichen ADHS-Kind führen kann. Oft geht es bei diesen Müttern wie Kindern um die Verleugnung von Trennungskonflikten und Vermeidung von Trauer, es werden manisch-hyperaktiv Gefühle abgewehrt, die mit Getrennt- und Alleinsein sowie mit schmerzlichen Verlusterfahrungen zu tun haben. Vielleicht ist es kein Zufall, daß mit der Zunahme von ADHS-Diagnosen bei Kindern die ebenfalls viel diskutierte Zunahme depressiver Erkrankungen bei Erwachsenen korrespondiert. So kann es beispielsweise für Kinder, die ihre Mütter als depressiv geschwächt erleben müssen, außerordentlich schwer sein, ihre aggressiven Regungen zu integrieren und mit den libidinösen zu verschmelzen, aus Angst, das mütterliche Objekt damit vollends zu zerstören. Dies gilt insbesondere für Söhne, wenn der Vater wenig oder gar nicht verfügbar ist. Die Abwehr der damit verbundenen Konflikte des Kindes, die ohne Unterstützung durch die Primärobjekte als vernichtend erlebt werden müßten, mittels motorischer hypomanischer Aktivität entlastet oft alle Beteiligten von psychischer Arbeit.

Atmosphärisch scheint die Gesamtheit der ADHS-Diskurse ›nervöse‹ Züge einer hypomanischen Abwehr aufzuweisen. Hier ist Türcke zuzustimmen: die Aufregung um ADHS, die Art, wie dieses Phänomen verhandelt wird, läßt sich wohl nur als Ausdruck tiefgreifender kultureller Veränderungen begreifen. Wir alle haben enorme Verluste, Trennungen, Ängste, die den gesellschaftlichen und kulturellen, nicht zuletzt medialen, Umwälzungen dieses Zeitalters geschuldet sind, zu verarbeiten. Und wir verfangen uns nicht nur aufgrund individueller Konflikte, sondern auch kollektiv und in den darüber geführten wissenschaftlichen Diskursen bisweilen in Abwehrmuster, die uns Abschiedsschmerz, Trauer, Angst, vielleicht auch Auseinandersetzung mit dem Neuen ersparen sollen. Auch die kulturpessimistische Klage, die Verabsolutierung der Verluste kann eine solche Abwehr sein, ebenso wie die identitätsstiftende Rückschau, das scheinbare Wiedererkennen des Heute in den Anfängen. Meines Erachtens sind die Veränderungen, die wir gegenwärtig erfahren, nicht annähernd begriffen. Sie zu denken, in Worte zu fassen, bleibt notwendig.

Zusammenfassung

Der Kommentar greift zwei Thesen Türckes auf: erstens die These vom traumatischen Wiederholungszwang als maßgeblichem Kulturstifter; zweitens die These von der aktuellen mikroelektronischen Kultur- und Nervenzerrüttung. Der Akzent liegt auf den Differenzen zwischen Türckes kulturphilosophischer und der psychoanalytischen Denkmethode. Ein wesentliches Kriterium ist die Orientierung am Konflikt im Unterschied zu einem monistischen Erklärungsprinzip. Dies gilt sowohl in bezug auf die menschheitsgeschichtliche These von der Konstitution der Kultur als auch in bezug auf die Subjekte, die als Träger des sogenannten »Aufmerksamkeitsdefizit-Hyperaktivitätssyndroms« (ADHS) diagnostiziert werden. Das Prinzip des Konfliktes betrifft nicht nur die Konstitution des Erkenntnisgegenstandes, sondern auch die psychoanalytische Erkenntnismethode selbst, die konfliktgeleitet und selbstreflexiv von der Verstricktheit des Erkenntnissubjekts mit dem zu Erkennenden ausgeht. Der Kommentar plädiert dafür, die Fragen nach der Bedeutung der neuen mikroelektronischen Medien auf diese Weise psychoanalytisch zu erforschen.

Summary

Psychoanalysis: Technique of Attention. A Commentary on Christoph Türcke's »Concentrated Distraction«

The present article is a commentary on Christoph Tuercke's paper »Concentrated Distraction«. The commentary questions two contentions: firstly, the idea of traumatic compulsion to repeat as the main source of culture; secondly, the idea of a contemporary derangement of culture and nerves due to microelectronic technology. The article emphasizes differences between Tuercke's cultural philosophical method of thinking and psychoanalytic methods of thinking. One of the main differences is conflict as the leading idea as opposed to monistic principles of explanation. This difference is maintained in relation to Tuercke's phylogenetic hypothesis as well as his hypothesis on today's subjects being diagnosed as carriers of ADD. It is also maintained, that conflict as principle does hold not only in relation to the object of psychoanalytic knowledge, but also, self-reflecting, in respect to the methods of gaining knowledge. The article suggests to investigate the subjective meanings of microelectronic technology by psychoanalytic research methods.

Literatur

Adorno, Theodor W. (1966): *Negative Dialektik.* Frankfurt am Main: Suhrkamp.

Ahrbeck, B. (Hg.) (2007): *Hyperaktivität.* Kulturtheorie, Pädagogik, Therapie. Stuttgart: Kohlhammer.

Balzer, W. (2010): Denn das Denken ist nichts als des Schrecklichen Wandlung. Zu Christoph Türckes Genealogie des Mentalen im Zeitalter seiner medialen Selbstzersetzung. In: *Tagungsband der DPV-Herbsttagung 2009.* Frankfurt am Main: Geber + Reusch, 10–23.

Bauman, Z. (2003): *Flüchtige Moderne.* Frankfurt am Main: Suhrkamp.

Benjamin, W. (1972 [1939]): Über einige Motive bei Baudelaire. In: Ders.: *Gesammelte Schriften* I,2. Frankfurt am Main: Suhrkamp, 605–653.

— (2006 [1936]): *Das Kunstwerk im Zeitalter seiner technischen Reproduzierbarkeit.* Frankfurt am Main: Suhrkamp.

Braun, C. von (1985): *Nicht-Ich.* Logik, Lüge, Libido. Frankfurt am Main: Verlag Neue Kritik.

Crary, J. (2002 [1999]): *Aufmerksamkeit. Wahrnehmung und moderne Kultur.* Frankfurt am Main: Suhrkamp.

Derrida, J. (1976): Freud und der Schauplatz der Schrift. In: Ders.: *Die Schrift und die Differenz.* Frankfurt am Main: Suhrkamp, 302–350.

— (1987 [1980]): *Die Postkarte von Sokrates bis an Freud und jenseits.* Berlin: Brinkmann und Bose.

Freud, S. (1900a): *Traumdeutung.* In: *GW* II/III.

— (1912–13): *Totem und Tabu.* In: *GW* IX.

— (1920g): *Jenseits des Lustprinzips.* In: *GW* XIII, 1–69.

— (1923b): *Das Ich und das Es.* In: *GW* XIII, 235–289.

Fromm, E. (1980 [1941]): *Die Furcht vor der Freiheit.* Frankfurt am Main: Europäische Verlagsanstalt.

Girard, R. (1972): *Das Heilige und die Gewalt.* Frankfurt am Main: Fischer.

Haas, E. Th. (2002): *... und Freud hatte doch recht.* Die Entstehung der Kultur durch Transformation der Gewalt. Gießen: Psychosozial Verlag.

Haubl, R. (2009): Medikamentierte Wut. Wie Jungen mit einer AD(H)S um Selbstkontrolle ringen. In: *Forum Psychoanal.* 25, 255 – 268.

Heinrich, K. (1981): *Tertium datur.* Eine religionsphilosophische Einführung in die Logik. Frankfurt am Main: Stroemfeld,

— (1983): *Vernunft und Mythos.* Ausgewählte Texte. Frankfurt am Main: Fischer.

Horkheimer, M./Adorno, Th. W. (1971 [1947]): *Dialektik der Aufklärung.* Philosophische Fragmente. Frankfurt am Main: Fischer.

Kracauer, S. (1977 [1926]): Kult der Zerstreuung. In: Ders.: *Das Ornament der Masse.* Essays. Frankfurt am Main: Suhrkamp.

Lang, H. (1986 [1973]): *Die Sprache und das Unbewußte.* Jacques Lacans Grundlegung der Psychoanalyse. Frankfurt am Main: Suhrkamp.

Laplanche, J. (1997): Ziele des psychoanalytischen Prozesses. In: *Tagungsband der DPV-Herbsttagung 1996.* Frankfurt am Main: Geber + Reusch, 45 – 64.

Lévi-Strauss, C. (1968): *Das wilde Denken.* Frankfurt am Main: Suhrkamp.

Löchel, E. (1996): ›Jenseits des Lustprinzips‹: Lesen und Wiederlesen. In: *Psyche-Z Psychoanal* 50, 681 – 714.

— (1997): *Inszenierungen einer Technik.* Psychodynamik und Geschlechterdifferenz in der Beziehung zum Computer. Frankfurt am Main/New York: Campus.

— (2010): Vom Aufmerksamkeitsdefizit der Kultur zur Aufmerksamkeit des Analytikers. Differenzen zwischen kulturphilosophischem und psychoanalytischem Denken. In: *Tagungsband der DPV-Herbsttagung 2009.* Frankfurt am Main: Geber + Reusch, 174 – 187.

— /Härtel, I. (Hg.) (2006): *Verwicklungen.* Psychoanalyse und Wissenschaft. Göttingen: Vandenhoeck & Ruprecht.

Löffler, P. (2010): *UnAufmerksamkeit. Zur Archäologie einer Kultur der Zerstreuung 1800 – 1900.* Habilitationsprojekt. http://www.mediengeschichte.uni-siegen.de.

Mahony, P. J. (1989 [1987]): *Der Schriftsteller Sigmund Freud.* Frankfurt am Main: Suhrkamp.

Perner, A. (2007): Das Drängen des Triebes und die postmoderne Nervosität. In: *Hyperaktivität.* Kulturtheorie, Pädagogik, Therapie. Hg. von Ahrbeck, B. Stuttgart: Kohlhammer, 73 – 94.

Reiche, R. (1991): Haben frühe Störungen zugenommen? In: *Psyche-Z Psychoanal* 46, 1045 – 1066.

Riesman, D. (1956): *Die einsame Masse.* Darmstadt/Berlin/Neuwied: Luchterhand.

Spielrein, S. (1986 [1912]): *Die Destruktion als Ursache des Werdens.* Hg. von Kimmerle, G. Tübingen: edition diskord.

Staufenberg, H. (2008): Aus einer psychoanalytischen Behandlung eines sogenannten ›ADHS‹-Kindes. In: *Psyche-Z Psychoanal* 62, 654 – 871.

Streeck-Fischer, A. (2009): Vom blinden Handeln zur Selbstreflexivität. In: *Die Fähigkeit, allein zu sein*. Zwischen psychoanalytischem Ideal und gesellschaftlicher Realität. Hg. von Münch, K./Munz, D./Springer, A. Gießen: Psychosozial Verlag, 319–334.

Türcke, C. (2002): *Erregte Gesellschaft*. Philosophie der Sensation. München: C. H. Beck.

— (2005): Erregte Gesellschaft. Wiederholungszwang als Nerv und Gift der Kultur. In: *Psychoanalyse im Widerspruch 33*, 7–22.

— (2008): *Philosophie des Traums*. München: C. H. Beck.

— (2011): Konzentrierte Zerstreuung. Zur mikroelektronischen Aufmerksamkeits-defizit-Kultur. In: *Jahrb. Psychoanal. 62*, 13–29.

Prof. Dr. Elfriede Löchel, Richard-Dehmel-Str. 10, 28211 Bremen, eloechel@uni-bremen.de

Konstruktion und Wiederholungszwang[*]

Helmut Hinz[**]

Einleitung

Konstruktionen und Wiederholungszwang sind konstitutiv für Psychoanalyse. Sie sind für die Klinik der Psychoanalyse was Spielbein und Standbein für die Balance des Körpers und rechte und linke Herzkammer für den Blutkreislauf darstellen. Ich will keine Verwirrung stiften und dennoch nicht verhehlen, daß Wiederholungen ebenfalls als Konstruktionen gesehen werden müssen, denn in den zwanghaft wiederholten Beziehungsmustern zeigt sich, wie der Analysand sich seine Welt auf der Basis unbewußter Phantasien aufbaut, konstruiert. Vermutlich verhält sich Wiederholung zu Konstruktion analog dem Verhältnis von Wahrnehmung zu Vorstellung, obwohl auch dieses Begriffspaar nicht nur eine

[*] Die vorliegende Arbeit ist eine umgearbeitete Fassung des Vortrages »Constructions in Psychoanalysis and the Resistant Reality of Action Patterns in the Analytical Relationship« (Konstruktionen in der Psychoanalyse und die widerständige Realität von Handlungsmustern in der analytischen Beziehung), gehalten am 9. 12. 2006 am University College London bei der Tagung *Freud Today. Our Freud and Their Freud. Differences in Understanding the Heart of Psychoanalysis.*

[**] Dr. med. Helmut Hinz, Nervenarzt, Psychoanalytiker, Lehranalytiker der DPV/IPA. In eigener Praxis in Tübingen, als Supervisor in psychiatrischen Kliniken und als Balint-Gruppen-Leiter tätig. Veröffentlichungen u. a. zum Thema projektive Identifizierung, Gegenübertragungsverwicklung, gleichschwebende Aufmerksamkeit, psychotische Mechanismen bei neurotischen Patienten, Entgleisung von psychoanalytischen Prozessen.

Differenz markiert, sondern auch eine Interdependenz beschreibt. Die *konstruktivistische* Perspektive informiert uns über die Vielseitigkeit, Mehrschichtigkeit und asymmetrische Wechselseitigkeit einer jeden psychoanalytischen Situation, und über die Offenheit und Freiheit, die der Psychoanalyse inhärent sind. Der *Wiederholungszwang* indessen zwingt jedes analytische Paar in Beziehungs- und Handlungsmuster, die eine relativ begrenzte Zahl archaischer Phantasien und früher Objektbeziehungserfahrungen aktualisieren.

Der psychoanalytische Konstruktivismus eröffnet beinahe unendlich viele Möglichkeiten, eine bestimmte klinische Situation zu deuten. Dadurch wird zugleich klar, daß für uns jeglicher Zugang zu einer einfachen Form der Wahrheit und »Realität« versperrt ist, womit simultan die Gefahr der Intellektualisierung, der Allmacht und der Willkür einhergeht.

Diese Gefahren lassen sich eingrenzen. Das fatale Moment der Beliebigkeit läßt sich zügeln und Konstruierbarkeit limitieren, wenn die psychoanalytische Beobachtung ihren Fokus auf den starken Wiederholungsdrang mit seiner Einwirkung auf den Analytiker richtet. Auch dann, wenn wir unsere Beobachtung auf die Gegenübertragungsgefühle und die aktualisierten Prozesse und Muster in der analytischen Beziehung einstellen, haben wir es, das soll vorsorglich sogleich festgehalten werden, mit Konstruktionen zu tun, also keinen direkten Zugang zu einer Realität, zur Vergangenheit oder zur Wahrheit. Was sich durch den Gebrauch dieser methodischen Hinweise erreichen läßt, sind Wahrheitsperspektiven auf einer festeren Grundlage, Wahrheiten, die sich als praktikabel und kompatibel erweisen können.

»[…] dem Ich die Freiheit geben, sich so oder anders zu entscheiden.« (Freud 1923 b, 280)

Viele Psychoanalytiker gehen davon aus, daß Psychoanalyse ein Prozeß ist, der zwar als eine Serie von Sitzungen beendet werden kann, der jedoch, wie von Freud in *Die endliche und die unendliche Analyse* beschrieben, als innerer Prozeß unabschließbar ist. Das ist analog z. B. den Idealen der Französischen Revolution, die uneingelöst sind, aber als Modell menschlicher Gesellschaft fortbestehen und wirken. Wie diese Ideale ist die Psychoanalyse ein Projekt mit einem imaginären Fokus, das nie endet.

Was sind die Ideale der Psychoanalyse? Wir ermutigen freie Assoziation, wir versuchen gleichschwebende Aufmerksamkeit aufrechtzuerhalten. Wir wählen eine Tatsache aus dem aktuellen Geschehen in der Stunde respektive der Beziehung aus, um die sich ein Sinnzusammenhang zu kristallisieren scheint. Dadurch erscheinen Elemente miteinander verbunden, die bis dahin unverbunden waren. Wir offerieren diese Verbindung in Form einer Hypothese bzw. Deutung.[1]

Außerdem unterstellen wir ein fiktives Normal-Ich (Freud), das die Fähigkeit zu Bewußtsein besitzt, sich verstanden fühlen und verstehen kann, das seiner selbst in Beziehung zu einem anderen gewahr werden und dies anerkennen kann und das Wahrheiten (über sich und diese Beziehung) benötigt, um seelisch wachsen zu können.

In den *Philosophischen Bemerkungen* von Ludwig Wittgenstein findet sich folgender Satz: »Sage mir, wie du untersuchst, und ich sage dir, was du untersuchst« (67). Ich erlaube mir, diesen Satz frei anzuwenden und behaupte: was wir suchen sind *freie* Wesen, die sich miteinander *assoziieren* und dabei ihrer Verschiedenheit und Ähnlichkeit ansichtig werden. Dadurch können sie Bewußtsein entwickeln für ihre wechselseitigen Bedeutungszuschreibungen und beginnen zu begreifen, daß alles, was sie erkennen, kontingent ist, d. h. aus einer anderen Perspektive, wenn diese eingenommen werden könnte, sich anders verstehen ließe, und dennoch keinesfalls beliebig.

Tatsächlich glaube ich, daß es das ist, wonach wir suchen und unter Umständen höchst kontrafaktisch suchen müssen, wenn wir analytisch arbeiten. Jedoch finden wir im Verlauf unserer Arbeit bei der Untersuchung mittels dieser idealtypischen psychoanalytischen Methodik regelmäßig etwas diametral Entgegengesetztes, Unfreies, Widerständiges, Repetitives und Unbewußtes.

Wir erkennen, daß die wechselseitige Zuschreibung von Bedeutung, die von den inneren Strukturen des Analysanden und Analytikers gesteuert ist, eine neue Beziehungsstruktur erzeugt, die sich nicht selten überraschend und als unerwünscht notwendig stabile Wiederholung früherer Beziehungserfahrungen und archaischer Phantasietätigkeit erweist.

Das neue Objekt wird gedrängt, sich so zu verhalten, daß es einer unbewußten Erwartung und früheren Erfahrung korrespondiert, sich also dem alten Ob-

---

1 Ein Deutungszusammenhang unterscheidet sich von einem Kausalzusammenhang dadurch, daß mindestens eine weitere oder alternative Deutung vorstellbar sein muß.

jekt anähnelt. Wenn es mit Hilfe psychoanalytischer Konstruktionen gelingt, diese zunächst unbewußte Wiederholung ins Bewußtsein zu heben und als Abwehr gegen eine andere mögliche Übertragung zu deuten, dann wäre dem Ich die »Freiheit, sich so oder anders zu entscheiden« eröffnet.

Diese kurze Beschreibung, wie wir und was wir suchen, mag impressionistisch erscheinen oder modisch klingen. Es ist jedoch meine Absicht zu skizzieren, daß jeder Punkt dieses Bildes mit Freuds Denken verknüpft ist. Dieses Denken hat allmählich und intrinsisch den methodischen und theoretischen Korpus der Psychoanalyse entwickelt, der sich auf der Höhe der modernen Wissenschaftstheorie befindet, obwohl Freud selbst entsprechend seinem Selbstverständnis versuchte, der traditionellen Wissenschaftstheorie nahe zu bleiben. Moderne Wissenschaft hat nicht nur mit Determinismus sondern auch mit Wahrscheinlichkeiten und Zufall zu tun (in der Psychoanalyse: Trieb und biologische Bedürfnisse im Wechselverhältnis mit Objekten, individuellem Schicksal und Zufällen der Biographie). Es gibt nicht nur das Paradigma der Kausalität, sondern zusätzlich das Paradigma der Wechselseitigkeit und der Komplexität. Die moderne wissenschaftstheoretische Dimension der Wechselseitigkeit ist bekannt durch den Sachverhalt, daß es keine theorieunabhängige Beobachtung gibt, und durch den Sachverhalt, daß das beobachtete Objekt sich durch die Beobachtung verändert (psychoanalytisch sind diese Zusammenhänge höchst aktuell in der Wechselwirkung zwischen Gegenübertragung und Übertragung).

Um rasch zu einem letzten Punkt zu kommen: Komplexität ist psychoanalytisch repräsentiert durch das mehrfache und simultane Vorhandensein von Schichten des Gedächtnisses sowie deren fortlaufende nachträgliche Umschrift. Nebenbei sei noch angemerkt, daß Freuds Entdeckung der Nachträglichkeit ein moderner Beitrag zu einer nicht-linearen Zeitperspektive darstellt. Es fällt in die Zeit nach Freud, daß durch die Entdeckung der projektiven Identifizierung die starke unbewußte Beeinflussung des einen psychischen Systems durch ein anderes noch radikaler als bis dahin möglich konzeptualisiert wurde. Die dabei stattfindende *Interpenetration* von psychischen Systemen, das ist das zur Verfügung stellen oder *Ausleihen von benötigten Systemeigenschaften* (Baraldi et al. 1998, 85), führt m. E. zu einer Dynamisierung unserer Vorstellung von psychischen Räumen und den Interaktionen von Organismus und Umwelt, wobei hier Umwelt wesentlich ein zweiter Organismus, ein zweites psychisches System ist.

»Konstruktionen in der Analyse« (Freud 1937d, 43)

Lange vor seinem Aufsatz von 1937 über *Konstruktionen in der Analyse* zeigen viele Freudsche Konzepte, daß ein starkes konstruktivistisches Moment seinem Denken und dem Kern der Psychoanalyse inhärent ist, obwohl Freud den Begriff Konstruktivismus nicht gebrauchte. Konstruktivismus soll hier verstanden werden als eine heterogene Vielzahl von theoretischen Ansätzen, die aus verschiedenen wissenschaftlichen Gebieten stammen (Biologie, Neurophysiologie, Kybernetik, Psychologie), deren Gemeinsamkeit in folgender Annahme liegt: »die Welt, so wie sie erkannt wird – mit ihrer Varietät und Vielfältigkeit –, ist das Ergebnis innerer Prozesse« (Baraldi et al. 1998, 100), d. h. von Prozessen in Nervenzellen, in Organismen, im psychischen Apparat, im Phantasiesystem. Ich bin mir darüber im klaren, daß Freud, von wenigen Ausnahmen abgesehen (siehe weiter unten), philosophische Abstraktionen vermied. Deshalb sprach er, nach meiner Ansicht, nicht von Interpretationismus oder Perspektivismus, und der Terminus Konstruktivismus war zu seiner Zeit noch nicht erschaffen gewesen. Dennoch glaube ich, daß Konstruktivismus und Interpretationismus zentral in Freuds Denken sind und möchte dieses Argument hauptsächlich auf drei Punkte stützen:

Erstens auf sein Konzept der angeborenen Schemata, der Urphantasien und der infantilen Sexualtheorien. Diese können sämtlich als innere Konstruktionen betrachtet werden, die notwendig sind, um eine Verbindung mit der Welt der Objekte herzustellen, z. B. neurophysiologisch oder als rudimentäre affektiv-emotional-mentale Struktur.

Zweitens auf sein Konzept der Umschriften und der mehrfachen Schichten des Gedächtnisses, vorzüglich beschrieben in seinem Brief an Fließ vom 6. 12. 1896 (1950, 151).

Drittens gehört hierher das Konzept der Nachträglichkeit mit seinen späteren Transformationen früherer Erfahrungen und Erinnerungsspuren. Erfahrungen und innere Zustände späterer Phasen transformieren Erfahrungen früherer Perioden und führen zu Umschriften des Gedächtnisses, d. h. Gegenwärtiges und Künftiges verändern Vergangenes. Dieses Phänomen ist verantwortlich für nachträgliche traumatische Folgen von Ereignissen und für die heilenden Wirkungen der Psychoanalyse, die ebenfalls nachträglich auftauchen.

All diese verschiedenen Begriffe beschreiben innere Strukturen (und Funktionen), die wir unbewußte Phantasie und innere Objektbeziehungen nennen können. Unbewußte Phantasien sind ihrerseits Konstruktionen. Sie lassen äußere Realität in Erscheinung treten, sie verbinden uns mit dieser.

1937 stellte Freud fest, daß Interpretationen oft nicht zur Rekonstruktion einer bis dahin unvollständigen Erinnerung führen; jedoch führten überzeugende Konstruktionen zu demselben erwünschten Behandlungsergebnis. Diese Beobachtung erstaunte ihn selbst und er sah eine Aufgabe zukünftiger Forschung darin, diese zu verstehen. Hilda Doolittle schrieb in ihrer *Huldigung an Freud,* einem Bericht über ihre Analyse mit ihm, er habe einmal gesagt: »Meine Entdeckungen sind die Basis für eine sehr gewichtige Philosophie« (1975, 49), wobei er diesen Sachverhalt mit seinen Implikationen gemeint haben könnte. Vielleicht ist es in diesem Zusammenhang interessant zu erwähnen, daß Freud in seinen Werken und Briefen insgesamt Konstruktion/Konstruktionen/konstruieren etwa zweihundertfünfzigmal und Rekonstruktion usw. etwa fünfzigmal verwendet hat.

In Deutschland und auch international war es insbesondere Wolfgang Loch, der in seinem Werk die konstruktivistische Perspektive der Psychoanalyse herausgeschält hat, was wiederum von Eickhoff klar erkannt und benannt wurde.

Wolfgang Loch und Gemma Jappe (1974) zeigten überzeugend, wie z. B. in der Behandlung des »Kleinen Hans« die Interpretationen seines Vaters und Freuds selbst zunächst eine gewisse Ordnung im chaotischen und verwirrten seelischen Zustand des kleinen Patienten ermöglichten. Dadurch konnte er einige Mißkonzeptionen durch neue Konzeptionen ersetzen, die Hans dann sekundär ausbauen und artikulieren konnte und die sich mit seinen »facts of life« als besser kompatibel erwiesen. In dieser Perspektive nimmt Psychoanalyse eine mittlere Position zwischen Finden und Erfinden, zwischen Entdecken und Erschaffen (siehe dazu Eickhoff 1996), zwischen Rekonstruieren und Konstruieren ein. An dieser Stelle kommt es sehr leicht zu Mißverständnissen. Zunächst muß vielleicht festgehalten werden, daß Finden, Entdecken und Rekonstruktion nicht ganz ohne die Elemente des Erfindens, Erschaffens und der Konstruktion denkbar sind.

Und dann möchte ich besonders betonen, daß der Konstruktivismus, wie ich ihn verstehe, und wie er in der Psychoanalyse am Werk ist, – anders als das Wort Konstruktion oder konstruiert oft umgangssprachlich verwendet wird – nichts Willkürliches an sich hat und insbesondere keinesfalls die Existenz einer Realität leugnet. Im Gegenteil. Sie hat den Rang einer für den Organismus überlebensnotwenigen Umwelt. Sie ist da, es gibt jedoch keinen Zugang zu ihrer

Verwendung, Wahrnehmung, Beschreibung außer über die Konstruktionen, die mit den inneren Strukturen des Organismus in Verbindung stehen, der in dieser Umwelt lebt und überleben möchte. Der Wert jeder Realitäts-Konstruktion z. B. in der Psychoanalyse hat sich also erst zu erweisen durch ihre Kompatibilität/ Praktikabilität mit zu bewältigenden gegenwärtigen und künftigen Aufgaben des Patienten, seinem Überleben, Leben bzw. dem Fortgang seiner Analyse. Systemtheoretiker illustrieren diesen Sachverhalt so: wenn ich einen Schlüssel habe, kenne ich das Schloß nicht, aber, ich weiß, daß der Schlüssel kompatibel war, wenn sich die Tür auftut. Wenn sie sich nicht öffnet, suchen wir weiter nach einem Schlüssel.

Ich glaube, daß Psychoanalyse in einem *weiten* Sinn konstruktivistisch ist, ebenso wie sie interpretational ist; alles was wir wahrnehmen, erinnern, erkennen ist gebunden an Umschriften, Interpretationen und Konstruktionen. Und diese Transformationen sind entsprechend der inneren Welt des Analytikers (Charakter/Theorien/Erfahrung) mit-determiniert. In diesem weiten Sinne wird daher vermutlich niemand folgenden Gesichtspunkten widersprechen wollen:

1. Psychoanalyse zeigt, wie Objekte sich wechselseitig interpretieren bzw. konstruieren. Sie fügt damit der Kategorie der Kausalität die der Wechselseitigkeit hinzu und erschafft so einen Beziehungsmodus, den ich *asymmetrische Wechselseitigkeit* nennen möchte.

2. Psychoanalyse anerkennt das Phänomen der *Komplexität,* wie sie in Freuds Prinzip der *mehrfachen Determinierung/Funktion/Bedeutung* und im *Prozeß der Umschriften* repräsentiert ist. Beide Punkte sind eine Basis für die Existenz mehrerer möglicher Deutungen jeder analytischen Situation und eine Basis dafür, daß mehrere wirklich verschiedene Arten Psychoanalyse zu machen existieren und gelingen.

Jedoch ist Psychoanalyse, davon gehe ich aus, auch in einem *engeren* Sinne konstruktivistisch: weil nämlich Analytiker, wie auch andere moderne Wissenschaftler, sich nicht in der Position befinden, Zugang zu einer Realität zu haben ohne ein Instrumentarium, ohne Methodik oder Theorien. D. h. Sätze wie, ›Ich habe das gefunden‹ oder ›Ich habe dies entdeckt‹ stellen einen Kurzschluß dar. Wir dürfen nicht direkt beanspruchen, wir könnten sagen: das ist die (gegenwärtige) Wahrheit und noch viel weniger, das ist die historische Wahrheit der Vergangenheit des Patienten. Freud beschrieb diese Situation einmal mehr auf bewundernswerte Weise (1899a, 553f.):

Vielleicht ist es überhaupt zweifelhaft, ob wir bewußte Erinnerungen *aus* der Kindheit haben, oder bloß Erinnerungen *an* die Kindheit. Unsere Kindheitserinnerungen zeigen uns die ersten Lebensjahre, nicht wie sie waren, sondern wie sie in späteren Erweckungszeiten erschienen sind. Zu diesen Zeiten der Erweckung sind die Kindheitserinnerungen nicht, wie man zu sagen gewohnt ist, *aufgetaucht,* sondern sie sind damals *gebildet* worden, und eine Reihe von Motiven, denen die Absicht historischer Treue fern liegt, hat diese Bildung bei der Auswahl der Erinnerungen mitbeeinflußt.

Diese wirklich komplexe, problematische und faszinierende Situation wird reflektiert durch eine Psychoanalyse, die

1. vorrangig *Prozesse der Untersuchung* betont, vor *Wissen und faktischer Wahrheit;*

2. vorrangig sich versteht als eine *Theorie des Subjektes, wie es sich in der analytischen Situation zeigt.* Dadurch wird respektvoll der Anspruch vermieden, es könnte ein davon unabhängiges Wissen gewonnen und im rekonstruktiven Zugriff historische Wahrheit direkt enthüllt werden;

3. vorrangig sich stützt auf ein *Wahrheitskriterium* der Kohärenz mit bestehendem Wissen und Konsens zwischen Wissenschaftlern (Analytiker und Kollegen/teilweise auch Analytiker und Analysand). Psychoanalytischer Konstruktivismus stellt das Wahrheitskriterium der Korrespondenz zwischen Gedanke und Sachverhalt in Frage mit seinem Kernsatz: Die Welt, so wie sie erkannt wird, ist ein Ergebnis innerer Prozesse des erkennenden und lebenden Systems und nicht Korrespondenz (zumindest nicht in einer 1:1-Abbildung). Loch hat das ausgeführt und ich erinnere stichwortartig an die psychoanalytischen Termini: angeborene Schemata, an Umschrift, Nachträglichkeit, die alle auf Freud zurückgehen. Außerdem ist mit Bezug auf Loch daran zu erinnern, daß Sprache keinen Abbildcharakter hat. Bis hierher gibt es demnach aus diesem Blickwinkel auf die Psychoanalyse keinen einzigen Punkt, der den Begriff Rekonstruktion rechtfertigen würde, mit Ausnahme der Idee einer Isomorphie, einer isomorphen Wiederholung einer früheren Gestalt in der analytischen Beziehung.

Dennoch bleibt die Frage: welche Konstruktion paßt besser, welche ist wahrer, überzeugender? Ein Konstruktivist kann jedoch nicht antworten, besser sei wahrer, bilde innere Realität im Patienten genauer ab. Das ist nicht möglich, da die so genannte Realität eben nicht direkt zugänglich ist. Dies gilt nicht nur für die historische Wahrheit des Patienten, sondern auch für die aktuelle Übertragungs- und Gegenübertragungsrealität. Der Begriff Realität kann nur naiv ohne

Anführungszeichen verwendet werden. Das gilt auch, wenn davon ausgegangen wird, daß im Hier und Jetzt isomorphe Wiederholungen aus der Vergangenheit sich in der Gegenwart durchsetzen können. Denn diese identischen Wiederholungen von früheren Mustern und Beziehungserfahrungen in der Gegenwart können wieder nur via Interpretation/Konstruktion zugänglich gemacht werden. Anders formuliert bestimmen frühere Wirklichkeitskonstruktionen (unbewußte Phantasie/unbewußtes Erleben) das Hier und Jetzt mit einem Druck, das Jetzige mit dem Früheren identisch zu machen. Ähnlich der Praktikabilität als dem pragmatischen Wahrheitskriterium ist das Wahrheits-Kriterium des Konstruktivisten die Kompatibilität. Und ich denke, das heißt für Psychoanalytiker: kompatibel mit Überleben, weniger Leiden, Vergrößerung der Fähigkeit, unvermeidliches Leid zu ertragen, und die Fähigkeit, ein menschlicheres Leben zu führen: »Wahr« in diesem Sinne ist verwandt mit »lebensfördernd« und »fruchtbar«. Und Wolfgang Loch prägte den Begriff der *existenztragenden Wahrheit*.

Eines möchte ich hier noch anfügen: Große wissenschaftliche Errungenschaften wurden oftmals von Forschern erzielt, die mit Mut, nicht selten in größter Isolation ihre neuen Ideen ohne Konsens mit einer Gemeinschaft von Wissenschaftlern entwickelten. Wahrscheinlich waren sie dazu gedrängt gewesen, weil ihre Beobachtungen und Erfahrungen nicht mehr zur bekannten Theorie paßten, mit ihr nicht kompatibel waren. Erst später kann u. U. dann Konsens erzielt werden, wenn mehrere pragmatistische Wahrheitskriterien erfüllt sind: z. B. Beweise, daß die neuen Ideen kompatibel mit praktischen Notwendigkeiten sind.

Mit diesen kurzen Bemerkungen wollte ich deutlich machen, daß bereits in Freuds Werk alle Wurzeln angelegt sind für das Potential, das der Psychoanalyse innewohnt, diese konstruktivistische Perspektive radikal zu entfalten, wodurch sie sich auf der Höhe der modernen Wissenschaftstheorie befindet (siehe Reiche 1999, 577; Hinz 2001).

Diese Sichtweise der Psychoanalyse wird vor allem von den Analytikern praktiziert, die den Angelpunkt ihrer Arbeit in der Mikroanalyse von Gegenübertragung und Übertragung sehen, d. h. in der Untersuchung der Reaktionen des Analysanden auf eine eigene Einsicht oder auf ein Deutungsangebot des Analytikers. Diese Perspektive erlaubt am besten zu entwickeln, was der Psychoanalyse von Beginn an innewohnt, nämlich: *das Subjekt ist das, was sich von ihm im analytischen Prozeß manifestiert, bestimmt von seinen inneren Objekten, modifiziert und aktualisiert durch den Analytiker,* bzw. dadurch, *wie dieser erlebt wird.* Das Subjekt wird konstruiert auf einer Basis, die womöglich von Analytiker und Analysand gleichermaßen fühlbar und erfahrbar ist.

Manchmal wird Analytikern, die in dieser Weise an der Mikroanalyse der aktuellen Beziehungsprozesse arbeiten, unterstellt, sie hingen in Wahrheit einem verdinglichenden trieb-psychologischen Diskurs an, letzten Ursachen, z. B. angeborenen Formen von Neid, obwohl in der klinischen Situation keine Möglichkeit besteht zu sagen, man sei an einem primären Phänomen oder an einer ersten Ursache angelangt.

Ich glaube, daß der Balanceakt einer Kombination aus »facts of life« und Metapsychologie einerseits mit konstruktivistischer Offenheit andererseits möglich und notwendig ist, genauso wie es möglich und notwendig ist, psychoanalytisches Wissen (z. B. über archaische Phantasie) zu kombinieren mit der Haltung des »Nicht-Wissens« und der gleichschwebenden Aufmerksamkeit. Um Mißverständnissen zuvorzukommen, beeile ich mich hinzuzufügen, daß der Bezug zu Money-Kyrles »facts of life« nicht im Widerspruch zu einer konstruktivistischen Position steht, da Money-Kyrle diese sogenannten »facts« als mentale Konzeptionen bzw. Mißkonzeptionen entwickelt hat. Es gibt eben keinen Zugang zu einer letzten Realität oder zu einem höchst guten Objekt, genannt Brust, ohne unsere innere Struktur. Dasselbe gilt bezüglich der Metapsychologie, die eine Gruppe von Theorien ist, wie wir uns die Gesetze des seelischen Apparates und dessen Funktionieren vorstellen. Bislang scheint sich die Metapsychologie praktisch ausreichend zu bewähren, zumindest für viele Psychoanalytiker.

Der Konstruktivismus in der Psychoanalyse und die widerständige Realität von paarspezifischen Beziehungsmustern

Klinische Erfahrung zeigt, daß in einer analytischen Beziehung eine neue Struktur[2] auftaucht, die nicht so neu ist, wie es scheint, vielmehr erkennen wir nicht selten später, daß es sich um eine Wiederholung handelt, um ein altes und zunächst unbewußtes Beziehungsmuster, das von beiden Partnern aktualisiert

---

2 »In der Logik bedeutet Kontingenz gleichzeitigen Ausschluß von Notwendigkeit und Unmöglichkeit« (Baraldi et al. 1998, 37 ff.). Kontingenz »bezeichnet den Sachverhalt,

wird. Die unbewußten Bedeutungszuschreibungen üben Druck auf das Objekt aus, sich erwartungsgemäß zu verhalten. Wolfgang Loch beschrieb in seinen Vorlesungen 1976 ein Aktions-Potential, das der unbewußten Phantasie, der Übertragung und der Projektion innewohnt und ein intrusives Aktions-Potential, einer manchmal gewalttätigen Kraft in der projektiven Identifizierung.[3] Diese zunächst und wesentlich unbewußten Prozesse wiederholen unbewußte Objektbeziehungsmuster und arbeiten daran, diese unverändert zu halten.

Diese Wiederholungen, Reproduktionen oder Reduplikationen stellen eine zentrale psychoanalytische Erfahrung dar und sind manchmal schwer erträglich. Es werden Verhaltensmuster reproduziert, die mit der Vergangenheit auf eine Art und Weise verbunden sind, die nicht genau definierbar ist. Diese Gedanken beziehen sich auf eine *Beobachtungsebene unterhalb (oder neben) der Sprache,* bzw. der verbalen Kommunikation und dem manifesten Text einer analytischen Sitzung. Diese Beobachtungskanäle untersuchen, *was der Patient mit dem Analytiker macht und umgekehrt,* sie untersuchen die *Form der Kommunikation* und was sie in der *Gegenübertragung* hervorruft (Gefühle, Phantasien und Impulse). Weil die Kräfte, die auf Wiederholung zielen, auf Handlung drängen, kann man

daß das, was aktuell (also nicht unmöglich) ist, auch anders möglich (also nicht notwenig) ist« (ibid.). Doppelte Kontingenz bedeutet, »daß der Aufbau der sozialen Welt durch einen doppelten Perspektivenhorizont (Egos und Alters Perspektiven) entsteht« (38).»Ego kann ein Datum auch in der Perspektive von Alter aktualisierten Möglichkeiten beobachten, die dadurch auch zu Egos Möglichkeiten werden« (l.c.). Auf diese Weise taucht, vereinfacht gesagt, durch doppelte Kontingenz eine »neue Ordnung« (39) auf. Angewendet auf die analytische Situation führt dies nicht selten zu unerwünscht stabilen Ordnungen des Wiederholungszwanges, die Veränderung gleichzeitig unmöglich und möglich machen kann.

3   Ein Aktionspotential, das der unbewußten Phantasie inhärent ist, drängt das Objekt dazu, sich so zu verhalten, wie es von der unbewußten Vorstellung antizipiert wurde. Dieser unbewußte Druck entstammt einem Drang in Richtung Identisch-Sein (»pressure towards identicalness«; Feldman 1997, 232): dieser Druck drängt das Objekt dahin, unbewußte Erwartungen (»isomorph«; Loch) zu reproduzieren. Gelingt diese Reproduktion, schafft dies paradoxerweise ein Gefühl von Sicherheit.
   Melanie Klein (1946, 17 u. 25) hat beschrieben, wie unerträgliche psychische Funktionen und Inhalte externalisiert und in das Objekt projiziert werden können. Das ist mit der mehr oder weniger erfolgreichen Phantasie verknüpft, dieses von innen zu kontrollieren.

davon ausgehen, daß unterhalb der verschiedensten möglichen manifesten Texte des Analysanden und des Analytikers Rhythmen, interaktionale Prozesse und Verhaltensmuster sich selbst wiederholen. Analytische Methodik hat sehr früh empfohlen, solche Phänomene ernst zu nehmen, die, so grundlegend sie auch sind, dennoch nicht als primär angesehen werden dürfen. Diese Reproduktionen früherer Muster des Verhaltens in Beziehungen sind bereits nachträglichen »Umordnungen« (Freud 1950, 151) bzw. »Umschriften« (Freud 1950, 151) unterworfen gewesen. D. h. wir begegnen also auch auf dieser Ebene der Beobachtung dem Moment der Konstruktion und der doppelten Kontingenz und der Formierung veränderter Beziehungssysteme, die sich selbst reproduzieren. Solche Systeme treten im analytischen Prozeß als Beziehungsknoten, als »Knoten der Unmöglichkeit von Veränderung« (Schneider 2003, 118), der erreicht werden muß, »wenn es eine Chance für Veränderung geben soll« (l.c.).[4]

Klinisches Beispiel

Ich möchte die Situation aus etwa dem zehnten Jahr der Analyse einer 50jährigen Frau berichten. Sie wuchs als Einzelkind auf. Ihre Mutter, ungelernte Arbeiterin, hatte sie kurze Zeit zu stillen versucht, es dann aber aufgegeben, weil das Baby zu sehr gebissen habe. Die Mutter begann wieder voll zu arbeiten, als das Mädchen drei Jahre alt war. Sie sei emotional hart gewesen, vorwurfsvoll

4   Diese Überlegungen zielen auf eine Beobachtungsebene, die psychoanalytisch besonders wichtig ist, und die besonders dann in Erscheinung tritt, wenn die Form der Kommunikation und ihre emotionalen Wirkungen mehr beachtet werden als die Inhalte dieser Kommunikation. Auf ähnliche Weise sind Bions Gedanken zur Zäsur, eine besondere Beobachtung der Form der Kommunikation: er empfiehlt, nicht vordringlich die Übertragung zu deuten, sondern die Übergänge, die Brüche zwischen verschiedenen Übertragungen und Positionen. Auch die Forschungen von Betty Joseph sehen im Übergang einen zentralen Fokus für die psychoanalytische Beobachtung, denn eine ihrer wichtigen Hinweise empfiehlt, die Reaktionen des Patienten zu beobachten, die er nach einer eigenen Einsicht zeigt, bzw. nachdem er vom Analytiker eine Deutung angeboten bekommen hat. Dies ist eine Vorgehensweise, die relativ beobachtungsnah und relativ theoriefern verläuft. Sie untersucht in kleinen Schritten, wie der seelische Apparat auf Veränderungen (eigene Einsicht, angebotene Deutung) umgeht. Unmittelbar nach einer Deutung ist dann diese und die dahinter stehende Theorie weniger wichtig als die Reaktion des Patienten darauf.

und gehässig. Der Vater, ebenfalls ungelernter Arbeiter, war Fremdenlegionär in verschiedenen Kriegsgebieten. Seine Zeit als Söldner lag bereits einige Jahre hinter ihm als er Vater wurde, aber er hatte ein Alkoholproblem. Er betrank sich periodisch, war dann unzuverlässig und konnte für Wochen, manchmal Monate unangekündigt verschwinden. Seine Frau mußte Geld verdienen, um die Familie durchzubringen. Er war wegen seines Verhaltens, das gleichzeitig verantwortungslos und leichtlebig, unzuverlässig und bubenhaft war, sowohl gehaßt als auch geliebt.[5] Seit ihrem dritten Lebensjahr wurde meine Patientin von wechselnden Pflegefamilien versorgt.

Mit siebzehn beging sie einen Selbstmordversuch. Sie entwickelte Schulprobleme und unterbrach ihre Schulausbildung. Sie heiratete früh und das gab ihr Schwung, wieder auf die Schule zu gehen, um dann Betriebswirtschaft zu studieren. Eines Tages, als sie zuhause einen Besuch machte, wurde sie vom Vater am Bahnhof abgeholt und bemerkte, daß der Hund, an dem sie sehr hing, nicht dabei war. Sie erfuhr vom Vater, die Mutter habe den Hund erschießen lassen, weil ihr die Arbeit mit dem Haustier zu viel gewesen sei.

Die Patientin ist kinderlos verheiratet mit einem Unternehmer, der sich eine eigene Firma aufgebaut hat, die auch international agiert. Nicht selten arbeitet er 14 bis 16 Stunden am Tag und ist auch an Wochenenden mit Telefonaten und anderen beruflichen Aktivitäten beschäftigt. Ausnahmsweise einmal auf Wochenendfahrt, z. B. zum Elternbesuch, spielt sie den Chauffeur, während er seine dringende Post erledigt. Wie er sich der Firma versklavt oder opfert als stets verfügbarer Chef, beschreibt sie sich als jahrelang sich versklavend und opfernd als seine perfekte persönliche Assistentin/Managerin/Köchin, meist wartend und stets zur Verfügung. Ein Widerstand wurde nur erkennbar in ihrem zunehmenden Rückzug aus der sexuellen Beziehung. Auf diese Weise lebten sie irreale Ungetrenntheitsillusionen, z. B. für den anderen Funktionieren wie dessen Arm, wie siamesische Zwillinge, die sich Organe und deren Funktion teilen. Oder im schwärmerischen Rückblick auf frühere Urlaubszeiten, wie Delphine im Ozean getragen von einem weichen vollkommen angepaßten Medium. Komplementär zu diesen illusionären Welten, hatte sich der reale Kontakt mehr und mehr verdünnt, sie sahen sich selten und die Kommunikation verlief oberflächlicher.

---

5 Es konnte geschehen, daß er für seine Frau und seine Tochter Geschenke kaufte, ohne diese bezahlen zu können. Die Mutter mußte dann das für sie ausgegebene Geld erst noch verdienen.

Die Patientin war immer entschieden gegen Kinder gewesen. Allmählich hatte sich so eine unerträgliche, meist kaschierte Einsamkeit und Depression entwickelt, die sie über Jahre hin vor sich selbst verleugnet und z. B. mit Schlafmedikamenten und Beruhigungsmitteln abgedämpft hatte. Lange Zeit suchten beide auch ihre je spezifische maniforme Welt auf und konnten so immer wieder erfolgreich die latente Depression abwehren. Wenn Kontakt möglich gewesen wäre, war er ihr schwer auszuhalten, weil die Realität anders war als die Tagträume.

Ihre verborgene innere Horrorwelt, die durch Idealisierungen, Verteufelung, Projektion und Verleugnung von Grausamkeit, Selbst-Verleugnungen und Selbst-Betäubungen abgewehrt waren, zeigte sich nach Beginn der Analyse erstmals in projizierten detaillierten Schilderungen mörderisch-perverser Tierquälerei, die sie in Tierzeitschriften fand. Stellvertretend für viele nenne ich ein einzelnes Beispiel: Einem Hund wird das Maul zugenäht, damit er keinen Laut geben kann, während er geprügelt wird, bis er tot ist. Sie ergänzt: auf diese Weise soll ein bei chinesischen Gourmets begehrter Geschmack erzeugt werden.

Ein Jahr vor Analysebeginn geriet sie in eine depressive Krise, nachdem sie ein eigenes Geschäft gegründet hatte. Sie fühlte sich innerlich abgestorben, kalt und entwickelte einen Bluthochdruck. Seit Jahren hatte sie unter Schlafstörungen gelitten, die sich damals noch verstärkt hatten. Sie nahm regelmäßig Schlaftabletten und trank vermehrt Wein. Sexuellen Kontakt zu ihrem Mann hatte sie nur äußerst selten, manchmal mehr als zwei Jahre nicht. Sie mochte die Arbeit in ihrem Einfraubetrieb nicht, auch weil sie sich durch diese Beschäftigung vom Schreiben abgehalten fühlte. Schreiben war für sie von großer Bedeutung. Sie schrieb nicht nur regelmäßig Tagebuch, sondern auch Geschichten und Gedichte, um ihre Erfahrungen zu ordnen, oder nachts, um zur Ruhe zu kommen. Oft blieb das Schreiben jedoch mehr ein Wunsch, den sie sich nicht erfüllen konnte, weil das Schreiben, ebenso wie ihr Denken, Fühlen und ihre Entwicklung durch etwas versperrt war, das der Kategorie »Unerträglichkeit«[6] zugehört, und das sie nicht wirklich fassen konnte.

6   Unerträglichkeit meint eine katastrophische Erfahrung, die bis dahin nicht gedacht und nicht in Worte gefaßt werden kann, also unaussprechlich ist. Später hat sie in einer Annäherung an diesen inneren Bereich von einer »schrecklichen Präsenz« gesprochen, mit der sie zu kämpfen habe. Darauf komme ich anhand einer Sequenz aus einer Stunde noch einmal zurück.

Die hübsche und viel jünger aussehende Frau wirkte in der Anfangszeit der Analyse wie ein Kontakt heischendes Heimkind, das ohne Orientierung herumirrt zwischen Suche nach Rettung und der Angst vor Zerstörung. Sie blickte mich zerfließend und anhimmelnd an, mich gleichzeitig förmlich-unnahbar grüßend. Ihr alabasterartiger Körper und ihre ausgewählt edle Kleidung verstärkten diesen Eindruck der Unnahbarkeit zusätzlich. Die hochgradige Idealisierung der Analyse und des Analytikers zeigte sich nicht nur in häufig wiederholten Erfolgsmeldungen, die rasch in sich zusammenfielen, sondern auch in der völligen Überschätzung und Verkennung der Wirkung der Behandlung. Wenn etwas erkannt und in Worte gefaßt wurde, sollte das Problem sogleich beseitigt sein. Diese Wunschvorstellung ist verständlich, wenn man bedenkt, daß sie in einem schlimmen Dilemma lebt, sich entweder verlassen oder verwirrt fühlte bzw. sich entweder gefühllos oder emotional überwältigt empfand. Allmählich konnte ich beobachten, wie ihre oder meine Sätze, die lebendig und sinnvoll erschienen, binnen Kurzem dünn, blutleer, also bedeutungslos wurden oder ganz vergessen waren, und es wurde mir langsam deutlich, daß das ständige Ausdünnen, Ausbalancieren und Vergessen ihrer extremen physisch-psychischen Zustände oberstes Prinzip und überlebenswichtig war. Sie konnte sich rasch wechselnd himmlisch, höllisch, heiß, kalt, voller magischer Gewißheit oder in völliger Unsicherheit fühlen.

An diesem ausbalancierenden Regelungsmechanismus beteiligte ich mich einige Zeit, ohne es zu bemerken. Z. B. fand ich mich in einem Sog, viel zu sprechen, auch dann noch, wenn ich bereits ahnte, daß, was ich sagte, seicht war. Ich war Teil eines Abwehr-Systems der Beteuerung freundlicher Anwesenheit, menschlicher Zugewandtheit, der Harmonisierung und Betäubung geworden. Mein Sprechen und auch die Weise, wie sie mich hörte, sollte ihr (und mir) zur Beruhigung dienen. Sie konnte sich durch Worte, genauer durch Stimmklang wie beatmet fühlen, eingehüllt in warme Decken, massiert und aus eisiger Erstarrung geholt. Gefühle der Atembeklemmung, der Kälte und der Erstarrung lauerten dahinter fortwährend.

Als ich mich aus dieser Verwicklung häufiger herausnehmen konnte, wurde sichtbar, wie exzessiv sie selbst, ohne mein Zutun, ihre polarisierten inneren Befindlichkeiten wegzumachen oder zu betäuben versucht. Sie tut dies mit Hilfe vorwiegend mentaler süchtig-masturbatorischer Manöver, z. B.: Flucht in erotisierte oder romantisch-harmonische Tagträume, in erregend grausame Phantasien oder magische Heilungsvorstellungen. So erzeugt sie in sich Ungetrenntheitsillusionen als Orte des Rückzugs aus depressiver oder zerstörender paranoider Realität. Damit färbt sie auch die Stimmungslage der Analysestunden oft innerhalb einer Stunde rasch wechselnd ein.

Zur Illustration dieser Vorgänge bringe ich eine zusammengefaßte Sequenz einer Stunde im siebten Analysejahr: Sie erzählt zuerst, ihr Mann hätte sie versehentlich morgens um vier Uhr aus Australien angerufen, wo er gerade für seine Firma tätig war. Sie war an diesem Morgen zwar bereits wach gelegen, hatte ihn aber trotzdem rasch wieder auflegen lassen, weil sie fürchtete, zu aufgewühlt zu werden, wenn sie mit ihm spricht. Allerdings war sie dann doch aufgewühlt und nahm ein Beruhigungsmittel dagegen, um wieder schlafen zu können. An dieser Stelle in der Stunde begann sie zu weinen, als sie plötzlich wahrnahm, wie eng und wenig erfüllt ihr Leben verläuft, z. B. im Vergleich mit einem befreundeten Paar, das ein intaktes Ehe- und Familienleben mit Kindern hat. Sie kämpft sofort gegen ihre Tränen an und macht ihren Haß darauf deutlich, daß es ihr so schwer wird, wenn sie an sich heran läßt, was in ihrem Leben schief gegangen ist. Es liege dann nahe, aufzugeben oder das Leben früher zu beenden. Nach dieser kurzen realistischen, dann depressiv suizidalen Regung greift sie ihre analytische Unternehmung mit mir an, und fragt zynisch, ob es der Zweck der Übung sei, am Ende nur zu erkennen, daß man noch verletzender und verletzter sei als gedacht? Sofort darauf kommt ein Einfall, der ein pervers-inzestuöses Szenario eröffnet: Ihre Freundin aus New York hat ein sexuelles Verhältnis mit ihrem Arzt. Als sofortiges Gegenmanöver sagt sie, dazu wäre *sie* nicht fähig.

Ich beende die Zusammenfassung hier, weil ihre Manöver zur Gegensteuerung deutlich erkennbar sind. Sie fürchtet, ohne dieses Auspendeln die Kontrolle über sich zu verlieren. Dadurch können langweilige, oberflächliche, distanzierte Stunden entstehen. Das gelingt ihr auch durch projektive Identifizierung, indem sie depressive, ärgerliche, oder hypomane Stimmungen in mir hervorruft, wohingegen sie ausgeglichen, kühl und reserviert erscheinen kann. Mein Verwickelt-Sein zeigt sich dann zum Beispiel in längerem Schweigen aus Hoffnungslosigkeit oder in heftigem Zupacken oder, wie beschrieben, in Rededrang. Das Zupacken, auch aggressiv getöntes, hat paradoxerweise teilweise beruhigende Wirkung, weil sie mich dann zwar verletzlich, jedoch anwesend und erreichbar erlebt sowie sexuell und aggressiv verführbar. Da es jedoch das Verlassen einer ruhigen stabilen analytischen Funktion beinhaltet, verstärkt dieses

Mitagieren, versteckt hinter vordergründiger Beruhigung, ihre depressive Angst, mich beschädigt oder zerstört zu haben.

Mit der Darstellung einer Stunde möchte ich zeigen, wie es möglich wurde, näher an die Schicht heranzukommen, die ihrer tiefen Überzeugung Nahrung gab, ich würde sie früher oder später abweisen und fortschicken. Dazu noch wenige Vorbemerkungen: Das beschriebene Gegensteuern führt zu einer weitgehend von ihr kontrollierten, fetischartigen[7] Beziehung, die in der Realität gleichzeitig anerkannt und verleugnet ist. Besonders schwer zu ertragen war, wenn sie nach emotional tieferem, lebendigem Kontakt, den sie sehr schmerzhaft erlebt, auch diesen rasch beseitigen mußte, indem sie oberflächlich, nichtverstehend, pseudodumm-harmoniesüchtig-schwärmerisch oder zynisch wurde. Allmählich reagierte ich darauf, indem ich nicht nur hoffnungslos oder ungeduldig wurde, sondern auch überdrüssig. Wie kann man nur so oberflächlich und dumm sein, dachte ich einige Male, ehe ich besser darüber nachdenken konnte, daß Nicht-Verstehen und Oberflächlichkeit als Abwehr dienen gegen schreckliche Wahrnehmungen, die ihre unbewußte Phantasie zu bestätigen scheinen, für jeden unerträglich zu sein.

Diese schwierige Gegenübertragung ließ sich mit Hilfe von Supervision allmählich besser im Blick behalten. Ich konnte sehen, wie ich nicht selten der Wahrnehmung des aktuellen Beziehungsmusters auswich. In diesem Ausweichen hatte sie mich unbewußt in die Position bringen können, in der sie mich schon immer latent oder akut gewähnt hatte: daß ich mich abwende, weil ich sie unerträglich finde.

Ich stelle eine Stunde dar, in der dieses Ausweichen geschieht, also vor der Supervision. In dieser Stunde war ich der Vorstellung verhaftet, sie würde sich durch mich vergewaltigt fühlen. Dabei überging ich die unmittelbare Erfahrung, wie sehr ich mich durch sie gequält, hoffnungslos und überdrüssig gemacht fühlte und wie sehr sie dadurch in Panik versetzt war.

---

7   Die Unfruchtbarkeit dieses Verkehres ist in einem Traum versinnbildlicht, in dem sich herausstellt, daß das orangefarbene Glied des Mannes mit dem sie, beobachtet von ihrem Mann, verkehrt, aus Kunststoff ist. Seelische Veränderung, Wachsen bzw. Fruchtbar-Sein ist so nicht möglich.

Ich hatte die Patientin zwei Minuten zu spät ins Analysezimmer geholt. Im Rückblick kann ich sagen, daß mir das in dieser Zeit manchmal unterlaufen war, und daß dies als Agieren meines nicht bewußten Widerstrebens gegen die Stunden, die mir zu schwer wurden, anzusehen ist.

Zunächst war sie einige Minuten lang stumm. Dann sagte sie zögernd, es werde immer schlimmer, das Warten im Wartezimmer, ihre Empfindungen auf der Couch. Sie empfinde das Zimmer heute sehr eng. Wenn diese Gefühle nicht bald nachließen, könne sie nicht mehr kommen. Wenn sie diese Stummheit und diese Zustände nicht durchbrechen könnte, müsse sie aufhören.

Die Patientin wirkte auf mich wirklich sehr gequält und ich dachte an die Horrorgeschichte von E. A. Poe »Das Pendel«, worin der Raum immer enger wird und das scharfe Pendel allmählich bedrohlich näher rückt und ich erinnere, wie sie am Vortag sagte, daß sie es wie Folter empfinde, wenn sie nach einer Unterbrechung komme, sich auf die Couch lege und ich nichts sagen würde. Deshalb sage ich: »Das enger werdende Zimmer, ein Folterzimmer.«

Die Patientin reagiert sofort und beteuert, die Folter sei *in ihr,* gehe nicht von mir aus.

Ich erwidere, das sei nicht so klar, wie sie jetzt sage. Der *Raum* sei ihr heute eng vorgekommen, sie fühle sich am Rande von etwas gänzlich Unerträglichem. Sie verstumme immer wieder. Man spreche nicht mit seinem Folterer.

Nach dieser Intervention verstärkt sich der Druck weiter. Ich hatte den Eindruck nichts weiter sagen zu sollen. Gestern schon und in letzter Zeit häufiger war ich mir redundant vorgekommen. Mich erneut zu wiederholen, kam mir sinnlos vor. Sie wurde noch gequälter, hüstelte und warf ihren Körper unruhig hin und her.

Nach einer Pause entschloß ich mich zu sagen: »Ich habe den Eindruck, Sie erleben es hier so, als würden Sie vergewaltigt.«

Die Patientin schwieg erneut lange, ehe sie sagt: »Ich möchte mich in Luft auflösen.«

Ich fragte mich nun, ob meine mit Bedacht gewählte Formulierung (sich vergewaltigt fühlen) doch ganz unangemessen war, Erregung und Aufregung provozierend. Ich fühlte mich gedrängt, andere Formulierungen korrigierend hinzuzufügen, widerstand jedoch diesem Impuls und beobachtete meine Einfälle: Ich dachte an ihr regelmäßiges Verlassen-Sein in ihrer Kindheit und daran, daß Vernachlässigung sich ebenso auswirken kann wie sexueller Mißbrauch. Außerdem an meine Lektüre von Christoph Türcke, daß Wiederholungszwang bedeutet, beim Schrecken vor dem Schrecken Zuflucht suchen. Nach dieser längeren Verarbeitung in mir selbst hatte ich den Eindruck, sie könne sich erneut herauswagen mit dem Satz: es geht um eine Erfahrung, die sehr intensiv und präsent ist.

A.: »Offenbar schwer zu beschreiben, vielleicht nicht genau, wie ich es benannt habe, jedoch intensiv und präsent.«

Die Patientin sagte nun, sie fühle sich völlig verwirrt. Danach wollte sie nach meinem Eindruck aus diesem emotional dichten Moment fliehen, indem sie sagte, es wäre besser, nicht zu tief in ihre Gefühle zu gehen, und: es sei nicht sinnvoll hierher zu kommen, um zu schweigen. Das kam mir vor wie der Versuch zu annullieren, was in dieser Stunde von ihr und mir gesagt worden war, um auf Distanz zu gehen, und ich sagte ihr das. Nach einer kurzen Pause rückte sie damit heraus, sie sei in der Nacht aufgewacht, habe etwas geschrieben und würde es gerne lesen, traue sich aber nicht.

Schon einige Wochen vorher hatte sie angedeutet, sie wolle mir einen Text vorlesen. Damals versuchte ich, sie dazu zu ermuntern zu erzählen, worum es geht, sagte jedoch auch, wenn sie es nicht sagen, sondern nur lesen könne, solle sie es vorlesen. Ich wollte sie weder ermuntern, noch ihr eine Möglichkeit verbauen, etwas vorlesend zur Sprache zu bringen. Nun fragte ich: »Warum meinen Sie, es nicht wagen zu können?«

Sie nahm Blätter aus ihrer Handtasche, war sehr aufgeregt und las einen Text vor mit dem Titel: Dämonen. Darin schilderte sie in knappen Sätzen und klaren Bildern die erschreckend verwirrende Anziehung durch eine Gestalt, die zugleich furchtbar und wunderbar, faszinierend und gefährlich, überwältigend, verwirrend, mißbrauchend und vernachlässigend zu sein schien. An diese Gestalt fühlt sie sich durch Schuldgefühle völlig fixiert, obwohl dringend eine Entscheidung gefällt werden müßte.

(Ich war stark berührt durch ihre Fähigkeit, die komplexe Situation so zu beschreiben, und sehr angetan von ihr. Sie hingegen sprach davon, die Bilder würden in ihr verblassen im Vergleich zur Nacht, und bestritt den Wert ihrer Darstellung und den Zusammenhang mit ihrer Erfahrung mit mir.)

Kommentar

Ich denke, diese Stunde ist teilweise fehlgegangen, nicht zuletzt deshalb, weil ich die Anfangsszene und meine Gegenübertragung nicht wahrnehmen und berücksichtigen konnte. Die Patientin zeigte ihre Qual so intensiv und auch körperlich, daß ich überzeugt war, es gehe um ein Erleben in ihr, gefoltert und vergewaltigt zu werden. Der Text »Dämonen« scheint das teilweise zu bestätigen. Im Nachhinein ist deutlich, wie einseitig meine Interpretation des Geschehens ausfiel. Ich war der Wahrnehmung meiner eigenen Lage ausgewichen und verpaßte die Komplexität der aktuellen Gesamtsituation. Ich nahm zwar die Qual in ihr wahr, konnte jedoch nicht genug wahrnehmen, wie überlastet und widerstrebend ich mich fühlte, und damit auch die Tatsache, daß sie meine Gefühlslage mehr oder weniger bewußt wahrnehmen und darauf reagieren würde. Es ist eine gute Richtschnur für den Analytiker, davon auszugehen, daß der Patient zumindest unbewußt die Gegenübertragungsgefühle wahrnimmt, die er hervorruft. Ich fand jedoch keine Möglichkeit, mir die tatsächlichen Geschehnisse am Anfang und in der Stunde bewußt und klar genug vorzustellen, um dicht an meiner (depressiven und aggressiven) Gegenübertragung entlang, die aktuelle Verstrickung zu konstruieren, zu rekonstruieren und zu deuten. Vermutlich war ich zu sehr angefüllt mit diesen, um den Denkraum zu finden, der nötig ist, um z. B. folgenden Gedanken auszusprechen: »Vielleicht sind Sie so gequält, weil Sie überzeugt sind, ich fühle mich durch Ihre enormen Schwierigkeiten mit mir völlig hoffnungslos, überlastet und überdrüssig. Vielleicht haben Sie meine Verspätung als Beweis genommen.« Diese Denkfigur war für mich in der nächsten Zeit eine Hilfe. In der Stunde selbst ist mir das nicht zugänglich gewesen. Statt dessen hat die Patientin mit ihrem Text, der mich sehr beeindruckt und bewegt hat, u. a. eine manische Anstrengung unternommen, mich (und sich selbst) innerlich wieder aufzurichten, was ihr gelungen war.

Schluß

Ich wollte etwas von der Komplexität der Vorgänge und Kräfte zeigen, die in Psychoanalysen am Werk sind: Der Konstruktivismus der Psychoanalyse führt uns in ihren facettenreichen, mehrschichtigen, asymmetrisch wechselseitigen Charakter ein, in ihre Offenheit und Freiheit. Der Wiederholungszwang indessen macht erfahrbar, wie jedes analytische Paar in Beziehungs- und Handlungsmuster gedrängt ist, um dadurch eine relativ geringe Zahl archaischer Phantasien und Objektbeziehungserfahrungen mehr oder minder modifiziert im Jetzt zu aktualisieren. Dieser Zwang bewirkt die Emergenz einiger weniger Beziehungssysteme, die auf quasi-kausale Weise reguliert sind. Dieses Ergebnis der analytischen Begegnung leitet sich vom u. U. intrusiven Aktionspotential der unbewußten Phantasie ab, das das Objekt dazu drängt, sich den unbewußten Erwartungen gemäß zu verhalten, wodurch unerwünscht stabile Beziehungsprozesse und -formationen entstehen. Es ist dann die Arbeit der Konstruktion, diese unbewußten Konstruktionen zu dekonstruieren, was soviel heißt wie, sie zu beschreiben, ihre Funktion zu verstehen und als Deutung zu formulieren.

Das klinische Beispiel zeigt Formen der Verwicklung des Analytikers. Sein Verhalten zeigt eine unbewußte Anpassung an die unbewußte Phantasie des Patienten (d. h. Konstruktion seiner Realität). Vielleicht kann gesagt werden, daß in dieser Weise eine »isomorphe« (W. Loch) Wiederholung der Vergangenheit in der analytischen Gegenwart auftaucht. Ich hoffe, es ist mir gelungen zu zeigen, daß eine Weise, verwickelt zu sein, sich in einem Drang des Analytikers äußerte, viel zu reden, wodurch in konkreter Form die freundliche Präsenz eines anderen bestätigt werden sollte, was gleichzeitig als Abwehr diente gegen die höchst schwierige zusammengesetzte Präsenz (aktualisierte Objektbeziehungserfahrung) aus Vernachlässigung, Kälte, Haß und Ignoranz (Unwissenheit).

Als dies gesehen werden konnte, wurde offensichtlich, wie die Patientin ständig damit beschäftigt war, sich selbst mit verschiedenen Manövern zu beruhigen. Das ließ sich als Ausdruck eines Erlebens verstehen, ihre Affekte seien so heftig und ihre Präsenz so gefährlich, daß sie völlig außer ihrer (und meiner) Kontrolle gerieten. Der Zweck der Zusammenfassung der ersten Sequenz war es, dies zu illustrieren.

Die zweite Stunde wurde dargestellt, um zu zeigen, wie der Analytiker einer komplizierten Gegenübertragungs- und Übertragungs-Interaktion ausgewichen war. Er mußte zunächst einen Weg finden, sich genügend von seinen Gefühlen der Hoffnungslosigkeit und Aversion zu befreien, um sich in einer Position zu befinden, diese als Ausgangspunkt für seine Konstruktion verwenden zu können; nämlich, daß die Patientin, in der Überzeugung ihr Analytiker sei voller Aversion gegen sie und Depression wegen ihr, noch panischer wurde und eingeengt, kaum noch fähig, sich lebendiger auf die Beziehung einzulassen, die zunehmend eine zentrale unbewußte Phantasie zu bestätigen schien, daß niemand sie aushalten könne.

Ich vermute, daß es sich hierbei um eine Erfahrungsweise und ein Beziehungsmuster handelt, das die Lebensgeschichte der Patientin tief geprägt hat und nun in der analytischen Gegenwart isomorph Gestalt annehmen konnte. In komprimierter Form läßt sich vielleicht sagen, daß die Patientin fähig war, mich mit ihrem süchtig-masturbatorisch selbststillenden und selbstbefriedigenden Verhalten allmählich zu irritieren, zu deprimieren und aversive Gefühle in mir hervorzurufen.[8]

Nachdem diese Struktur, ein wichtiger Aspekt ihrer Vergangenheit und ihrer unbewußten Gegenwart, verstanden und gedeutet werden konnte, wurden die Stunden direkter, das latente wechselseitige Zurückweichen und Zurückweisen konnte zugänglich gemacht werden.

Ich glaube, daß andere kohärente, konsensfähige und auch andere kompatible Interpretationen dieser klinischen Situation denkbar sind. Aber weder die gegebene Interpretation noch alternative Deutungen standen mir zur Verfügung. Im Gegenteil, die analytische Funktion, Deutungen zu finden, war auf Versionen reduziert, die nicht kompatibel genug waren mit dem, was in der klinischen Situation der Fall war, d. h. was zwischen mir und der Patientin emotional erfahrbar war. Was ich deuten konnte, war nicht mit dem dringlichsten Punkt verknüpft, denn sie fühlte sich in dieser Stunde nach meiner jetzigen Einschätzung nicht primär durch mich gequält, vielmehr in Panik, weil sie ahnte, wie erfolgreich sie mich quälte und wie erfolgreich sie meine analytischen Funktionen reduziert hatte. Die oben beschriebene Besserung, die ich – und ich denke auch meine Patientin – nach dieser Entwicklung fühlte, dürfte mit der Kompatibilität der Deutung zu tun haben. Mit Freud können wir von einer *überzeugenden Konstruktion* sprechen, die zu jener Zeit keine unmittelbare Bestätigung durch das Auftauchen neuer Erinnerungen aus ihrer Vergangenheit erhielt. Sie stellte jedoch einen direkteren und solideren Kontakt her für die Fortsetzung der analytischen Arbeit.

8 So hat das unbewußte Vermeiden des Brust-Beißens dann doch dazu geführt, daß sich der Analytiker gequält fühlte.

Zusammenfassung

Der Wiederholungszwang des Analysanden, der sich durch projektive Identifizierung und das ihr eigene intrusive Aktionspotential realisiert und so zu oft äußerst widerständigen Ausbildung von Beziehungsmustern führt, ist eine basale Weise des Patienten, sich in der Welt zu verankern. Es ist seine Weltkonstruktion bzw. seine Weise, Beziehungen zu strukturieren. Solche Muster, die archaischen Beziehungsphantasien (Beziehungskonstruktionen) entsprechen, können, wenn es gelingt, diese zunächst unbewußten Handlungsmuster allmählich dem Bewußtsein zugänglich zu machen, durch den Prozeß der Deutung dekonstruiert werden, also durch Konstruktionen ersetzt werden, die einen höheren Freiheitsgrad besitzen. Verändernde Kraft besitzt eine Konstruktion dann, wenn sie kompatibel mit der aktuellen Erfahrung der wiederholten archaischen Phantasie und mit den aktuellen lebenspraktischen Erfordernissen ist. Das klinische Beispiel soll eine Form der Verwicklung zeigen und auch den Weg zu einer kompatiblen Deutung, die die Beziehung in einem ersten Schritt aus der entstandenen Sackgasse befreite.

Summary
Construction and Repetition Compulsion

The repetition compulsion of the analysand which is realised by the intrusive action potential of projective identification leads to extremely resistant relational patterns and is thus a basic way for the patient to anchor in his world. It is his way to structure his world or his relationships. These patterns correspond with archaic relational phantasies (constructions of relationships). They can be substituted by constructions with a higher degree of freedom, if the analyst is successful in bringing to consciousness these at first unconsciously repeated action patterns in the process of interpreting. An interpretation or construction has the power to bring about psychic change if compatible with the experience made in the actual experience of the repeated archaic phantasy and if compatible with the actual practical needs of his life. The clinical example shows a form of involvement and the way to such a compatible interpretation, which, in a first step, helped to get out of an analytical impasse.

Literatur

Baraldi, C./Corsi, G./Esposito, E. (1997): *GLU. Glossar zu Niklas Luhmanns Theorie sozialer Systeme*. Frankfurt: Suhrkamp.

Doolittle, H. (1975): *Huldigung an Freud. Rückblick auf eine Analyse. Mit einer Einleitung von Michael Schröter*. Frankfurt am Main/Berlin/Wien: Ullstein.

Eickhoff, F.-W. (1996): Über den Konstruktivismus im Werk Wolfgang Lochs. In: H. Henseler (Hg.):»... *da hat mich die Psychoanalyse verschluckt.*« *In memoriam Wolfgang Loch*. Tübingen: Attempto, 67–73.

Freud, S. (1950): *Aus den Anfängen der Psychoanalyse 1887–1902. Briefe an Wilhelm Fließ*. Frankfurt am Main: S. Fischer.

— (1999a): Über Deckerinnerungen. In: *GW* I, 531–554.

— (1923b): Das Ich und das Es. In: *GW* XIII, 237–289.

— (1937d): Konstruktionen in der Analyse. In: *GW* XVI, 43–56.

Feldman, M. (1999): Projektive Identifizierung: Die Einbeziehung des Analytikers. In: *Psyche – Z Psychoanal* 51, 991–1014. Engl. (1997): Projective identification: the analyst's involvement. In: *Int. Journal. Psychoanal.* 78, 227–241.

Hinz, H. (2001): Zur klinischen Leichtgewichtigkeit des Diskurs-Diskurses. Was Sie schon immer über »sex and life« wußten und doch nicht glaubten. In: *Psyche – Z Psychoanal* 53, 137–158.

Loch, W. (1975): »*Mit Freud über Freud hinaus*«. *Ausgewählte Vorlesungen zur Psychoanalyse*. Bearbeitet und herausgegeben von Dantlgraber, J./Damson, W. Tübingen: edition diskord.

— (1993): *Deutungs-Kunst. Dekonstruktion und Neuanfang im psychoanalytischen Prozeß*. Tübingen: edition diskord.

Loch, W./Jappe, G. (1974): Die Konstruktion der Wirklichkeit und die Phantasien. Anmerkungen zu Freuds Krankengeschichte des »Kleinen Hans«. In: *Psyche – Z Psychoanal* 28, 1–31.

Klein, M. (2000): Bemerkungen über einige schizoide Mechanismen (1946). In: *GSK* III, 1–41.

Reiche, R. (1999): Subjekt, Patient, Außenwelt. In: *Psyche – Z Psychoanal* 53, 572–596.

Schneider, G. (2003): Fokalität und Afokalität in der (psychoanalytischen) tiefenpsychologisch fundierten Psychotherapie und Psychoanalyse. In: Gerlach, A./Schlösser, A.-M./Springer, A. (Hg.): *Psychoanalyse mit und ohne Couch. Haltung und Methode*. Gießen: Psychosozial-Verlag, 108–127.

Wittgenstein, L. (1989): *Philosophische Bemerkungen. Werkausgabe*, Bd. 2, Frankfurt am Main: Suhrkamp.

Dr. med. Helmut Hinz, Gartenstraße 26, 72074 Tübingen, helmuthinz@live.com

Zum Ringen mit Manifestationen des Todestriebs – theoretische und klinische Aspekte[*]

Claudia Frank[**]

1. Einführung: Die »untrügliche Spur« und die Unmöglichkeit, ihr gerecht zu werden

Wie einleiten in ein Thema, bei dessen bloßer Nennung man Gefahr läuft, sofort alte Fronten auf den Plan zu rufen und eine erneute Runde eines letztlich fruchtlosen Schlagabtauschs zwischen Verfechtern und Gegnern zu initiieren? Nicht ohne Grund hatten wir im Titel der Tagung, für welche dieser Beitrag ursprünglich entstand, das Reizwort »Todestrieb« umgangen und wissen als Analytiker doch, daß wir dadurch dem Dilemma nicht entkommen. Warum scheint das, was für die einen als Kürzel für die Tatsache fungiert, daß wir es beim Einzelnen wie in Gruppen unübersehbar mit Bösem zu tun haben, für die anderen wie eine Beschwörung von Dämonischem, der man sich dann konsequenterweise vehement

[*] Leicht überarbeitete Fassung des am 25. 10. 2008 auf der Arbeitstagung *Destruktivität – theoretische Konzeptualisierung und klinische Aspekte* zu Ehren des 90. Geburtstags von Hanna Segal im Robert-Bosch-Krankenhaus in Stuttgart gehaltenen Vortrags.

[**] Claudia Frank, Priv.-Doz. Dr. med., Psychoanalytikerin in eigener Praxis in Stuttgart, Lehranalytikerin der DPV/IPA. 1988–2001 an der Abteilung für Psychoanalyse, Psychotherapie und Psychosomatik der Universität Tübingen, zuletzt als Kommissarische Leiterin. Guest member der British Psychoanalytical Society. Veröffentlichungen zur Theorie, Technik, Geschichte der Psychoanalyse sowie zur angewandten Psychoanalyse.

zu widersetzen hat? Sind die Fronten vielleicht sowohl Ausdruck als auch Abwehr des Phänomens, um das es hier im Kern gehen soll?

In einer Art Übersprungshandlung landete ich bei dem Versuch, einen Anfang zu finden, zunächst weder bei Freuds wegweisender Arbeit *Jenseits des Lustprinzips* noch bei der für unseren Kontext grundlegenden Bezugsschrift, Melanie Kleins *Neid und Dankbarkeit* von 1957, sondern Paul Celans Bremer Rede von 1958 kam mir in den Sinn. Sie entstand anläßlich der Verleihung des Bremer Literaturpreises an ihn. In ihr wies er u. a. darauf hin, daß Denken und Danken »in unserer Sprache ein und desselben Ursprungs« (1992, 185) sind. Darin schien mir die Essenz des Worum-Willen aufzuleuchten. Beschäftigen wir uns nicht deshalb mit dieser Problematik, weil wir hoffen, darüber die Beziehung zum guten Objekt (wieder) zu erlangen, die uns auch selbst eine Verbindung zu guten Selbstanteilen erfahren läßt, und somit ein Stück gelebtes Zutrauen und Vertrauen trotz allem? Im Kontext von Celans Ausführungen sind die Abgründe, denen es sich dabei zu stellen gilt, im Bereich der Sprache gefaßt: sie müsse hindurchgehen »durch ihre eigenen Antwortlosigkeiten, hindurchgehen durch furchtbares Verstummen, hindurchgehen durch die tausend Finsternisse todbringender Rede« (l.c., 186). Das Ringen um »Denken und Danken«, um lebendiges Be-Denken, Ge-Denken u. a. mehr, geht – um noch einen Moment bei Celan zu verweilen – durch die *Engführung*[1] hindurch: »Verbracht ins Gelände mit der untrüglichen Spur [...]«, so der Anfang dieses Gedichts.

Vergegenwärtigen wir uns, auf welche untrügliche Spur Celan verweist – die Ermordung der europäischen Juden durch Nazi-Deutschland –, dann ist uns unmittelbar erlebbar, wie angesichts dieser Spur in uns, den unumgänglichen Identifizierungen mit den Tätern, die Angst/Panik, daran zu zerbrechen, vom Unerträglichen überwältigt zu werden, der Drang unabweislich aufkommen kann, davon »befreit« zu werden. Melanie Klein – um wieder in unser Feld zurückzukehren – versteht das »Verlangen nach ständigen Beweisen für die Liebe« (1957b, 288) genau in dieser Angst begründet. Um nicht in Verzweiflung und Hoffnungslosigkeit zu versinken, sollen die destruktiven Triebregungen und der Schmerz, den die Verfolgungsangst hervorruft, beseitigt werden. Ein omnipo-

---

1 Celan verfaßte dieses Gedicht 1958, es ist im ersten Band der *Gesammelten Werke* abgedruckt; Beziehungen zu seinem Gedicht *Todesfuge* sind verschiedentlich untersucht worden (siehe dazu u. a. Felstiner 1997, 161 ff.).

tentes Objekt, eine unerschöpfliche, allgegenwärtige Brust möge uns das Ringen um »Denken und Danken« ersparen.

Es ist eine immer wieder nur schwer zu erbringende seelische Arbeit, sich der »untrüglichen Spur« zu stellen. Diese Schwierigkeit begegnet uns auch – könnte es anders sein? –, wenn wir versuchen, den Weg nachzuzeichnen, den die Protagonisten der Entwicklung des Todestriebkonzepts in seinen verschiedenen Ausformungen und Schattierungen zurückzulegen hatten. Die Schritte der jeweiligen Realisierung der schmerzlichen Einsicht werde ich hier nicht in einzelnen darlegen können. Ich möchte nur die Spuren eines »starken affektiven Moments«, das nach Freud der Ablehnung zugrunde liegt (1933 a, 110), mit Hilfe weniger Hinweise schlaglichtartig beleuchten.

Freud benennt 1933, daß er selbst lange zögerte, ehe er sich zur Anerkennung eines Aggressionstriebs entschließen konnte, bis er »Tatsachen, die offen zutage liegen und jedermann bekannt sind« für die Theorie verwertete (1933 a, 110). Melanie Klein merkte in ihrer eingangs schon erwähnten Schrift *Neid und Dankbarkeit* an, Abraham habe in seiner wichtigen Schrift *Versuch einer Entwicklungsgeschichte der Libido aufgrund der Psychoanalyse seelischer Störungen* von 1924 Freuds bereits vier Jahre zuvor publizierte Arbeit *Jenseits des Lustprinzips* nicht erwähnt (1957 b, 284) – wir können an dieser Stelle gleich einfügen, daß sie in ihrem eigenen Werk erst weitere acht Jahre (1932) später Erwähnung findet. Abraham habe aber »in seinem Buch den Ursprung destruktiver Impulse« erforscht (1957 b, 284) und Klein nimmt an, nur sein früher Tod habe verhindert, daß Abraham die »Implikationen seiner eigenen Beobachtungen und ihren grundlegenden Zusammenhang mit Freuds Entdeckung der beiden Triebe in vollem Umfang« realisierte (ebd.). Melanie Klein selbst hatte die Zeit – ich werde darauf zurückkommen –, der Realität »Jenseits des Lustprinzips«, mit der sie in ihren Behandlungen (und darüber hinaus) umzugehen hatte, auch konzeptuell mit Rückgriff auf Freuds Überlegungen angemessen Rechnung zu tragen und sie weiterzuentwickeln.

Paula Heimann hat für die ungleiche Behandlung der beiden Triebe 1943 folgendes Bild gefunden: »Die Libido ist das erstgeborene und bevorzugte Kind, der Destruktionstrieb dagegen der Nachzügler, das Stiefkind« (in: King/Steiner 2000, 669), das bei den Forschern niemals das gleiche Interesse weckte wie die Libido und ihre Entwicklung. Und obwohl zwischenzeitlich auch das Stiefkind eine vielfältig fundierte wissenschaftliche Untersuchung und Beachtung erfahren hat, scheint sich daran nichts wirklich ändern zu lassen. Beispielsweise widmete die Deutsche Psychoanalytische Vereinigung ihre Arbeitstagung im Herbst 2006 dem Thema *Eros und Thanatos*, und Küchenhoff wies in seinem Hauptvortrag u. a. nach, wie die Gründe, die zu einer Ablehnung des Todestriebs geführt haben, an Freuds Konzeption vorbeigehen. Brumlik legte vor dem Plenum dar, wie heroische Gemeinschaften den heute aktuellen Todestrieb ausbilden, etc.

All das hinderte nicht, daß erneut eine Polemik zwischen den Vertretern, denen unterstellt wird, sie analysierten angesichts einer »angeborenen Größe«[2] (Pollak 2006, 188) des Destruktionspotentials nicht primär die jeweiligen in Beziehungen geformten Triebschicksale, und den Gegnern, welche nur eine reaktive »psychische Bereitschaft zur Aggression« annehmen (ebd.), die Atmosphäre in dem einschlägigen, gut besuchten Forum vergiftete. Die Überlegung drängt sich auf, daß dies eine Manifestation des Todestriebs in Gruppen darstellen könnte, der man sich zugleich nicht mehr zu stellen braucht, wenn die Verstiegenheiten des jeweilig anderen so augenfällig zu sein scheinen. Zeugen solche Debatten also von der oft empfundenen Unmöglichkeit, der untrüglichen Spur gerecht zu werden? Aber rufen sie uns nicht zugleich auch auf, nicht aufzugeben und genauer zu untersuchen, womit wir es jeweils zu tun haben?

Meine Intention ist es, mit dieser Arbeit einen kleinen Baustein zu der benötigten Denkarbeit beizusteuern. Ich verstehe mich diesbezüglich in der Tradition von Hanna Segal. Sie gehört zu denjenigen, für die nicht zuletzt Freuds einschlägige Arbeiten einen Grund bildeten, sich der Psychoanalyse zuzuwenden. So erfahren wir aus ihren Gesprächen mit J.-M. Quinodoz, die in Auszügen in *Listening to Hanna Segal* (2007) nachzulesen sind: Sie sei nicht sicher, ob sie Psychoanalytikerin geworden wäre, wenn sie in ihrer späten Adoleszenz nicht *Das Unbehagen in der Kultur* und *Jenseits des Lustprinzips* gelesen hätte (l.c., 79). Und an anderer Stelle bezeichnet Segal *Jenseits des Lustprinzips* als die Arbeit Freuds, die sie am meisten mochte, obwohl sie kein klinisches Material enthalte. »It brought back the exccitement of the life and death instinct and

---

2   Sodre merkte kürzlich an, daß es nicht mehr hilfreich scheint, im Zusammenhang von Neid »angeboren« und konstitutionell zu verwenden, da es wie eine extra Verdammung erscheine – schließlich würden wir auch nicht von einem angeborenen Ödipuskomplex sprechen. Wir nähmen an, daß beides Teil der menschlichen Natur sei (2008, 21).

[...] the mourning« (l.c., 12). Sie sei darüber wieder mit der Reichhaltigkeit der inneren Welt in Kontakt gekommen, und einer Sprache, mit der Verstehen möglich war – »and the whole experience [...] of touching on somebody who could understand, who could understand *me*« (l.c., 12; Hervorh. i. Orig.).[3] Jahrzehnte später sollte der »klinische Nutzen« des Todestriebkonzepts als Titel einer Arbeit Segals fungieren – 1993 erschien im International Journal of Psychoanalysis *On the clinical usefulness of the concept of the death instinct.* Hanna Segal hob, worauf Bell mit Recht hinwies (2009, 178), die Relevanz des Todestriebkonzepts auch für sozial-politische Belange hervor (vgl. Segal 1986, 1997). Den Leitfaden für meine weiteren Ausführungen bildet jedoch die klinische Arbeit.

2. »[...] Zusammenhänge aufzulösen und so die Dinge zu zerstören«

Freud faßt am Ende seines Lebens im *Abriß der Psychoanalyse* nochmals zusammen, nach langem Zögern gehe man nun von nur zwei Grundtrieben aus, dem Eros und dem Destruktionstrieb. »Das Ziel des ersten ist, immer größere Einheiten herzustellen und so zu erhalten, also Bindung, das Ziel des anderen im Gegenteil, Zusammenhänge aufzulösen und so die Dinge zu zerstören« (1940a, 71). Wenn Segal darauf abhebt, sie habe die Arbeit, in der Freud den Todestrieb 1920 einführte, gemocht, obwohl sie kein klinisches Material enthalte, so kann man überlegen, ob dies u.a. deshalb der Fall war, weil sich vermittelt, daß *Jenseits des Lustprinzips* auch Ergebnis eines Ringens um eine adäquate Konzeptualisierung vielfältiger klinischer Erfahrung war. Ich kann hier nicht all die einschlägigen Phänomene ausführen (Wiederholungszwang, Sadomasochismus, negative therapeutische Reaktion und vieles mehr), sondern möchte mich darauf beschränken, einen Aspekt, den ich an anderer Stelle eingehender beschrieben habe (Frank 2000, 87 ff.), zu nennen.

Wenn sich auf einer Ebene, die gerade zitierte Zieldefinition sehr abstrakt anhört (Zusammenhänge auflösen), so wurzelt sie doch m. E. auch in sehr kon-

---

3   Bezüglich ihrer eigenen traumatischen Kindheit kommentierte sie in dem zitierten Buch: »Wenn ich mich als schizophren entpuppt hätte, würden die Leute gesagt haben, kein Wunder bei dieser Kindheit!« (l.c., 3)

kreten klinischen Erfahrungen Freuds, nämlich zum Beispiel in solchen, die ihn schreiben ließen, Patienten strebten den Abbruch der unvollendeten Kur an (1920 g, 19 f). Vom Abbruch Doras wissen wir, in dem Fall von weiblicher Homosexualität, den er ebenfalls 1920 veröffentlicht (1920 a), läßt er uns wissen, daß er dem Abbruch der Patientin zuvorkam und seinerseits die Patientin wegschickte. Schwierigkeiten im Umgang mit der negativen Übertragung dürften in der sich erst entwickelnden Psychoanalyse zu den Abbrüchen beigetragen haben. Die Erfahrungen, denen Freud in der Gegenübertragung ausgesetzt war – der therapeutische »Zusammenhang« wurde »aufgelöst«, die »Dinge«/analytische Situation damit zerstört – dürften in die Konzeption des Todestriebs eingegangen sein. Freuds Zaudern gegenüber seiner eigenen Einsicht könnte sich in der Charakterisierung, er sei »im wesentlichen stumm« (1923 b, 275), niedergeschlagen haben – in dem von mir herausgegriffenen Beispiel erweisen sich seine Manifestationen als gar nicht so »stumme«, sondern doch recht lärmende.[4]

Melanie Klein hatte nun in ihren kinderanalytischen Behandlungen, die sie 1921 in Berlin aufnahm, sehr viel und sehr direkt mit »Zusammenhänge auflösen« und so »Dinge zerstören« zu tun. Die neunjährige Grete ebenso wie die zweidreivierteljährige Rita liefern beredte Beispiele (vgl. Frank 1999). Ich möchte hier aber nur aus der Behandlung der sechsjährigen zwangsneurotischen Erna kurz berichten, die gleich in den ersten Wochen ihrer Analyse gegen die Herstellung möglicher Zusammenhänge vorgeht, indem sie beispielsweise ein Wahrnehmungsorgan ihrer Analytikerin angreift, im Spiel »Augensalat« fabriziert, aber auch ganz konkret einen Bleistift gegen Kleins Auge wirft. Von Anfang an spielen Teufel eine große Rolle in ihrem Material. Als pars pro toto hier eine Sequenz:

> Ein andermal unterrichten Lehrer und Lehrerin – wieder durch ein Männchen und ein Frauchen dargestellt – die Kinder, bringen ihnen Verbeugungen bei usw. Die Kinder sind zuerst folgsam und höflich […], überfallen aber plötzlich Lehrer und Lehrerin, überfahren sie immer wieder, töten und braten sie. Sie sind dabei Teufel und freuen sich der Qualen ihrer Opfer. Auf einmal aber sind Lehrer und Lehrerin im Himmel, die früheren Teufel sind nun Engel, wissen aber nach dem Ausspruch Ernas gar nichts davon, daß sie überhaupt je Teufel waren – ja, ›sie waren es gar nicht‹. (1932, 58)

---

4 Wenn ich im folgenden von Manifestationen des Todestriebs spreche, dann geht es immer um ein Vorherrschen desselben. Lebens- und Todestrieb in »Reinform« dürften mit dem Leben nicht vereinbar sein.

Vermutlich vermitteln diese wenigen Hinweise nur unzureichend, womit Klein in dieser längsten Analyse (Januar 1924 bis April 1926) ihrer Berliner Zeit zu tun hatte. Liest man ihre Behandlungsnotizen (siehe dazu Frank 1999, 273 ff. und 501 ff.), so kann man verfolgen, wie sie zunächst versucht, den jeweilig sich zeigenden Widerstand als verdrängte Libido zu deuten etc. Dies wird aber den klinischen Fakten nicht ausreichend gerecht, die mit Ängsten vor verschiedenen (inneren) Objekten eher zu verstehen sind. Ich verstehe es als Ausdruck ihres Durcharbeitens der Erfahrungen in der Gegenübertragung, daß Klein in einem Dokument, das überschrieben ist mit »Erna = Arbeit, 2. Teil« und im Frühjahr 1926 verfaßt worden sein dürfte, wie selbstverständlich von einem »bösen Prinzip« spricht:

Das Material der Zeichnungen zeigt deutlich die Zerlegung in zwei Teile der Persönlichkeit. Der Gegensatz zwischen der schönen Prinzessin und dem Bauernmädchen oder zwischen der Hexe und der guten Prinzessin usw. bedeutet den Gegensatz zwischen gut und böse, den sie in ihrer eigenen Persönlichkeit empfindet und wird auch in ihrer Analyse immer wieder in Spielen und Phantasien durch die einander ablösenden Engel- und Teufelsgestalten dargestellt. In den Zeichnungen ergibt sich regelmäßig und zwar immer deutlicher werdend, dass das böse Prinzip, z. B. vertreten durch die Hexe, einzelne Züge der guten Prinzessin annimmt, und diese hingegen wieder Züge der anderen, so dass, wie es sich ja in einzelnen Zeichnungen am Schluss ergibt, die beiden gegensätzlichen Gestalten einander gleich wurden. Ich verweise speziell auf die Darstellung in der immer wieder, wenn ein Donnerschlag ertönt ist, die hässliche Gestalt zur schönen, die schöne zur hässlichen wurde. Auf diese Art kommt das nicht gelungene Bestreben, die zwei Teile ihrer Persönlichkeit irgendwie miteinander zu verschmelzen, wieder zum Ausdruck. Durch die Notwendigkeit, sich dieses bösen Prinzips in ihr selbst zu erwehren, ist überhaupt diese Spaltung eingetreten. Sie sucht, diesen Teil der Persönlichkeit durch diese Spaltung, sich irgendwie zu entfremden, und gelangt so dazu, ihn aus sich heraus zu projizieren. Die Hexe, das Bauernmädchen usw., die deutlich Mutter oder eine mögliche Schwester bedeuten, erweisen sich in diesem Teil der Analyse, der allerdings ganz besonders schwierig ist, und an eine vorhergehende, sehr langwierige und tiefgehende Analyse des Sadismus anschliesst, als der von ihr abgelehnte böse Teil ihrer eigenen Persönlichkeit. Der Mechanismus dieser Projektion ist also, dass sie genötigt ist, den ihr unerträglichen Teil der Persönlichkeit aus sich heraus auf jemand anderen zu projizieren. Dadurch wird aber diese andere Persönlichkeit zu einer vollkommen bösen und sadistischen und unter dem Drucke ihres Schuldgefühls, das ja durch diese Projektion nicht vermindert wird, wird sie selbst in ihrer Phantasie zum Opfer der projizierten sadistischen Persönlichkeit. So ergibt sich bei ihr die Genese der Verfolgerin daraus, dass sie die von ihr selbst phantasierten an der Mutter auszuübenden Quälereien als von dieser gegen sie gerichtet sich vorstellt. (Zit. n. Frank 1999, 284f.)

Interessant ist m. E. zum einen, daß Melanie Klein in einer erfahrensnahen Formulierung wichtige Charakteristika einzufangen scheint: man hat mit etwas »vollkommen Bösem« zu tun, das sich wie eine unpersönliche Macht (»Prinzip«) anfühlt, der nichts so einfach entgegen zu setzen ist. Sie greift dafür zunächst nicht auf ein bereits vorhandenes theoretisches Konzept, den Todestrieb zurück, sondern sucht ihr momentanes Verständnis einer mühsamen, quälenden Arbeit in der Analyse darzulegen. Nur nebenbei sei an dieser Stelle angemerkt, daß hier die »Quälereien« im Vordergrund stehen, ein Aspekt den Feldman in seiner Arbeit *Some Views on the Manifestation of the Death Instinct in Clinical Work* (2000) als zentral erachtet. Zum anderen halte ich den Kontext, in dem sie vom bösen Prinzip spricht, für aufschlußreich. Wenn man so will, beschreibt sie auf der einen Seite die »Auflösung des Zusammenhangs«, also in diesem Fall die »Zerlegung in zwei Teile der Persönlichkeit«, auf der anderen aber den Versuch, eine »größere Einheit« herzustellen, also ein Bemühen, die zwei Teile miteinander in Verbindung zu bringen, »irgendwie miteinander zu verschmelzen«.

Soweit ich es überblicke, verwendet Klein diese Begrifflichkeit in ihren publizierten Schriften nicht und auch in den unpublizierten habe ich keine weiteren Beispiele gefunden. Stattdessen übernimmt sie seit Beginn der 30er Jahre des letzten Jahrhunderts Freuds Begrifflichkeit vom Todes- oder Destruktionstrieb. An anderer Stelle (Frank 2009) habe ich meine Hypothese ausführlich dargelegt, nach welcher die Lektüre von Freuds Ende 1929 erschienener Arbeit *Das Unbehagen in der Kultur* sie dazu anregte. Jedenfalls taucht der Todestrieb in den Veröffentlichungen erstmals im zweiten Teil von *Die Psychoanalyse des Kindes* (1932) auf. Der erste Teil geht auf ihre Vorlesungsreihe 1925 in London zurück und sie arbeitete auch nachträglich keine möglichen theoretischen Verbindungen zu Freuds Konzeption aus, verweist aber zum Beispiel in einer Fußnote auf Freuds »neuestes Buch« *Das Unbehagen in der Kultur* (l.c., 20). Der zweite Teil fußt in Teilen auf der späteren, 1927 gehaltenen Londoner Vorlesungsreihe und wie aus den unpublizierten Unterlagen hervorgeht, hat sie diese für die Kapitel acht bis zwölf ihres Buches vollständig umgearbeitet.

Von Beginn an geht es Klein dabei nicht um ein Entweder (außen, reaktiv)/ Oder (innen), wie ihr immer wieder unterstellt wird, sondern ein Sowohl-als-

Auch. Als pars pro toto möge wieder ein Beispiel genügen: In der Diskussion der Bedeutung oraler Faktoren für die Entwicklung schreibt sie 1932:

> Die ungünstigen Ernährungsverhältnisse, die man als *äußere Versagung* bezeichnen kann, scheinen aber nicht die einzige Ursache für eine lustarme Säuglingszeit zu sein. Dies geht deutlich daraus hervor, daß manche Kinder saugunlustig (trinkfaul) sind, wiewohl sie genügend Nahrung erhalten. Die Unfähigkeit, die Saugebefriedigung zu genießen, die in diesen Fällen vorliegt, scheint mir die Folge einer *inneren Versagung* zu sein [...]. (1932, 164; Hervorh. i. Orig.)

Schließlich verknüpft sie im achten Kapitel ihre Entdeckung eines frühen strengen Über-Ichs (die 1923 durchgeführte Analyse der zweidreivierteljährigen Rita war dafür grundlegend) mit Freuds Todestriebkonzept: Sie zitiert zunächst Freud, nach dem der Todestrieb nach außen gegen das Objekt abgedrängt werde, ein Teil aber im Organismus verbleibe, wo er mit Hilfe der sexuellen Miterregung libidinös gebunden werde. Klein fügt nun hinzu, daß

> das Ich noch einen anderen Weg zur Bewältigung der im Organismus verbleibenden Anteile des Destruktionstriebes einschlägt, daß es nämlich *einen Teil* der *Triebregungen* zur *Abwehr* gegen den *anderen Teil* mobilisiert. Es käme so zu einer Spaltung im Es, die mir der einleitende Schritt für die Entwicklung der Triebhemmungen und für den Prozeß der Über-Ich Bildung zu sein scheint [...]. (1932, 167; Hervorh. i. Orig.)

Die Arbeit *Die frühe Entwicklung des Gewissens* greift diese Überlegung auf und betont, daß die exzessive Gewaltsamkeit des frühen Über-Ichs »somit durch die Tatsache zu erklären wäre, daß es ein Produkt äußerst intensiver Destruktionstriebe darstellt und neben einem gewissen Maß an libidinösen zugleich sehr große Quantitäten aggressiver Strebungen enthält« (1933, 10). Ich möchte an dieser Stelle auf die u. a. behandlungstechnisch so wegweisende Bedeutung des Über-Ichs nicht eingehen und hier nur noch die Verbindung zu Freuds melancholischem Über-Ich ziehen, von dem er schrieb, es sei »wie eine Reinkultur des Todestriebes« (1923 b, 283). Wie diese Art Über-Ich Zusammenhänge auflösen und so Dinge zerstören kann, ist uns aus der klinischen Arbeit nur allzu vertraut. Hier haben wir es – folgt man Bells Unterscheidung von drei phänomenologischen Perspektiven des Todestriebs in der zeitgenössischen kleinianischen Theorie – vorwiegend mit der ersten zu tun, der er »gewaltsame Zerstörungs- und Vernichtungsakte, inklusive *interner* Phänomene wie die Vernichtung von

Gedanken« (2009, 183; Hervorh. i. Orig.) zuschreibt. Sie umfaßt in seinem Verständnis auch die Zerstörung der Wahrnehmungsfähigkeit, die dem Denken zugrunde liegt (l.c., 163). Im folgenden möchte ich mich auf eine Form konzentrieren, die zunächst einmal mehr dem zweiten Modell[5] zu folgen schien, »der verführerischen Verlockung einer Welt des Nichtdenkens« (l.c., 183), obwohl sich auch Phänomene der ersten und dritten Perspektive, der sadistischen »Kontrolle des Objekts, die jegliche Bewegung unterbindet, was mit einer besonderen Lust einhergeht« (l.c., 183), fanden.

3. »Destruktionssucht«

Freud formuliert in *Das Unbehagen in der Kultur*:

> Ich erkenne, daß wir im Sadismus und Masochismus die stark mit Erotik legierten Äußerungen des nach außen und nach innen gerichteten Destruktionstriebes immer vor uns gesehen haben, aber ich verstehe nicht mehr, daß wir die Ubiquität der nicht erotischen Aggression und Destruktion übersehen und versäumen konnten, ihr die gebührende Stellung in der Deutung des Lebens einzuräumen. (1930a, 479)

Und in Klammern fügt er hinzu, daß die nach innen gerichtete Destruktionssucht sich der Wahrnehmung meist entziehe, wenn sie nicht erotisch gefärbt sei (ebd.). Im Gegensatz zu Freud geht Klein davon aus, daß es im Unbewußten sehr wohl eine »Angst vor der Vernichtung des Lebens« (1948, 52) gibt. Angst vor verschlingenden Objekten als Repräsentanten des Todestriebs (vgl. l.c., 54) beispielsweise ist eine Form, wie er sich manifestieren kann. Die Destruktionssucht ist also ggf. durchaus erkennbar. Freud hat aber m. E. mit seiner Charakterisierung als »Sucht« en passant ein wichtiges Element benannt. Kleins Nachfolger haben sich damit eingehender befaßt. So untersuchte Betty Joseph ein halbes Jahrhundert später zum Beispiel eine Gruppe von Patienten näher, deren Pathologie sie »Sucht nach Todesnähe« nannte. Diese süchtige Qualität, die Manifestationen des Todestriebs annehmen können, kann auch in etwas anders gelagerte Pathologien münden und macht uns die Arbeit auch in Fällen schwer, die auf kein konkretes Suchtmittel zurückgreifen, und begrenzen ggf. das Ausmaß der durch Analyse erreichbaren Veränderungen deutlich.

---

5 H. Weiß beschrieb eine Version anschaulich als romantische Perversion (2008, 2009).

Der Patient, von dem ich hier berichten möchte, fand für die Form, die sich bei ihm als überaus mächtig erweisen sollte, die Bezeichnung »Kritiksucht«. Ich empfand diesen Ausdruck deshalb als treffend, weil er eine Vorstellung davon vermittelt, weshalb sich der nach innen gerichtete Destruktionstrieb der Wahrnehmung erst einmal entziehen kann. Seine Äußerungsform erscheint in (scheinbar) harmlosem, ja konstruktivem Gewand. Primär verstehen wir Kritik ja als etwas grundsätzlich wichtiges, als Ausdruck von selbstständigem Denken und Urteilen, was wir als solches begrüßen und nach Möglichkeit zu fördern trachten. Wir wollen ja genau nicht – was mir dieser Patient immer wieder unterstellte –, eine blinde Übernahme unserer Überlegungen und Deutungen.

Allerdings zeigte der Zusatz »Sucht« von einer Einsicht in ihren pervertierten Gebrauch, die jedoch partiell wieder verleugnet wurde. In der Analyse hatte sich immer deutlicher die Identifizierung mit einem evakuierenden Objekt herausgeschält, die das psychische Geschehen über weite Strecken dominierte. Deren Funktion änderte sich allerdings schwerpunktmäßig während des analytischen Prozesses, in dessen Verlauf eine gewisse Stabilisierung der extrem unsicheren Persönlichkeit erfolgte. Über seine Schilderung in den ersten Interviews, wie rasch er sich jeweils ver- und vor allem wieder »entliebe«, hatte er sein Problem nicht nur in privaten Beziehungen, sondern auch die Unmöglichkeit, einen beruflichen Weg zu verfolgen, über längere Zeit an einem Arbeitsplatz zu verbleiben etc., auf den Punkt gebracht. Stand anfangs der Versuch im Vordergrund, sich vor als Verrückt-machend-Befürchtetem zu schützen, so war später – nachdem mehr Kontinuität in Beziehungen und beruflicher Entwicklung möglich geworden war – oft bedeutsamer, daß sich mit seinen »Machtanfällen«, wie er die ausgeprägte Inanspruchnahme dieser psychischen Mechanismen dann auch nannte, eine rasche Etablierung des angeschlagenen Selbstgefühls bewerkstelligen ließ. Warum also auf ein so potentes Mittel verzichten? Dessen Suchtqualität war ihm zwischenzeitlich durchaus bewußt, aber genau darin lag jetzt auch ein unwiderstehlicher Reiz. Als ein Bekannter ihm einmal von einem Roman erzählte, in dem ihn der Satz beeindruckt habe, seelisches Wachstum sei immer auch schmerzhaft, empörte er sich in der Stunde gereizt ob einer solchen Haltung. Das – so seine Mißrepräsentation – sei ja masochistisch! Entsprechend wurde mit jeweils großer Geschwindigkeit all das »kritisiert«, was ihn in die Nähe davon hätte bringen können.

Die Möglichkeiten und Grenzen der Veränderung fanden sich in diesem Fall u. a. widergespiegelt in einer Art Träume, die in Variation wiederkehrten. Ich greife hier nur die erste und letzte Ausformung auf. Anfangs handelte es sich um Alpträume, in welchen er zum Beispiel in einer Art Sessellift in den Bergen saß, der plötzlich rückwärts lief, was hieß, mit zunehmender Beschleunigung abwärts in den Abgrund führte. Er war diesem Geschehen passiv ausgeliefert. In welchem Kontext war der Traum zu sehen? Nachdem der Patient über Jahre immer wieder verschiedene Psychoanalytiker zu Vorgesprächen aufgesucht hatte, eine Behandlung letztlich dann aber jeweils verwarf, wollte er jetzt endlich eine Analyse beginnen – ich hatte aber zunächst keinen freien Platz. Als sich schließlich eine Vakanz abzeichnete, schrieb ich ihm, wann ich ihm eine Analyse anbieten könnte. Rückblickend war meine Initiative wohl der Grund, daß es dieses Mal nicht schon vor Beginn scheiterte. Einen festen Ort zu haben, erlebte er auf einer Ebene als eine enorme Erleichterung. Die Chance, daß es doch auch mit ihm »aufwärts« gehen könnte, war gegeben, doch kaum spürte er in Ansätzen etwas davon, ging es im Traum wieder rückwärts, ging es rasant bergab. Bisher hatte das rasche »Ent-lieben«, der Abbruch einer aufkeimenden Beziehung, (scheinbar) eine bedrohliche Situation gebannt. Jetzt war sie in der Übertragung virulent.

Ich springe nun zu einer Stunde, um die er ein gutes Jahr nach Abschluß der jahrelangen Analyse gebeten hatte. Da der Patient um ein gewisses weiter bestehendes Gefährdungspotential wußte, hatten wir gelegentliche Termine nach Bedarf vereinbart. Er hatte sich einen Traum aufgeschrieben, den er – im Zusammenhang mit dem Telefonat, in dem wir den Termin vereinbart hatten – erinnerte:[6] Er sei darin im Aufzug vom vierten Stock in den Keller gefahren, habe niemand hineingelassen, wodurch er sich im Traum strafbar gemacht hatte. Als er diesen Traum nun vor der Stunde las, sei ihm aufgefallen, daß es wieder um einen Absturz ging und er verbindet die »vier« (Stockwerke) mit einer früheren Deutung meinerseits, in der ich diese Zahl mit den vier Wochenstunden ver-

6 Helmut Hinz wies mich auf die Bedeutung des Kontaktes zu mir/seiner Analytikerin für das Erinnern-Können des Traumes hin. Feldman habe einmal formuliert, daß manche Patienten in großen Abständen ihren Analytiker wieder aufsuchen, um herauszufinden, ob der Analytiker noch weiß, wie sie funktionieren. Dann können auch sie selbst sich wieder an Signifikantes »erinnern«, wird ihnen in einem gewissen Umfang wieder ein innerer Raum zugänglich.

knüpft hätte. Es wurde im einzelnen deutlich, wie sehr er sich tatsächlich wieder verschlossen hatte (zum Beispiel gegenüber einfühlbaren Bedürfnissen seiner Frau, wodurch es zu Handgreiflichkeiten gekommen war, so daß eine Trennung so gut wie unabwendbar schien).

Das Muster, nach dem er zwar den Traum wahrgenommen, die darin enthaltene Einsicht aber durch Aufschreiben auch wieder evakuiert hatte, wiederholte sich nun in gewissem Ausmaß in der Stunde: Er wußte, er hatte den Traum nicht in dem Sinn »genutzt«, wie es ihm zum Teil in der Analyse möglich geworden war, nämlich als Hinweis, worum er sich ein Stück bewußt bemühen mußte. Er verschließt sich aktiv, macht sich dadurch (auch an seiner eigenen Entwicklung) »strafbar« und landet wieder im Keller. Er hatte mich nun zwar aufgesucht, es bestand die Chance, am Erhalt des einmal Erreichten wieder zu arbeiten, wir können in der Stunde auch daran anknüpfen und diese Struktur als solche benennen. Er hat jetzt – im Gegensatz zu früher – einen gewissen Entscheidungsspielraum. Er nutzt ihn aber in der Stunde nicht, um ernsthaft zu erwägen, ob er nochmals ein Stück Analyse in Betracht ziehen sollte. Die Analyse hatte zu wichtigen Veränderungen geführt (konkret hatte er – seinem Wunsch entsprechend – eine Familie gründen und sich beruflich verankern können). Kann man sie aber auch als hinreichend betrachten?

War er zu Beginn mit einer vorherrschend gewordenen Manifestation des Todestriebs in Analyse gekommen, nämlich sich jeweils so rasch wieder zu »entlieben«, daß keine Entwicklung mehr möglich war,[7] im Gegenteil, es zu einer Abwärtsspirale zu kommen drohte, so war mehr Kontinuität möglich geworden. Aber wie ist die Lust am »Sich-in-den-Keller-fahren-Lassen«, am Verwerfen von Einsichten einzuschätzen? Als »freie« Entscheidung im Rahmen des individuell Möglichen oder eher als Hinweis für eine unzulängliche Integration? Als Diskussionsgrundlage für diese Fragestellung möchte ich eine Stunde aus der Zeit detaillierter vorstellen, in der es um das Ende der Analyse ging. Vorausgegangen war eine Ferienunterbrechung, welche die Tendenz einer gewissen Stabilisierung weiter bestätigte – es war, im Gegensatz zu den Anfangszeiten, zu

---

7 Für eine Entwicklung ist sowohl der Lebens- als auch der Todestrieb erforderlich, ein Vorherrschen von einem der beiden kann ggf. Entwicklung beeinträchtigen. Britton hat das Erfordernis von ständiger Entwicklung durch die Kurzformel Ps(n) ↔ D(n) ↔ Ps(n + 1) auf den Punkt gebracht (2001, 95 ff.).

verhältnismäßig wenig Turbulenzen gekommen; er hatte mitteilen können, wie hilfreich ihm u. a. mein Hinweis gewesen sei, jeweils zu schauen, ob er mit seiner Angst in Kontakt sei: Das habe ihm ermöglicht, ggf. innezuhalten und so Eskalationen zu vermeiden. Er befand nun – auch aus finanziellen Gründen –, am Monatsende aufhören zu können. Mein Hinterfragen der Geschwindigkeit konterte er mit der Behauptung, ich wolle nur aus egoistischen Gründen an einer längeren Beendigungszeit festhalten (wir hatten schon gelegentlich über ein Ende gesprochen, ohne daß es bisher konkret ins Auge gefaßt worden wäre, und ich hatte in diesem Zusammenhang einmal erwähnt, daß auch Beenden ein Prozeß sei, der Zeit brauche – im Gegensatz zum sofortigen »entlieben«). Und tatsächlich gab es natürlich auch »egoistische« Gründe, nämlich den Wunsch, nicht einfach zusehen zu müssen, wie sich eventuell die Kraft durchsetzt, deren Ziel es ist, »Zusammenhänge aufzulösen und so die Dinge zu zerstören«. Zugleich hatte ich den Eindruck, er »nutzt« diese omnipotent, um alle beunruhigenden Sorgen bei mir unterzubringen, mich damit auch ärgerlich zu machen, so daß er wiederum »gute Gründe« hat, meine Gedanken verwerfen zu können

Zu Beginn der Montagsstunde der nächsten Woche schweigt er zehn Minuten. Er sei noch müde, obwohl er früh zu Bette sei – das liege vielleicht noch an der Erkältung. Seiner Frau gehe es mit Hilfe von Baldriantropfen besser (er hatte über einen Angstanfall ihrerseits in der letzten Woche berichtet). Er spricht ein wenig darüber, daß er sich etwas um sie kümmerte, sich dann aber wieder auf sich konzentrieren mußte und wollte. Er habe auch weiter über das Ende nachgedacht – aus den genannten Gründen wolle er weiterhin aufhören – wenn nicht Ende dieses Monats, dann vielleicht im nächsten. Ende dieses Monats wäre eventuell wirklich zu kurzfristig. Ich hätte vermutlich aufgrund der letzten Woche auch darüber nachgedacht und ob ich mir den nächsten Monat vorstellen könne und wir dann daraufhin arbeiten könnten?

A: »Ich denke, derjenige in Ihnen, der es angesichts des Versuchs eines forcierten, überstürzten Endes mit großer Angst zu tun bekam, konnte sich darüber etwas beruhigen, daß ich dieses Vorhaben hinterfragte. Und es ist vielleicht noch nicht so klar, welcher Zeitraum am ehesten »stimmen« könnte – wieweit sich neben dem Überstürzen eine andere Variante, möglicherweise auch wieder mit Hilfe von Träumen, greifen läßt.«

Der Patient antwortet mit einem zustimmendem »mmh« und es fallen ihm zwei Träume aus der letzten Nacht ein. Im ersten Traum geht es um eine

ungewöhnliche Zugreise mit den Eltern und Geschwistern. Alle wollen ausstei-
gen, aber es klärt sich, daß dies »falsch ist«. Es gibt nicht näher ausgeführte
»zwingende Gründe« weiterzufahren. Die Mutter steigt allerdings aus, und auch
auf Aufforderung nicht wieder ein, wobei unklar bleibt, warum nicht.

Der zweite Traum spielt *am Meer, am Mittelmeer, aber das Wasser ist nicht*
wie sonst klar, sondern aufgewühlt, schmutzig, mit hohen unheimlichen Wellen,
auch wenn klar blieb, daß es sich um keinen Tsunami handelte.

Er assoziiert als Tagesrest zum letzten Traum eine Unwettermeldung in der
Tagesschau am Vorabend. Zum ersten erläutert er, daß er beim Wochenend-
ausflug zu Freunden zwar nicht mit dem Zug, sondern mit dem Auto unterwegs
gewesen sei, aber dabei Schwierigkeiten hatte, die richtige Autobahnausfahrt zu
finden. Bei der Heimfahrt war es zudem schon dunkel, er wurde geblendet etc.

A: »Es tauchen ›zwingende Gründe‹ auf, die Reise hier fortzusetzen, wozu
ein Teil auch bereit zu sein scheint.«

Der Patient merkt an, so könne man es auch sehen und fügt nach einer Pause
hinzu, es sei ihm auch mal gekommen.

Ich beschreibe, daß er spüre und sehe, es gebe gute Gründe, nicht zu einem
falschen Zeitpunkt auszusteigen, aber er zugleich daran arbeite, diese Klarheit
auszublenden, sie im Dunkeln zu lassen, mir das Aussprechen der Zusammenhänge zu überlassen, wodurch sie potentiell bereits wieder als durch meine ver-
muteten Interessen verschmutzt abgetan werden könnten.

Der Patient schweigt die letzten Minuten.

Wie läßt sich die Stunde verstehen? In der Vorwoche hatte er sich als jemand,
der bezogener leben wollte, in Gefahr gebracht. Der Traum zeugt von der
Einsicht, daß diese Art Ende »falsch« wäre, ihn nicht zum Ziele brächte und er
entschließt sich mit einem Großteil seiner Objekte zur Weiterfahrt. Nur ein Objekt, Mutter genannt – der er der Art nach zu seinem Leidwesen am ähnlichsten
war –, leistet der Aufforderung nicht Folge. Kann er sich von dieser pathologischen Identifizierung trennen, sie aussteigen lassen und selbst einen anderen
Weg einschlagen? In gewisser Weise scheint der Traum in der Stunde ein Stück
weit inszeniert zu werden. Das anfängliche Schweigen läßt mich im Unge-
wissen: Kann ich meinem Eindruck trauen, daß wieder eine gewisse Nachdenk-
lichkeit die Atmosphäre bestimmt? Schließlich teilt er mit, wie sich die Situation
tatsächlich zwischenzeitlich etwas entspannte, meine Überlegungen Gehör gefunden hatten und der kalte, grausame Plan (auf den der Selbstanteil Frau mit

großer Angst reagiert hatte) für das Ende ein Stück modifiziert werden konnte. Da ich in seiner Schilderung die Suche nach einer weiteren Klärung als vorherrschend empfinde, greife ich diesen Aspekt auf und beziehe mich eigentlich mehr en passant darauf, daß er manchmal mit Hilfe von Träumen die psychische Realität klar erfassen konnte.

Und prompt fallen ihm zwei Träume ein, die m. E. tatsächlich hilfreich sind und mich zugleich ein Stück korrigieren. Es gibt zwar die Einsicht, aber sie wird tendenziell »verschmutzt«, indem sie nicht klar als solche genutzt wird, sondern zunächst Wellen provoziert werden: Er behält die direkte Assoziation zu unserer Situation für sich, überläßt es mir, sie aussprechen, und er läßt so offen, inwieweit er sie sich wirklich zu eigen machen wird. Nichtsdestotrotz bleibt klar, der Prozeß geht in Richtung Klärung und auch wenn er angegriffen wird, es handelt sich nicht mehr um unbeherrschbare Katastrophenszenarien. Aber die Faszination, ggf. auch schreckliche Unwetter provozieren zu können, bleibt in greifbarer Nähe. Der Prozeß der Analyse scheint ihm ermöglicht zu haben, eine pathologische Identifizierung zumindest immer wieder hinterfragen und damit auf Distanz bringen zu können (»aussteigen« zu lassen) und diese Bewegung läßt mich auch wieder Hoffnung für ein Stück konstruktiver Arbeit schöpfen. Die Störmanöver sind aber unübersehbar. Sie lösten zwar keinen Ärger in der Dimension eines Tsunamis in mir aus, aber die evozierten Wogen blieben etwas unheimlich.

4. »[...] gegen sie den Gegenspieler[...], den Eros, anzurufen«

Hanna Segal leitet ihren schon erwähnten berühmten Aufsatz *Über den klinischen Nutzen des Todestriebkonzepts* mit der eindrücklichen Schilderung des Triumphes über das Leben ein, indem sie Martin Eden aus Jack Londons gleichnamigen Roman zitiert, nachdem er unwillkürlich zu schwimmen versuchte, als er sich durch Ertrinken suizidierte: »›Das ist der Lebenswille‹, dachte er und dieser Gedanke ließ ihn höhnisch grinsen« (zit. n. Segal 2001, 35). In diesem Beispiel wird der Lebenstrieb zwar in der Konfrontation mit dem Todestrieb mobilisiert (l.c., 39), aber letztlich doch besiegt – er hörte auf zu schwimmen. In ihren klinischen Beispielen beschreibt Segal dann etwas »günstigere Umstände« (ebd.), nämlich wie die Arbeit in der Analyse dazu gebraucht werden kann, einen letztgültigen Triumph nicht die Oberhand gewinnen zu lassen – wie Beland anmerkt, ist als »günstiger« Faktor nicht zuletzt die Mobilisierung des Lebenstriebs/Verstehens in der Analytikerin zu werten (2008, 33).

Unter Bezug auf Hanna Segal und seiner Untersuchung weiterer Texte von u. a. Bion hat Beland den Arbeitswert der Todestriebhypothese in diese Richtung kürzlich noch erweitert und präzisiert: »Die Begegnung mit dem bewußt gewordenen Selbstvernichtungsdrang des Patienten aktiviert unter günstigen Umständen die Fähigkeit zu verstehen (die Lebenstriebe) bei Therapeut wie Patient, die jenen Drang entgiftet, transformiert, konstruktiv macht« (2008, 24). Klinisch hält uns ggf. die Gefahr in Schach, daß doch der Anti-Lebenstrieb, wie Steiner den Todestrieb mit seinem Haß auf die Wirklichkeit und dem Nichtertragenkönnen der Realität zutreffender bezeichnet findet (2004, 182), obsiegt.

Kehren wir nochmals zu den Anfängen zurück: Meine Überlegung war, daß Freud auch durch die Abbruchserfahrungen – neben natürlich dem Erleben von negativen therapeutischen Reaktionen, Masochismus etc. – zu seiner Hypothese eines Todestriebs kam. In gewisser Weise findet sich bereits bei ihm in den späteren Jahren die Segalsche – und von Beland erweiterte – Figur, so wenn er beispielsweise 1932 schreibt: »Wenn die Bereitwilligkeit zum Krieg ein Ausfluß des Destruktionstriebs ist, so liegt es nahe, gegen sie den Gegenspieler dieses Triebs, den Eros, anzurufen. Alles, was Gefühlsbindungen unter den Menschen herstellt, muß dem Krieg entgegenwirken« (1933b, 23).

Melanie Klein, die zu Beginn ihrer klinischen Arbeit erst einmal nicht auf Freuds Todestriebkonzept zurückgegriffen hatte, wurde insbesondere in der Analyse der sechsjährigen zwangsneurotischen Erna 1924–1926 in Berlin so gefordert, daß sie im Versuch, ihre klinischen Erfahrungen adäquat zu konzeptualisieren, von einem »bösen Prinzip« sprach. In den 30er Jahren – Klein hatte inzwischen ihre analytischen Beobachtungen mit Freuds Todestriebkonzept in Verbindung gebracht – arbeitet sie als ein Moment der manischen Position[8] den mit Verachtung und Omnipotenz gepaarten Triumph (1940, 173) heraus. Ohne daß sie es m. W. expressis verbis fokussiert, ist hierin bereits die Keimzelle für ggf. süchtigen Gebrauch benannt, den – wie bereits erwähnt – später Betty Joseph detailliert beschrieb.

---

8 Zu den Weiterentwicklungen, der Theorie und Klinik komplexer manischer Abwehr-organisationen siehe Frank 2008.

Mit meinem klinischen Beispiel wollte ich eine mögliche Version plastisch machen. Ich hoffe, ich konnte vermitteln, welche Faszination für den Patienten in der Möglichkeit lag, über menschliches Mit-Leiden und Verstehen *(human compassion and understanding)* zu triumphieren, um eine Formulierung von Eric Brenman (2006, 48 f.) aufzugreifen. Die Konfrontation mit dem Todestrieb hatte den Lebenstrieb mobilisiert, eine gewisse Integrationsarbeit war möglich geworden. Doch wie Melanie Klein in ihrem 1958 erschienen Buch *Neid und Dankbarkeit,* das die Erkenntnisse ihrer jahrzehntelangen klinischen Arbeit enthält und dessen 50. »Geburtstag« durch eine IPA-Publikation *Envy and Gratitude Revisited* geehrt und erneut fruchtbar gemacht wird, gezeigt hat, interferiert Neid mit der Fähigkeit, gute Objekterfahrungen, die den Kern des Ichs bilden, aufzunehmen. Damit sind die seelische Entwicklung und so das Denken über emotionale Erfahrungen ggf. beeinträchtigt. Britton (2006 [2003], 2008) hat nun verschiedentlich darauf verwiesen, daß s. E. verschiedene Komponenten den Neid ergeben – Wahrnehmung von Unterschieden und Differenzierungen, Desillusionierung von narzißtischen Phantasien etc. –, wobei u. a. ein beträchtliches Quantum angeborene Feindseligkeit gegenüber Fremden den pathologischen Neid ausmachen kann. Inwieweit hat letzteres auch die Entwicklung bei meinem Patienten begrenzt? Er hat sicher immer wieder in berührender Weise um »Denken und Danken« gerungen, und er war auch dankbar für die gemachte Entwicklung. Aber der Konflikt blieb in einer Weise virulent, die mich zweifeln ließ, ob ich nicht doch hätte anders intervenieren müssen. Das ist zum Teil sicher eine realistische Einschätzung meiner begrenzten Möglichkeit, zum Teil mag sich aber auch eine Manifestation des Todestriebs in einem Quantum an Kritiksucht meinerseits niederschlagen. Bion hat diese Art der Negation als minus K gefaßt und formuliert, es könne sich als ein höheres Objekt zeigen »das seine Überlegenheit geltend macht, indem es an allem etwas auszusetzen findet« (1990 [1962], 156).

Hier wäre ich also wieder bei der Unmöglichkeit, der unerträglichen Spur gerecht zu werden, angelangt und dem Wissen, daß wir zugleich keine andere Chance haben, als so gut wie möglich zu versuchen, die Realitäten ins Auge zu fassen. Verschiedene Annäherungen, wie wir sie gedanklich fassen können, sind dabei von Nöten. Im Zentrum meiner Überlegungen standen verschiedene Facetten des Todestriebkonzepts, wie sie von Freud, Klein und ihren Nachfolgern beschrieben wurden. Ob ein Rückgriff auf Kleins Begriff des bösen Prinzips für die weitere Diskussion eventuell hilfreich sein könnte, sei erst einmal weiterem Nachdenken anheim gestellt.

Zusammenfassung

Den Ausgangspunkt für ihre Arbeit bildet für die Autorin die oft hitzige und unfruchtbare Debatte über den Wert oder Unwert des Todestriebkonzepts. Sie bringt die Überlegung ein, ob diese selbst sowohl Ausdruck als auch Abwehr des Phänomens darstellen könnte, das mit dem Konzept gefaßt werden soll, und um dessen gedankliche Erfassung vielleicht immer wieder nur gerungen werden kann. Im weiteren legt sie einzelne Facetten, die S. Freud im Zusammenhang mit dem Todestrieb beschrieb – Zusammenhänge auflösen und so die Dinge zerstören; Destruktionssucht; gegen sie den Gegenspieler Eros anrufen – , in ihrer klinischen Bedeutung, wie sie von M. Klein und ihren Nachfolgern herausgearbeitet wurden, dar. Mit Hilfe eines kasuistischen Beispiels wird schließlich Kritiksucht als eine Form der Destruktionssucht ausgeführt.

Summary
Struggling With Manifestations of the Death Drive – Clinical and Theoretical Aspects

Taking the often hot and fruitless disputes about the value of the concept of a death drive as the starting point of her paper the author brings up the idea in how far they could simultaneously reveal as much as defend the very phenomenon one tries to grasp with the concept. Perhaps one has to struggle again and again to think about it in an adequate form. She then discusses different facets which S. Freud described in connection with the death drive – undo connections and thereby destroy things; addiction to destruction; to bring Eros, its antagonist, into play against it – in their clincal meaning as elaborated by M. Klein and her followers. Finally, she demonstrates with the help of a clinical example a critique-addiction as a form of an addiction to destruction.

Literatur

Beland, H. (2008): Erklärungs- und Arbeitswert der Todestriebhypothese. In: *Jb. Psychoanal.* 56, 23–47.

Bell, D. (2009): Der Todestrieb. Phänomenologische Perspektiven in der zeitgenössischen kleinianischen Theorie. In: K. Münch/D. Munz/A. Springer (Hg.): *Die Fähigkeit, allein zu sein.* Gießen: Psychosozial-Verlag, 161–186.

Bion, W. (1990 [1962]): *Lernen durch Erfahrung.* Frankfurt am Main: Suhrkamp.

Brenman, E. (2006): *Recovery of the lost good object.* London/New York: Routledge.

Britton, R. (2001): *Glaube, Phantasie und psychische Realität.* Stuttgart: Klett-Cotta.

— (2006 [2003]): *Sexualität, Tod und Über-Ich.* Stuttgart: Klett-Cotta.

— (2008): He thinks himself impaired: the pathologically envious personality. In: P. Roth/A. Lemma (Hg.): *Envy and Gratitude Revisited.* London: IPA, 124–136.

Brumlik, M. (2007): Die Aktualität des Todestriebs. In: G. Schlesinger-Kipp/R.-P. Warsitz (Hg.): *Eros und Thanatos.* Arbeitstagung der DPV, Bad Homburg, 22.–25. 11. 2006, 13–23.

Celan, P. (1992 [1958]): Ansprache anläßlich der Entgegennahme des Literaturpreises der Freien Hansestadt Bremen. In: Ders.: *Gesammelte Werke*, Bd. 3. Frankfurt am Main: Suhrkamp, 185–186.

Feldman, M. (2000): Some views on the manifestation of the death instinct in clinical work. In: *Int. J. Psychoanal.* 81, 53–65.

— (2008): Envy and the neagative therapeutic reaction. In: P. Roth/A. Lemma (Hg.): *Envy and Gratitude Revisited.* London: IPA, 168–185.

Felstiner, J. (1997): *Paul Celan. Eine Biographie.* München: C. H. Beck.

Frank, C. (1999): *Melanie Kleins erste Kinderanalysen – die Entdeckung des Kindes als Objekt sui generis von Heilen und Forschen.* Stuttgart: frommann-holzboog.

— (2000): Der verführerische und dämonische Charakter des »Über«-Sehens der latenten negativen Übertragung. In: U. Engel/L. Gast/J. B. Gutmann (Hg.): *Bion. Aspekte der Rezeption in Deutschland.* Tübingen: edition diskord, 87–110.

— (2008): Freuds Junktim von Heilen und Forschen in der kleinianischen Praxis heute – ein möglicher Blick. In: G. Schneider/H.-J. Eilts (Hg.): *Klinische Psychoanalyse heute – Forschungsfelder und Perspektiven.* Herbsttagung 2008 der DPV. Frankfurt am Main: Cogress-Organisation Geber + Reusch, 76–92.

— (2009): Das »Melanie-Klein-Problem«. Zur Publikationsgeschichte der *Psychoanalyse des Kindes.* In: *Luzifer-Amor* 44, 99–139.

Freud, S. (1920a): Über die Psychogenese eines Falles von weiblicher Homosexualität. In: *GW* XII, 271–302.

— (1920g): Jenseits des Lustprinzips. In: *GW* XIII, 1–69.

— (1923b): Das Ich und das Es. In: *GW* XIII, 237–289.

— (1930a): Das Unbehagen in der Kultur. In: *GW* 14, 419–506.

— (1933a): Neue Folge der Vorlesungen zur Einführung in die Psychoanalyse. In: *GW* 15.

— (1933b): »Warum Krieg?« In: *GW* 16, 13–27.

— (1940a): Abriß der Psychoanalyse. In: *GW* XVII, 63–138.

Joseph, B. (1990 [1982]): Die Sucht nach Todesnähe. In: *Dies.: Psychisches Gleichgewicht und psychische Veränderung.* Stuttgart: Klett-Cotta, 189–206.

King, P./Steiner, R. (Hg.) (2000 [1991]): Die *Freud/Klein-Kontroversen 1941–1945.* Stuttgart: Klett-Cotta.

Klein, M. (1932): Die Psychoanalyse des Kindes. In: *GSK* II.

— (1933): Die frühe Entwicklung des kindlichen Gewissens. In: *GSK* I, 2, 1–20.

— (1940): Die Trauer und ihre Beziehung zu manisch-depressiven Zuständen. In: *GSK* I, 2, 159–199.

— (1948): Zur Theorie von Angst und Schuldgefühl. In: *GSK* III, 43–70.

— (1957b): Neid und Dankbarkeit. In: *GSK* III, 297–367.

Küchenhoff, J. (2007): Tertium datur: zur dialektischen Vermittlung von Eros und Thanatos in der Anerkennung der Differenz. In: G. Schlesinger-Kipp/R.-P. Warsitz (Hg.): *Eros und Thanatos.* Arbeitstagung der DPV, Bad Homburg, 22.–25.11.2006, 24–39.

Pollak, T. (2007): Der Einfluß der Todestrieb-Hypothese auf die klinische Konzeptbildung: eine Kritik. In: G. Schlesinger-Kipp/R.-P. Warsitz (Hg.): *Eros und Thanatos.* Arbeitstagung der DPV, Bad Homburg, 22.–25.11.2006, 188–195.

Quinodoz, J.-M. (2007): *Listening to Hanna Segal.* London, New York: Routledge.

Roth, P./Lemma, A. (Hg.) (2008): *Envy and Gratitude Revisited.* London: IPA.

Segal, H. (1986): »Schweigen ist das eigentliche Verbrechen«. In: *Jb. Psychoanal.* 19, 194–210.

— (1997): Psychoanalysis, Literature and War. Papers 1972–1995. London/New York: Routledge.

— (2001 [1993]): Über den klinischen Nutzen des Todestriebkonzepts. In: C. Frank/ R. Herold/ J. Keim/H. König/B. Seyffer/C. Walker (Hg.): *Wege der psychoanalytischen Therapie.* Tübingen: Attempto, 35–46.

Sodre, I. (2008): »Even now, now, very now …« On envy and the hatred of love. In: P. Roth/A. Lemma (Hg.): *Envy and Gratitude Revisited.* London: IPA, 19–34.

Steiner, J. (2004): Hanna Segals Werk. In: C. Frank/H. Weiß (Hg.): Hanna Segal: *Melanie Klein. Eine Einführung in ihr Werk.* Tübingen: edition diskord, 173–192.

Weiß, H. (2008): Romantic perversion: the role of envy in the creation of a timeless universe. In: P. Roth/A. Lemma (Hg.): *Envy and Gratitude Revisited.* London: IPA, 152–167.

— (2009): *Das Labyrinth der Borderline-Kommunikation. Klinische Zugänge zum Erleben von Raum und Zeit.* Stuttgart: Klett-Cotta.

PD Dr. med. Claudia Frank, Raffaelweg 12, 70192 Stuttgart,
Cl.Frank@t-online.de

Von der Wiederkchr des unbewußten Wunsches als Todestrieb und der Nachträglichkeit in der Theorie

Christine Kirchhoff[*]

Einleitung

Das Schicksal des unbewußten Wunsches und das des Todestriebs in der Rezeption der Freudschen Metapsychologie ist schwer zu vergleichen: Muß man von Freud nichts wissen und auch nichts wissen wollen, um doch einmal vom Todestrieb gehört zu haben, ist der Wunsch als psychoanalytisches Konzept eher denjenigen bekannt, die sich in die psychoanalytische Theorie eingearbeitet haben.[1] Ist so der Wunsch im Gegensatz zum Todestrieb mit einer Formulierung von Laplanche noch immer als ein »implizites Konzept«[2] zu bezeichnen, wird um den Todestrieb seit dessen Behauptung eine breite, größtenteils erbitterte

[*] Christine Kirchhoff, Dr. phil., Dipl.-Psych., Studium und Promotion an der Universität Bremen, 2008–2010 wissenschaftliche Mitarbeiterin am Zentrum für Literatur- und Kulturforschung in Berlin im Projekt »Freud und die Naturwissenschaften: um 1900 und 2000«. Ausgewählte Veröffentlichungen: *Wozu noch Metapsychologie?* (2010), *Das psychoanalytische Konzept der »Nachträglichkeit«* (2009), *Aktualität der Anfänge. Freuds Brief an Fließ vom 06.12.1896* (Mitherausgeberin und Autorin; 2008).

1 Zum unbewußten Wunsch vgl. u. a.: Boothe (1998), Heim (1986), Schöpf (1987), Weiß (1996, 2004).

2 Als implizite Konzepte bezeichnet Laplanche Konzepte, die von Freud selbst nicht als offizielle psychoanalytische Grundbegriffe expliziert wurden (vgl. Laplanche 2006, 34).

Jahrb. Psychoanal. 62, S. 97–119 © 2011 frommann-holzboog

Kontroverse geführt. Der Todestrieb polarisiert: Ist er den einen das Überflüssigste an der ganzen Psychoanalyse, ist er den anderen genau das, was diese ausmacht.[3] Wie ich im folgenden mit einer Lektüre zeigen möchte, die konzeptuelle Kontinuitäten aufweist und eine starke Lesart der Wunschkonzeption vertritt, haben Wunsch und Todestrieb nicht nur mehr miteinander zu tun, als es zunächst den Anschein hat, sondern sind – so meine These – unabhängig voneinander nicht zu begreifen.[4] Der subjektkonstitutive unbewußte Wunsch, wie ihn Freud in seinen frühen Arbeiten über den psychischen Apparat entwirft, kehrt als Todestrieb in die Theorie zurück, nicht zufällig vor dem Hintergrund der Erfahrung des Ersten Weltkrieges und ebenso wenig zufällig zu einem Zeitpunkt, da das Anstößige, Überschießende und Ziellose an der Sexualität, ihre dunklen, gefährlichen Seiten aus Freuds Konzeption derselben als Libido verschwunden sind. Anhand der historischen Situation, in der Freud sein Todestriebkonzept entwickelte, läßt sich eindrücklich zeigen, wie Freuds Erlebnisse sich in den Konzepten niederschlagen, die auch davon handeln, wie individuelle Erfahrungen als zugleich gesellschaftliche begriffen werden können.

1. Der unbewußte Wunsch in den Anfängen des Psychischen

Im *Entwurf einer Psychologie* von 1895 entwirft Freud eine Konstitutionstheorie des Psychischen, die insofern bemerkenswert ist, als er für das Subjekt in spe weder die Möglichkeit der Unterscheidung von Innen und Außen noch die Unterscheidbarkeit von Realität und Phantasie voraussetzt. Freud setzt an den Anfang lediglich einen Apparat, ausgestattet mit einer »primären Trägheitstendenz«, welche Freud mit der »Tendenz des psychischen Lebens, *Unlust zu vermeiden*« identifiziert (Freud 1950c, 404, Hervorh. i. Orig.). Auf Spannungserhöhung reagiert der Apparat mit einem »Abfuhrbestreben«, um wieder zum vorherigen Niveau zurückzukehren (ebd., 410). Die zu vermeidende »Erhöhung

---

3 Ein Überblick über die kontroverse Rezeption des Todestriebkonzeptes findet sich beispielsweise bei Löchel (1996), Vogt (2001), Hock (2003).
4 Die Versuche, beide Konzepte, Wunsch und Todestrieb, explizit auseinander zu entwickeln, sind recht übersichtlich: Holzhey-Kuntz (1986), Turnheim (1993), Küchenhoff (2008).

des Erregungsniveaus« wird als Unlust bezeichnet, die »Abfuhrempfindung« als Lust (ebd., 404). Wie Freud im siebten Kapitel der *Traumdeutung* schreibt, in dem er seine Konzeption aus dem *Entwurf* wieder aufnimmt, ist der psychische Apparat »in seinem ersten Aufbau« nach dem »Schema des Reflexapparates« (Freud 1900a, 570) entworfen: Jegliche Erregung wird sofort abgeführt (vgl. Freud 1950c, 388f.). Dieses Modell erweist sich jedoch im Fortgang von Freuds *Entwurf* schnell als unhaltbar. Der Apparat wird in statu nascendi durch die »Not des Lebens« aus der Bahn geworfen, von welcher dem Apparat die »Sekundärfunktion [...] aufgedrungen« wird (ebd., 390): Das von Freud vorausgesetzte »einfache Funktionieren« muß verlassen werden, wenn »in Form der großen Körperbedürfnisse« die Not des Lebens an den Apparat herantritt und ihm den »Anstoß zur weiteren Ausbildung« gibt (Freud 1900a, 571).

In dem Moment also, in dem es ganz und gar unmetaphorisch ums physische Überleben geht, der Apparat Nahrung benötigt, wird das von Freud zugrunde gelegte Reiz-Reaktionsschema überschritten, und zwar in Richtung beginnender Subjektivität. Die Hilflosigkeit des menschlichen Neugeborenen, sein Angewiesensein auf Hilfe, liest sich mit Freud folgendermaßen: Da der Apparat seine »großen Körperbedürfnisse« nicht allein befriedigen kann, ist er auf einen anderen verwiesen, auf ein »erfahrenes Individuum«, welches ihm zur »Erfahrung des Befriedigungserlebnisses« verhelfen soll (Freud 1950c, 410). Aufgabe des erfahrenen Individuums sei es, mit der »spezifischen Aktion« eine »Veränderung in der Außenwelt« vorzunehmen (ebd.), welche dann den Reiz für eine Weile aufhebt und Spannungsabfuhr ermöglicht.

Bemerkenswert ist an dieser Stelle, daß das erfahrene Individuum eine Frage beantwortet, die noch keine Frage ist, durch die Antwort aber zu einer werden wird. Es antwortet auf das, was Freud in der Sprache des Apparates etwas umständlich »Abfuhr auf der Bahn zur inneren Veränderung (Ausdruck der Gemütsbewegung, Schreien, Gefäßinnervation)« (ebd.) nennt. Weil z. B. das erfahrene Individuum weiß, daß Schreien und Zappeln des Babys Hunger bedeuten, und es füttert, entsteht mit dieser bedeutungskonstitutiven Antwort eine zweite Funktion, nämlich »die höchst wichtige Sekundärfunktion der Verständigung« (ebd., 410f.). Aus dem Versuch der direkten motorischen Abfuhr wird so ein Schreien von Bedeutung. Freud entwirft hier Anfänge zu einer Theorie der nachträglichen Konstitution von Bedeutung: Da die motorischen Aktionen dem erfahrenen Individuum etwas bedeuten, denn genau darin besteht seine

Erfahrung, werden sie auch für das Kind bedeutend gewesen sein; durch die Vorgängigkeit der Bedeutung für den anderen übersetzt sich Abfuhr in Verständigung.

Freud wendet sich jedoch an dieser Stelle einem anders gelagerten Problem zu: Wie erwirbt der Apparat die Möglichkeit, Realität und Phantasie auseinander zu halten? Die Wiederholung ist hier an eine Differenz gebunden: Damit das Befriedigungserlebnis sich wiederholen kann, müssen erstmal Realität und Phantasie, Innen und Außen auseinandergehalten werden können. Freud setzt nämlich das Wiederfinden des anderen in der Außenwelt nicht einfach voraus, sondern hält sich strikt an das vorgegebene Funktionieren des Apparates: Unlustvermeidung durch schnellstmögliche Abfuhr und das bedeutet nach Freud zunächst: Halluzination. Mit dem Wiederauftreten des »*Drang*- oder *Wunsch*zustandes« nämlich, so bezeichnet Freud den erneuten Spannungsanstieg, werde die Erinnerung belebt (ebd., 412, Hervorh. i. Orig.). An dieser Stelle führt Freud in der *Traumdeutung* den Wunsch ein, als Wunsch nach Wahrnehmungsidentität:

> Sobald dies Bedürfnis ein nächstesmal auftritt, wird sich, dank der hergestellten Verknüpfung, eine psychische Regung ergeben, welche das Erinnerungsbild jener Wahrnehmung wieder besetzen und die Wahrnehmung selbst wieder hervorrufen, also eigentlich die Situation der ersten Befriedigung wiederherstellen will. Eine solche Regung ist das, was wir einen Wunsch heißen; das Wiedererscheinen der Wahrnehmung ist die Wunscherfüllung, und die volle Besetzung der Wahrnehmung von der Bedürfniserregung her der kürzeste Weg zur Wunscherfüllung. Es hindert uns nichts, einen primitiven Zustand des psychischen Apparats anzunehmen, in dem dieser Weg wirklich so begangen wird, das Wünschen also in ein Halluzinieren ausläuft. Diese erste psychische Tätigkeit zielt also auf eine *Wahrnehmungsidentität,* nämlich auf die Wiederholung jener Wahrnehmung, welche mit der Befriedigung des Bedürfnisses verknüpft ist. (Freud 1900a, 571, Hervorh. i. Orig.)

Da nun aber, wenn das Objekt »nicht *real* sondern nur in *Phantasie*vorstellung vorhanden ist« (Freud 1950c, 420, Hervorh. i. Orig), die Befriedigung ausbleibt, mißlingt der Versuch, die Spannung auf dem nun zur Verfügung stehenden schnellsten Wege – per herbeihalluzinierter Wiederholung[5] – abzuführen. Um

---

5   Zu der Frage, warum dies strenggenommen weder eine Halluzination ist noch eine Wiederholung sein kann, sondern ein Jenseits jeglicher Zeit und Differenz, siehe Kirchhoff 2009.

nun Phantasie und Realität auseinanderhalten zu können, die Abfuhr nicht fälschlicherweise einzuleiten, bedürfe es, so Freud, »von anderswoher eines Kriteriums, um Wahrnehmung und Vorstellung zu unterscheiden«, nämlich eines *»Realitätszeichen[s]«* (ebd., 420, Hervorh. i. Orig.). Oder, wie Freud in der *Traumdeutung* schreibt: »Die Einsetzung einer Realitätsprüfung wird als notwendig erkannt« (Freud 1900a, 572 Fußnote).

Da die ausgiebige halluzinatorische Besetzung das gleiche Abfuhr- oder Realitätszeichen wie die äußere Wahrnehmung liefere, müsse die Wunschbesetzung gehemmt werden, damit sie eine quantitativ schwächere Erregung liefere und so von der Wahrnehmung zu unterscheiden sei (vgl. Freud 1950c, 421).

Es ist demnach die *Ichhemmung, welche ein Kriterium zur Unterscheidung zwischen Wahrnehmung und Erinnerung ermöglicht.* Biologische Erfahrung[6] wird dann lehren, die Abfuhr nicht eher einzuleiten, als bis das Realitätszeichen eingetroffen ist, und zu diesem Zwecke die Besetzung von den gewünschten Er[innerungsbildern] nicht über ein gewisses Maß zu treiben. (ebd., Hervorh. i. Orig.)

An anderer Stelle im *Entwurf* bezeichnet Freud das Ich als »Organisation«, welche »stört« (ebd., 416). Ich möchte an dieser Stelle nicht auf die Feinheiten der Freudschen Konzeption der Hemmung eingehen, sondern lediglich auf die Perspektive hinweisen, die Freud hier einnimmt, da diese später noch von Bedeutung sein wird: Das Ich stört, indem es psychische Primärvorgänge hemmt. Dies ist die Perspektive des Abfuhrapparates. »Wenn also ein Ich existiert, muß es psychische Primärvorgänge *hemmen*« (ebd., 417, Hervorh. i. Orig.).

Freud konzipiert das Denken, und damit das, was als Sekundärfunktion auftritt, als einen Umweg zur Wunscherfüllung:

---

6 Wenn Freud in diesem Kontext von ›biologischer Erfahrung‹ spricht, trifft diese Formulierung gerade in ihrer Widersprüchlichkeit die Problematik bestens: Die Störung der Halluzination durch das, was einmal als Hunger identifiziert werden wird, gibt der sich nachträglich konstituierenden Erfahrung, daß Phantasien nicht satt machen, einen unhintergehbaren biologischen Grund, hat aber erst als Erfahrung und somit dem Psychischen angehörend, als Erfahrung für den Säugling, die Konsequenz, zwischen Wahrnehmung und Erinnerung, Wahrnehmung und Halluzination unterscheiden zu müssen. Es ist somit eine Erfahrung der Bedürftigkeit des eigenen Körpers als von außen kommender, als »inneres Außen« (Wegener 2004, 114), die zum Vorläufer des Ichs wird.

All die komplizierte Denktätigkeit aber, welche sich vom Erinnerungsbild bis zur Herstellung der Wahrnehmungsidentität durch die Außenwelt fortspinnt, stellt doch nur einen durch die Erfahrung notwendig gewordenen *Umweg zur Wunscherfüllung* dar. Das Denken ist doch nichts anderes als der Ersatz des halluzinatorischen Wunsches, und wenn der Traum eine Wunscherfüllung ist, so wird das eben selbstverständlich, da nichts anderes als ein Wunsch unseren seelischen Apparat zur Arbeit anzutreiben vermag. Der Traum, der seine Wünsche auf kurzem regredienten Wege erfüllt, hat uns hiermit eine Probe der *primären,* als unzweckmäßig verlassenen Arbeitsweise des psychischen Apparats aufbewahrt. (ebd., 572, Hervorh. i. Orig.)

Der Wunsch ist der Wunsch nach Wahrnehmungsidentität, was logisch schon deswegen eine Schwierigkeit darstellt, weil das Subjekt dieses Wunsches schon jenseits der Möglichkeit der Erfüllung liegt, wird doch mit der Hemmung zwar die Möglichkeit eines Wiederholens im Sinne eines Wieder-Holens gesetzt, aber damit auch zugleich das notwendige Verfehlen der anfänglichen Ungeschiedenheit. Lilli Gast begründet den Umstand, daß sich der Wunsch nach Wahrnehmungsidentität nie erfüllt, mit dieser subjektkonstitutiven Entzweiung:

Wiederholung erzeugt Differenz und ist zugleich das Produkt von Entzweiung; die repetitive Bewegung verläuft an den Rändern jenes subjektkonstitutiven Risses, dem Wunsch folgend, die Wunde zu schließen, während dieselbe, zunächst restaurative Bewegung den Riß nur bestätigt, ihn offen hält und, indem sie die Nichtidentität zwischen Wunsch und Erfüllung vertieft, die Unmöglichkeit der wunscherfüllenden Wiederholung und die Unerreichbarkeit des Ursprungs wieder und wieder – auch dies eine Wiederholung – in Szene setzt. (Gast 2004, 10 f.)

Würde die sofortige Abfuhr nicht gehemmt werden, dann würde es überhaupt nicht zur Ausbildung des psychischen Apparates kommen. Hemmen heißt zugleich aber auch, daß das, was der Hemmung bedarf, nach wie vor aktiv ist. Es ist ja nicht ausgelöscht, sondern nur gehemmt. Wenn nichts nachdrängt, muß auch nicht gehemmt werden. Freud zufolge muß die Unterscheidung zwischen Phantasie und Realität der anfänglichen Funktionsweise des psychischen Apparats abgerungen werden. Sie bleibt ein Leben lang Aufgabe, da der psychische Apparat das Streben nach der schnellsten Abfuhrmöglichkeit beibehält.

Als Reflexapparat ist der psychische Apparat nicht überlebensfähig. Er könnte im übrigen auch nicht nur nicht denken, sondern auch niemals träumen, keine Symptome entwickeln, keine Fehlleistungen vollbringen und nicht über Witze lachen – all diese Äußerungsformen des Unbewußten setzen eine Hemmung der Abfuhr, einen Aufschub voraus. Ein Reflexapparat würde alle Erregungen sofort abführen. Die Pointe der Freudschen Konzeption ist, daß er die gerade erwähnten spezifisch menschlichen Leistungen, die so sublim und kultiviert daherkommen und schon komplexe Umarbeitungen des anfänglich vorausgesetzten Konfliktes von Wunsch und Realität sind, Kompromißbildungen wie Kulturleistungen, mit der Notwendigkeit der Selbsterhaltung beginnen läßt und somit im Körper verankert. Allerdings, und das unterscheidet seinen *Entwurf* grundsätzlich von allen positiven Entwicklungspsychologien, in negativer Form: Erst nachträglich läßt sich angeben, welche Verlaufsform der Konflikt aus Wunsch und Lebensnot genommen haben wird.

Die Anfänge des Psychischen sind so auf doppelte Weise nachträglich bestimmt: durch die notwendige Nachträglichkeit in der Rekonstruktion eines konstitutionslogischen Entwurfs und durch die Nachträglichkeit im Subjekt, dessen Leben aus dieser Perspektive einen um des Überlebens willen scheiternden Versuch darstellt, nachträglich das einzuholen und wiederzukommen, was als konstitutiv Verlorenes zum unmöglichen Objekt – es ist keines und wird doch in jedem späteren gesucht – des Wünschens wird.

Der subjektkonstitutive unbewußte Wunsch kann nur in seinen Repräsentanzen erscheinen und damit als das, was er nicht ist. Psychische Repräsentation ist in einem allgemeinen Sinne zugleich Hemmung, Übersetzung und Abwehr – oder gar Sublimierung? Nachträglich hat der Wunsch also immer schon ein Objekt gehabt, weil der objektlose Zustand jenseits aller Subjektivität, auf den der Wunsch zielt, sich nur als ›Objekt‹, als Abwehr eines ›ursprünglichen‹ Wunsches darstellen kann. Der *konstitutiv unbewußte Wunsch* erscheint in all den Umwegen zur Wunscherfüllung, sozusagen Wunschabkömmlingen.

Die aus dem immer regen und unzerstörbaren unbewußten Wunsch (vgl. Freud 1900a, 583) resultierende Mangelhaftigkeit im Subjekt, der Umstand, daß immer etwas zu wünschen übrig bleibt, ist für Freud in dieser Zeit allerdings weit davon entfernt, ein beklagenswertes Schicksal darzustellen. Vielmehr stellt sie die Bedingung der Möglichkeit psychischer Neubildungen dar, welche den potentiellen Reichtum menschlichen Lebens ausmachen: Mit der Hemmung setzt der Prozeß ein, in dem aus dem Reflexapparat ein differenzierter psychischer Apparat wird, dem Triebaufschub möglich ist. Gerade der Traum mag Freud auch deswegen so fasziniert haben, weil sich hier am deutlichsten zeigt, daß, auch wenn der Primärprozeß, wie Freud schreibt, als unzweckmäßig aufgegeben wurde, der Apparat mit der Tendenz ausgestattet bleibt, zum schnellsten Wege der Wunscherfüllung, unter Umgehung der Realitätsprüfung und aller folgenden Kompromisse und Vermittlungen zurückzukehren. Diese Annahme hat Freud nie aufgegeben. Dementsprechend bezeichnet er im *Entwurf* die Träume als »Wunscherfüllungen, also Primärvorgänge nach den Befriedigungserlebnissen« (Freud 1950c, 435).

2. Von der Wiederkehr des Wunsches als Todestrieb

Auch wenn in der Rezeption oft der Eindruck vermittelt wird, daß der Todestrieb, ähnlich wie ein spätes Trauma, wie ein Durchbrechen des Reizschutzes, von dem Freud in Bezug auf das Bläschen[7] in *Jenseits des Lustprinzips* schreibt (vgl. Freud 1920g, 25ff.), quasi von außen in die Freudsche Theorie einbricht, sie durcheinander bringt und beschädigt, kündigt der Todestrieb sich bereits in den Schriften an, in denen Freud sich unter dem Eindruck des Ersten Weltkrieges mit Krieg und Tod auseinandersetzt (vgl. Freud 1915b; 1916a). So heißt es in *Zeitgemäßes über Krieg und Tod:*

> Der frühere seelische Zustand mag sich jahrelang nicht geäußert haben, er bleibt doch soweit bestehen, daß er eines Tages wieder zur Äußerungsform der seelischen Kräfte werden kann, und zwar die einzige, als ob alle späteren Entwicklungen annulliert, rückgängig gemacht worden wären. [...] das primitive Seelische ist im vollsten Sinne unvergänglich. (Freud 1915b, 337)

Der Todestrieb, so meine These, bricht nicht von außen in die bisherige Triebtheorie ein, er ist in ihr längst in anderer Form enthalten, und zwar in Form des *subjektkonstitutiven unbewußten Wunsches,* wie ihn Freud in *Entwurf* und *Traumdeutung* konzipiert hat.

Wenn Freud 1919/20, das ist der Zeitraum, in dem er an *Jenseits des Lustprinzips* arbeitet (vgl. Grubrich-Simitis 1993), über den Todestrieb schreibt, scheint es, als habe er seine frühe Wunschkonzeption vergessen. Vom Wunsch ist nicht die Rede. Ich denke, es ist angemessen, hier gemäß der Nachträglichkeit[8]

---

7 Das Bläschen ähnelt übrigens in seiner Funktionsweise verblüffend dem psychischen Apparat aus dem *Entwurf.*

8 Zum Konzept der Nachträglichkeit ausführlich Kirchhoff 2009. An dieser Stelle mag die Kurzdefinition von Laplanche und Pontalis aus dem Vokabular der Psychoanalyse

eine Zweizeitigkeit in der Theoriebildung zu konstatieren. Mit der Erfahrung des Ersten Weltkrieges, des »schrecklichen, eben erst abgelaufenen Krieg[es]« (Freud 1920g, 9), erhält Freuds frühe Wunschkonzeption nachträglich eine andere Bedeutung, die sie nun schon immer gehabt zu haben scheint: Der Wunsch kehrt wieder als Todestrieb. Anders formuliert: Unter dem Eindruck des Ersten Weltkrieges sieht Freud das destruktive Potential, das das Fortbestehen eines auf schnellste Abfuhr dringenden Wunsches impliziert, während er zu Zeiten der Wunschtheorie die subjektkonstitutive Produktivität des Wünschens in das Zentrum seiner Überlegungen stellt.[9] So ließe sich erklären, daß die Lektüre von *Jenseits des Lustprinzips* den Eindruck erweckt, der Wunsch sei als Wunsch aus Freuds Denken verschwunden, er sei schon immer Todestrieb gewesen. In dem, was man Latenzphase der Theoriebildung nennen könnte, erscheint der Wunsch in all den diesseitigen psychischen Bildungen, in die schon Abwehr eingeschrieben ist und mit denen sich Freud in diesen Jahren beschäftigt.

In *Jenseits des Lustprinzips* nun aber nimmt Freud nicht etwa seine Wunschtheorie unter anderen Zeichen wieder auf, sondern behauptet einem »allgemeinen, bisher nicht klar erkannten – oder wenigstens nicht ausdrücklich betonten – Charakter der Triebe oder vielleicht alles organischen Lebens überhaupt« (Freud 1920g, 38) auf die Spur gekommen zu sein. Auf diese Passage folgt die erste Formulierung des Todestriebs, den er an dieser Stelle noch nicht so nennt, sondern zunächst allgemein als Trieb bezeichnet:

> Ein Trieb wäre also ein dem belebten Organischen innewohnender Drang[10] zur *Wiederherstellung eines früheren Zustandes*, welchen dies Belebte unter dem *Eindruck äußerer Störungskräfte* aufgeben mußte, [...], die *Äußerung der Trägheit* im organischen Leben. (ebd., Hervorh. Ch. K.)

genügen, nach der Erfahrungen und Erinnerungen aus der Kindheit später umgearbeitet würden und damit eine neue Bedeutung und auch eine neue Wirksamkeit erhielten (Laplanche/Pontalis 1972, 313).

9 Die hier vorgestellten Überlegungen befassen sich nicht mit dem Einfluß der klinischen Erfahrungen Freuds auf die Formulierung des Todestriebs. Es wäre ein zweiter Schritt, diese Überlegungen in ein Verhältnis zur klinischen Ebene zu setzen.
10 Hier läßt sich eine terminologische Kontinuität feststellen: Schon im *Entwurf* spricht Freud bezüglich des Abfuhrbestrebens im Apparat von Drang (Freud 1950c, 410) bzw. von einem »*Drang*- oder *Wunsch*zustand« (ebd., 412, Hervorh. i. Orig.). In *Triebe und Triebschicksale* ist der Drang als ökonomisches Moment in den vier Bestandteilen des Triebs enthalten (vgl. Freud 1915c, 214).

Vergleicht man diese Passage mit der Wunschtheorie, ist hier allein die Ausdehnung auf das gesamte Organische neu, ansonsten entspricht diese Formulierung des Triebs dem, was Freud über den Wunsch geschrieben hatte. Die folgenden Seiten von *Jenseits des Lustprinzips* lesen sich wie eine Wiederkehr des unbewußten Wunsches als Todestrieb in Gestalt von Metaphern des Organischen. So setzt Freud den »Erfolg der organischen Entwicklung auf die Rechnung äußerer, störender und ablenkbarer Einflüsse« (ebd., 39), eine Figur, die vom Apparat bekannt ist. In *Jenseits des Lustprinzips* folgt eine Schilderung analog zu der des Reflexapparates in Gestalt eines elementaren Lebewesens: »Das elementare Lebewesen würde sich von seinem Anfang an nicht haben ändern wollen, hätte unter sich gleich bleibenden Verhältnissen stets nur den nämlichen Lebenslauf wiederholt« (ebd.).

Schon in Freuds Entwurf des Apparates ist die Ebene des Zeitlichen problematisch, da der Reflexapparat eine unentbehrliche Denkvoraussetzung Freuds ist, aber angesichts der Verortung des Befriedigungserlebnisses kaum eine vergangene Phase des psychischen Apparates sein kann: Der Reflexapparat wandelt sich in statu nascendi zum psychischen Apparat, ist doch die Konfrontation mit der Not des Lebens mit der Durchtrennung der Nabelschnur gesetzt. Mit der Behauptung eines elementaren Lebewesens verschärft sich diese Problematik, weil dieses Lebewesen in seiner Funktionsweise ähnlich abstrakt wie der Apparat beschrieben wird, von Freud aber zugleich als konkretes Element in der Entwicklung des organischen Lebens dargestellt wird. Das ›Jenseits‹ gerät so in die Nähe eines in der Vergangenheit zu verortenden ›Früher‹. Freuds Verankerung des Todestriebs im Organischen gipfelt in der Formulierung: *»Das Ziel alles Lebens ist der Tod,* und zurückgreifend: *Das Leblose war früher da als das Lebende«* (ebd., Hervorh. i. Orig.).

Bemerkenswert ist, daß Freud hier sowohl die Unabgeschlossenheit seiner Theorie als auch die Negativität der psychischen Entwicklung, wie sie beide noch in der Wunschtheorie zu finden sind, zurücknimmt: Es ist, als würde der Todestrieb selbst sich hier im Freudschen Denken durchsetzen und einen Kurzschluß verursachen, der aus dem so schwer zu akzeptierenden wie unbestreitbaren *Ende* eines jeden menschlichen Lebens das *Ziel* des Lebens macht. Wie ein Anfang nicht notwendigerweise als Ursprung zu denken ist, ist auch das Ende nicht notwendigerweise das Ziel. Eine Passage nur wenige Seiten später, in der Freud am explizitesten eine Nähe zur Konzeption des Wunsches herstellt, bietet eine komplementäre Sichtweise der Bewegung, da hier beschrieben wird, was passiert, wenn aus dem Wunsch *nicht* der Todestrieb wird:

> Der verdrängte Trieb gibt es nie auf, nach seiner vollen Befriedigung zu streben, die in der *Wiederholung eines primären Befriedigungserlebnisses* bestünde; alle Ersatz-, Reaktionsbildungen und Sublimierungen sind ungenügend, um seine anhaltende Spannung aufzuheben und aus der *Differenz zwischen der gefundenen und der geforderten Befriedigungslust* ergibt sich das treibende Moment, welches bei keiner der hergestellten Situationen zu verharren gestattet [...]. Der *Weg nach rückwärts, zur vollen Befriedigung*, ist in der Regel durch die Widerstände, welche die Verdrängung aufrecht halten, verlegt, und somit bleibt nichts anderes übrig, als in der anderen, noch freien Entwicklungsrichtung fortzuschreiten, allerdings ohne Aussicht, den Prozeß abschließen und das Ziel erreichen zu können. (ebd., 43 f., Hervorh. Ch. K.)

Würde das Ziel erreicht, würde dies nicht überlebt. Es ist genau die Bewegung des Wunsches, die Freud hier darstellt, ohne jedoch auf seine eigene Wunschkonzeption zu verweisen. Als Todestrieb ist der Wunsch nach der Wiederholung eines primären Befriedigungserlebnisses dann aufgetreten, wenn der Weg nach rückwärts, zur vollen Befriedigung nicht zuverlässig verlegt war.[11]

Wenn Freud in *Jenseits des Lustprinzips* von Umwegen spricht, dann ist, anders als im *Entwurf einer Psychologie* von Befriedigung, gar von Lust, nicht mehr die Rede. Es sind nun die nicht weiter begründungsbedürftigen »Umwege zum Tode, von den konservativen Trieben beharrlich festgehalten«, welche »das Bild der Lebenserscheinungen« böten (ebd., 41). Entwicklung durch Störung von Außen, Beschreiten eines Umweges, Sog nach einem Jenseits: Alle Bestimmungen der Wunschkonzeption erscheinen nun als Momente des für das gesamte belebte Organische geltenden Todestriebs.

Will man nun den Todestrieb nicht mit Freuds buntem Biologismus loswerden, dann sollte man versuchen, gegen Freuds allumgreifende Emphase an zu lesen und den Todestrieb vor dem Hintergrund des bisher Entwickelten vom Organischen ins Psychische (zurück) zu übersetzen.

Auffällig ist hier, daß Freud die Perspektive gewechselt hat. In *Jenseits des Lustprinzips* schreibt er nicht aus der Perspektive des wünschenden Apparates,

---

11 Kann man vom Todestrieb in der Gegenwart sprechen: Hier ist er, der Todestrieb? Oder müßte es nicht immer heißen: Hier, das war er wohl?

den die Realität empfindlich in seine Schranken[12] weist, indem sie ihn zwingt, Umwege zu beschreiten, wie in den oben zitierten Passagen aus dem *Entwurf* und der *Traumdeutung*. Freud wechselt zwischen der Position eines allwissenden Erzählers, der über die gesamte lebendige Substanz spekuliert, und der Perspektive des Ichs, des Ichs innerhalb der Topik des ausgebildeten psychischen Apparates. Aus der Perspektive des Ichs erscheint die andauernde Tendenz zur Verwirklichung des Wunsches in Reinform, das Bestreben nach sofortiger Abfuhr unter Absehung von der äußeren Realität, als existentielle Bedrohung. Hier wird klar, wer eigentlich sterben soll, wenn Freud schreibt, daß das Ziel alles Lebens der Tod sei: Wenn es um die komplette Aufhebung der inneren Reizspannung geht, um totale Abfuhr, dann handelt es sich um den Tod des Ichs.

Laplanche spricht bezüglich des Todestriebs von einem »inneren Angriff des Triebes« oder vom »Haß des Es auf das Ich« (Laplanche 1988, 192). Eine glückliche Formulierung, die bei Freud nahe liegt, wenn dieser das Ich als »Grenzwesen« bezeichnet, welches »das Es der Welt gefügig machen und die Welt mittels seiner Muskelaktionen dem Es-Wunsch gerecht machen« wolle (Freud 1923 b, 286). Das Ich gerate, so Freud weiter, in Gefahr, wenn es »den Todestrieben im Es Beistand zur Bewältigung der Libido« leiste, »zum Objekt der Todestriebe zu werden und selbst umzukommen« (ebd., 287).

André Green vertritt die Auffassung, daß die Lebenstriebe vorrangig danach strebten, eine *»Objektalisierungsfunktion«* zu erfüllen (Green 2001, 873, Hervorh. i. Orig.), während der Todestrieb nach der »möglichst weitgehenden Erfüllung einer *Desobjektalisierungsfunktion* durch Entbindung« (ebd., 874, Hervorh. i. Orig.) strebe. Nicht nur die Objektbeziehung, sondern »sämtliche ihrer Substitute« würden angegriffen; die eigentliche Manifestation des Todestriebs sei der *»Abzug der Besetzung«* (ebd., Hervorh. i. Orig.). Auch dies bedeutet vor dem Hintergrund der Freudschen Bestimmung des Ich aus dem *Entwurf* in letzter Konsequenz einen Angriff auf das Ich, welches von Freud ja als konstant besetzte Neuronengruppe eingeführt wurde.

Das Ich muß also um seiner selbst willen die Erfüllung des unbewußten Wunsches fürchten bzw. als Aggression projektiv abwehren. Die Erfüllung des unbewußten Wunsches bedeutet psychisch das Erreichen eines Zustandes jen-

---

12 Das ist durchaus wörtlich zu nehmen, konstituiert sich doch die Unterscheidung von Innen und Außen in genau diesem Prozeß.

seits des Ichs. Jenseits des Ichs bedeutet jenseits des Lustprinzips, weil Lust immer nur vom Subjekt aus gedacht werden kann – auch wenn sie nicht als Lust erlebt wird, setzt sie doch ein Subjekt der Lust voraus – die absolute Erfüllung liegt jedoch deswegen jenseits des Lustprinzips, weil dieses in seiner Vollendung über sich hinaus treibt und die unendliche Lust, auf die es in letzter Konsequenz zielt, für das Subjekt keine mehr wäre, weil kein Subjekt mehr wäre. Daß das *Jenseits des Lustprinzips* dessen Vollendung und Ende bezeichnet, scheint Freud wiederum sehr genau gewußt zu haben:

> Daß wir als die herrschende Tendenz des Seelenlebens, vielleicht des Nervenlebens überhaupt, das Streben nach Herabsetzung, Konstanterhaltung, Aufhebung der inneren Reizspannung erkannten […], wie es im Lustprinzip zum Ausdruck kommt, das ist ja eines unserer stärksten Motive, an die Existenz von Todestrieben zu glauben. (Freud 1920 g, 60)

In den Worten von Udo Hock:

> Endlust radikal gedacht als ›endgültige Erledigung [von Erregung] in der Abfuhrlust‹ ist gleichbedeutend mit dem Ende der Lust. Die Fortdauer des Lustprinzips ist an seine eigene Selbstbeschränkung gebunden; zu viel Lust führt zu seiner Selbstaufhebung. (Hock 2000, 300)

> […] nur um den Preis der eigenen Selbstzerstörung erreicht die Abfuhrlust des Lustprinzips jenen Punkt, von dem aus der Trieb keine Möglichkeit mehr hat, sich neu zu formieren und den psychischen Apparat neu heimzusuchen; jenen Zustand der Selbstnegation des Triebes, den Freud Nirwana nennt. (ebd., 302)

Liest man die Wunschkonzeption aus dem *Entwurf* und der *Traumdeutung* gegen die Todestriebkonzeption aus *Jenseits des Lustprinzips*, fällt die entstellte Ähnlichkeit beider Konzepte auf. Der Wunsch überlebt als Todestrieb. Überlebt, also im Sinne eines Weiterlebens unter völlig anderen Vorzeichen, hat er deswegen, weil aus dem Wunsch, der den psychischen Apparat antreibt, der im Leben wirkt, der zwar immer etwas offen läßt, der dennoch Lust suchen und auch finden lassen kann, in Freuds Neuauflage eine destruktive Kraft wird, die jegliches Leben von Anbeginn an zum Überleben macht und die alle gefundenen Befriedigungen nur als Hindernisse auf dem angestrebten kürzesten Weg zum Tode gelten läßt.[13]

---

13 Freud bezeichnet den Todestrieb als stumm im Gegensatz zu dem vom Eros ausgehenden »Lärm des Lebens« (Freud 1923 g, 275). Dies ist konsequent, trifft aber auch

Der Wunsch kehrt als Todestrieb wieder – und nachträglich scheint es auf den ersten Blick, als hätte es ihn in Freuds Werk nie in anderer Form gegeben.

An dieser Stelle ist noch kurz auf die Libido, wie sie Freud in *Jenseits des Lustprinzips* konzipiert, einzugehen. Dabei stellt sich die Frage nach dem Verbleib der triebhaften, Lust suchenden, die Kohärenz des Ich in Frage stellenden polymorph-perversen Sexualität der *Drei Abhandlungen zur Sexualtheorie* (Freud 1905 d). Die Unzweckmäßigkeit der Sexualität wie Freud sie in den *Drei Abhandlungen* beschreibt, welche die Fortpflanzung zu einer komplizierten und störungsanfälligen Kulturleistung hat werden lassen, ist 1920 aus der Libido verschwunden.[14] Das »mit allen Mitteln angestrebte Ziel« der Sexualtriebe ist nun »die Verschmelzung zweier in bestimmter Weise differenzierter Keimzellen« (Freud 1920 g, 46). Die Sexualität tritt auf die Seite der bindenden Lebenstriebe, der Todestrieb wird zur primären, störenden Kraft, die sich um Art- und Selbsterhaltung nicht schert.

Mit Lacan läßt sich die Unterscheidung zwischen Lebens- und Todestrieb als eine »Wahrheit« begreifen, »weil sie zwei Aspekte des Triebs zum Ausdruck bringt« (Lacan 1978, 270). Mit dem Todestrieb kommt in der Freudschen Theorie ein Widerspruch, vormals als innerhalb der Sexualität liegend konzipiert, wieder zur Sprache. In neuer Form wird all das thematisiert, was sich nicht um Arterhaltung und Fortpflanzung schert. Mit dem Todestrieb wird etwas wieder aufgenommen, was der Sexualität nach Freud wesentlich angehört, nämlich ihr »dämonischer, dem Primärprozeß und dem Wiederholungszwang unterworfener Aspekt« (Laplanche 1988, 190).[15]

auf den Wunsch zu: Nur das Gebundene, das Gehemmte kann lärmen, nur das, was sich irgendwie auf irgendein Objekt richtet.

14   Die entwicklungspsychologischen Ergänzungen und evolutionsbiologischen Referenzen, die den *Drei Abhandlungen* den kritikablen normativen und teleologischen Zug geben, fügte Freud nachträglich hinzu, u. a. auch zu der Zeit, als er *Jenseits des Lustprinzips* verfaßte. Vgl. dazu den Reprint der Erstausgabe von 1905 (Freud 2005) sowie die Studienausgabe (Freud 1905 d).

15   An dieser Stelle ist es notwendig zu präzisieren. Laplanche geht es hier um die nichtgebundene Sexualität, »jene, die man im Sinne des Triebes ›entbunden‹ nennen kann, das heißt die Sexualität, die ihr Objekt wechselt, die Sexualität, die nur ein Ziel hat, nämlich so schnell wie möglich zu ihrer Befriedigung und zur vollständigen Senkung ihrer Lust, das heißt zur vollständigen Realisierung ihrer Lust auf dem kürzesten Wege zu eilen […]« (Laplanche 1988, 189 f.).

Nachträglich mag es so scheinen, als wäre der Wunsch schon immer Todestrieb gewesen, wenn Freud die Negativität seines frühen *Entwurfes* zurücknimm und den Wunsch zum Todestrieb positiviert. Freud nimmt damit auch die Offenheit der Entwicklung zurück, gibt er doch bezüglich des Wunsches kein Ziel an, welches anders zu bestimmen wäre denn als Abfuhr auf dem kürzesten Wege.

Der Todestrieb wirkt als Aggression gegen alles, was hemmt, nach innen und nach außen, alles, was der kompletten Abfuhr entgegensteht, was aufschiebt, was stört: Haß auf das Ich, wie Laplanche es faßt, und Haß auf die Realität, auf Sprache, Denken, Lernen – es lassen sich viele Beispiele finden. Aus der Perspektive des Todestriebs erscheinen jedes Einschreiten der Realität und jede Hemmung als Hindernisse, da sie die Erfüllung auf dem kürzesten Weg verstellen. Wenn also die Hemmung, der Aufschub der Abfuhr, aus dem Reflexapparat einen psychischen Apparat macht, dann nähert sich der Mensch, setzt sich die entbindende Gewalt des Todestriebs durch, wieder dem Reflexapparat. Das Todestriebkonzept zeigt auch, daß sich der unbewußte Wunsch nur um den Preis des Lebens erfüllen kann.

3. Triebaufschub und Kultur

Unbestreitbar haben die Schrecken des Krieges ihren Weg in Freuds Werk gefunden. Dies sollte aber nicht als Anlaß genommen werden, den Todestrieb durch Psychologisierung zu entschärfen. Ich denke, an Freuds Wunsch- und Todestriebkonzept läßt sich sehr gut sehen, wie Erfahrung von Gesellschaft im allgemeinen und von Katastrophen im Besonderen sich in theoretischen Konzeptionen niederschlagen. In Freuds Theorie von Wunsch und Todestrieb, so soll im folgenden gezeigt werden, ist Gesellschaftliches eingewoben: als Niederschlag der Erfahrung im Denken Freuds und – das macht die Psychoanalyse zu einer potentiell kritischen Theorie – in den Begriffen selbst, jedoch als Negatives, nur konkret zu Entwickelndes. Da dies hier in der gebotenen Kürze nicht zu leisten ist, sind die folgenden Ausführen als Skizzen eines auszuarbeitenden Entwurfs zu verstehen.

Der Einbruch des Ersten Weltkrieges in Freuds Denken und Leben scheint traumatisch gewirkt zu haben. Es scheint, als wäre der Wunschtheorie das widerfahren, was Freud bezüglich des nachträglich wirksam werdenden sexuellen Traumas selbst beschrieben hat. Angesichts der in diesem Ausmaße bis dahin unbekannten Destruktion des Ersten Weltkrieges imponiert die Unabschließbarkeit der menschlichen Suche nach Lust, die man, so man denn will, auch als Utopie der Psychoanalyse lesen könnte, nur noch durch ihr destruktives Potential.

Verortet man die Todestriebkonzeption im Psychischen und nicht im Organischen, dann konzipiert Freud, was mit der von ihm angenommenen Triebenergetik menschenmöglich ist – an Gutem und an Bösem, wie Freud es selbst diskutiert (s. u.), aber nicht, ob und was sich davon gesellschaftlich wie individuell realisieren muß. Nachträglich entscheidet sich, ob die subjektkonstitutive Bewegung des Wünschens, wie Freud sie an den Anfang des Psychischen setzt, Träumen macht oder zum Alptraum wird. Es sind auch die historischen, also gesellschaftlich und kulturell bestimmten Lebensbedingungen der Einzelnen, die darüber entscheiden, ob die Notwendigkeit der Hemmung, der Triebaufschub, eine Möglichkeit oder eine Überforderung darstellt.

»Das Lustprinzip scheint geradezu im Dienste der Todestriebe zu stehen […]« (Freud 1920g, 69), sinniert Freud am Ende von *Jenseits des Lustprinzips*. Wie es dazu kommen kann, kann man mit Freud an *Zeitgemäßes über Krieg und Tod* (Freud 1915b) erörtern, von Freud noch während des Ersten Weltkrieges verfaßt, als seine eigene Kriegsbegeisterung wieder abgeklungen war.[16] Im ersten Teil der Abhandlung – *Die Enttäuschung des Krieges* – bezieht sich Freud, »ratlos dastehend in der ihm fremd gewordenen Welt«[17] (ebd., 330), auf seine beiden Konzepte, allerdings ohne sie zu erwähnen.

Als Grund für die Enttäuschung, die er im übrigen nicht berechtigt findet, da es sich um die Zerstörung einer unlustvermeidenden Illusion handle, führt Freud die »geringe Sittlichkeit der Staaten nach außen« und »die Brutalität im Benehmen der Einzelnen« an, denen man so etwas »als Teilnehmer an der höchsten menschlichen Kultur« nicht zugetraut habe (ebd., 331). Freud macht sich nun daran, den zweiten Punkt aufzuklären. Er wendet sich dabei sowohl dagegen, davon auszugehen, daß der Mensch von Geburt an »gut und edel« sei, als auch

16 Siehe dazu Haubl (2008), der anhand des Briefwechsels von Freud und Abraham nachvollzieht, wie Freuds nationale Begeisterung der Einsicht weicht, daß Kriegszeiten »Zeiten der entfesselten Bestialität« (Freud und Abraham 1980, 190, zitiert nach Haubl 2008, 15) sind.

17 Freud bezieht dies auf den enttäuschten Kulturbürger, der sich über die Grausamkeit im Krieg verwundert. Ich denke, man kann ihn dazu zählen, auch wenn er bei der Ratlosigkeit nicht stehen bleibt, sondern sich an die Erklärung macht.

dagegen, daß die anfänglich »bösen Neigungen des Menschen« ausgerottet und durch Erziehung und Kultur durch »Neigungen zum Guten« ersetzt würden (ebd.). Der Idee von der »Ausrottung des Bösen« erteilt er eine klare Absage und schlägt mit seiner Erklärung einen anderen Weg ein:

> Die psychologische – im strengeren Sinne die psychoanalytische – Untersuchung zeigt vielmehr, daß das tiefste Wesen des Menschen *in Triebregungen besteht, die elementarer Natur, bei allen Menschen gleichartig sind und auf die Befriedigung gewisser ursprünglicher Bedürfnisse zielen. Diese Triebregungen sind an sich weder gut noch böse.* Wir klassifizieren sie und ihre Äußerungen in solcher Weise, je nach ihrer Beziehung zu den Bedürfnissen und Anforderungen der menschlichen Gemeinschaft. (ebd., 331 f., Hervorh. Ch. K.)

Am Anfang stehen also Triebregungen, die an sich gar nicht klassifizierbar sind, sie sind einfach da – erinnern wir uns an die Wunschkonzeption, die die hier angeführte recht schwammige Formulierung »Befriedigung ursprünglicher Bedürfnisse« präzise faßt. An sich läßt sich über diese Triebregungen nichts sagen, erst in ihrer Beziehung zu den Bedürfnissen und zur menschlichen Gemeinschaft lassen sie sich bewerten. Im folgenden geht Freud aber noch darüber hinaus, da er sich weniger damit beschäftigt, wie die Triebregungen gesehen werden, sondern wie ihre Äußerungsformen entstehen.

Freud räumt ein, daß die als »böse« klassifizierten Triebregungen sich unter den »primitiven« befinden, als Beispiel nennt er die »eigensüchtigen und die grausamen« (ebd., 332). Die Umbildung der bösen Triebe ist laut Freud durch einen inneren und äußeren Faktor bedingt: durch das »Liebesbedürfnis«, man lerne das »Geliebtwerden« zu schätzen, und durch den »Zwang der Erziehung« (ebd. 333). Es lohnt sich, die folgende Passage sehr sorgfältig zu lesen:

> Kultur ist durch Verzicht auf Triebbefriedigung gewonnen worden und fordert von jedem neu Ankommenden, daß er denselben Triebverzicht leiste. Während des individuellen Lebens findet eine beständige Umsetzung von äußerem Zwange in inneren Zwang statt. Die Kultureinflüsse leiten dazu an, daß immer mehr von den eigensüchtigen Strebungen durch erotische Zusätze in altruistische, soziale verwandelt werden. Man darf endlich annehmen, daß aller innere Zwang, der sich in der Entwicklung des Menschen geltend macht, ursprünglich, d. h. in der *Menschheitsgeschichte* nur äußerer Zwang war. (ebd., Hervorh. i. Orig.)

Was genau heißt hier Verzicht auf Triebbefriedigung bzw. Triebverzicht? So wie Freud es hier formuliert, scheint es, als solle auf die Befriedigung überhaupt verzichtet werden. Eingedenk der oben beschriebenen Wunschkonzeption müßte hier die Ebene der Zeit eingeführt werden, um die Art des Verzichts präziser zu fassen: Es ist der Verzicht auf Befriedigung auf dem schnellsten Wege, auf unmittelbare Abfuhr, nicht der Verzicht auf Befriedigung überhaupt. Es ist die Nötigung zum Triebaufschub, die Kultur und Mitmenschen fordern.

Adorno, der *Zeitgemäßes über Krieg und Tod* genau gelesen haben muß,[18] hat den Aufschub, bei Freud die Bedingung der Möglichkeit des psychischen Lebens, als das »Urphänomen« der gesellschaftlichen Versagung aufgefaßt (Adorno 2001, 111). Im »Nicht heute sondern Morgen« setze sich »gesellschaftliche und geschichtliche Versagung« durch; die Hoffnung auf eine Entschädigung für den momentanen Verzicht werde meist enttäuscht (ebd.). Neben dem anderen, dem ökonomischen Mehrwert, so Adorno weiter, werde aus den Menschen in der gegenwärtigen Gesellschaft auch noch ein »psychologischer Mehrwert« herausgepreßt: »nämlich die Differenz zwischen der Glückserwartung auf die Dauer [...] und der tatsächlichen Befriedigung, die wir im allgemeinen bekommen« (ebd., 112). Mit anderen Worten: der Aufschub lohnt sich nicht. Was Adorno hier beschreibt, ist die Erfahrung, daß es nicht vernünftig ist, im Sinne der aufgeschobenen, aber nicht aufgehobenen Suche nach Lust, differenzierte Wege der Befriedigung zu beschreiten.

Adorno zufolge reagieren die Menschen darauf, daß ihre eigene Rationalität irrational ist, darauf, »daß sie also nicht das bekommen, was ihr vernünftiges Verhalten ihnen verspricht«, mit einer Art Identifikation mit dem Angreifer (ebd.). Die »Identifikation mit dem geschichtlichen Weltlauf« äußere sich in Beteuerungen, daß es ja genau so sein müsse und gar nicht anders gehe (ebd.). Verzicht, uneinsehbarer Aufschub, Wünsche, die sich nicht erfüllen, werden nicht betrauert, noch werden die Gründe dafür gesucht und angegangen, statt dessen wird das eigene Verzichten lustvoll besetzt.[19] Freud wiederum, der einen

18 So erinnert die oben zitierte Passage frappierend an die bekannte Passage aus der *Dialektik der Aufklärung,* in der es heißt:»Furchtbares hat die Menschheit sich antun müssen, bis das Selbst, der identische, zweckgerichte, männliche Charakter des Menschen geschaffen war, und etwas davon wird in jeder Kindheit wiederholt« (Horkheimer/Adorno 1947, 50).

19 In jüngster Zeit hat sich Robert Pfaller mit diesen Phänomenen beschäftigt, die er »Beuteverzicht« nennt (Pfaller 2008, 115 ff.). Er stellt in diesem Zusammenhang auch die These auf, daß das Subjekt der Sublimierung nicht der Trieb, sondern die

»allgemeinen Trieb zur Höherentwicklung« ablehnte, den Modus des Lebens in *Jenseits des Lustprinzips* als »Zauderrhythmus« beschreibt (Freud 1920 g, 43), schrieb dazu folgendes:

> Höherentwicklung wie Rückbildung könnten beide Folgen der zur Anpassung drängenden äußeren Kräfte sein und die Rolle der Triebe könnte sich für beide Fälle darauf beschränken, die aufgezwungene Veränderung als innere Lustquelle festzuhalten. (ebd., 44)

Wenn die aufgezwungene Veränderung als innere Lustquelle festgehalten wird, ist auch hier nicht klar – und das ist eine Stärke Freuds –, ob das »gut« ist oder »böse«. Es kann sich sowohl um die von Adorno beschriebene Identifikation mit dem geschichtlichen Weltlauf handeln, der als gegeben und unveränderlich gesetzt wird, als auch um eine Kulturleistung.

Freud sieht die meisten Menschen nicht als »wirklich kulturelle Menschen«, sondern als »Kulturheuchler« (ebd., 336).[20] Die Zahl der »kulturell veränderten Menschen« werde stark überschätzt:

> Die Kulturgesellschaft, die die gute Handlung fordert und sich um die Triebbegründung derselben nicht kümmert, hat also eine große Zahl von Menschen zum Kulturgehorsam gewonnen, die dabei nicht ihrer Natur folgen. (ebd., 335)

Auf dem Gebiet der Sexualität komme es folglich zu neurotischen Erkrankungen, der sonstige Druck der Kultur, so fährt Freud fort, äußere sich aber »in Charakterverbildungen und in der steten Bereitschaft der gehemmten Triebe, bei passender Gelegenheit zur Befriedigung durchzubrechen« (ebd., 336).

Und hier wären dann die Bedingungen gegeben, unter denen der Wunsch dazu tendiert, als Todestrieb in Erscheinung zu treten. In seiner diesbezüglich

---

Kultur sei, da das Sublimierungsvermögen nicht der menschlichen Sexualorganisation sondern der Kultur angehöre (Pfaller 2008, 131 ff.). So gesehen wäre es konsequent, daß bei Freud der Begriff der Sublimierung merkwürdig unterbestimmt bleibt.

20 Ausführlich heißt es: »Wer so genötigt wird, dauernd im Sinne von Vorschriften zu reagieren, die nicht der Ausdruck seiner Triebneigungen sind, der lebt, psychologisch verstanden, über seine Mittel *und darf objektiv als Heuchler bezeichnet werden, gleichgültig ob ihm diese Differenz klar bewußt worden ist oder nicht*« (Freud 1915 b, 336, Hervorh. Ch. K.). Wenn Freud also hier von Heuchelei spricht, dann im Sinne eines auf Objektivität zielenden Reflexionsbegriffes, nicht im Sinne des Alltagsverständnisses, dem zufolge man mitbekommt, wenn man heuchelt.

meist recht vorsichtigen Art hat auch Freud thematisiert, daß es die gegenwärtige Kultur sein könnte, die zur Heuchelei führt, nimmt dies aber gleich wieder zurück:

> Es ist unleugbar, daß unsere gegenwärtige Kultur die Ausbildung dieser Art von Heuchelei in außerordentlichem Umfange begünstigt. Man könnte die Behauptung wagen, sie sei auf solcher Heuchelei aufgebaut und müßte sich tiefgreifende Abänderungen gefallen lassen, wenn es die Menschen unternehmen würden, der psychologischen Wahrheit nachzuleben. (ebd.)

Was aber ist eine »psychologische Wahrheit«? Und wie sähe es aus, wenn die Menschen dieser nachleben würden? Mit Freud allein läßt sich diese Frage kaum beantworten, zeigt er doch selber, daß eine psychologische Wahrheit immer eine gesellschaftliche Seite hat.

Vorerst steht das Todestriebkonzept dafür ein, was aus den an sich weder guten noch bösen Triebregungen werden kann, wenn der Aufschub irrational bleibt.[21] Es repräsentiert die dunkle Seite der Freudschen Zivilisationstheorie, deren Schöpfer dennoch die Hoffnung nicht aufgab, daß die leise Stimme des Intellekts sich einmal Gehör verschaffen werde (vgl. Freud 1927c, 377).

Zusammenfassung

Freuds Konzept des unbewußten Wunsches und das des Todestriebs werden aufeinander bezogen. Anhand einer textnahen Lektüre der entsprechenden Passagen wird die Einführung des Todestriebs in Freuds spätem Werk als Wiederkehr des frühen Konzeptes des unbewußten Wunsches unter anderen Vorzeichen gelesen: Steht an den Anfängen des Psychischen, wie Freud sie im *Entwurf einer Psychologie* und in der *Traumdeutung* konzipiert, die subjektkonstitutive Produktivität des Zusammenspiels aus Wunsch und Hemmung im Zentrum seiner Überlegungen, erscheint der Todestrieb als destruktive Kraft. Diese Wiederkehr des Wunsches als Todestrieb wird gemäß der Nachträglichkeit als Zweizeitigkeit in der

---

21 Eine weitausgreifende Interpretation der Einführung des Todestriebkonzeptes hat Gerhard Scheit (Scheit 2006; 2007) vorgelegt. Der Todestrieb sei das, »was der Gesellschaft blüht, wenn die Triebe unbefriedigt bleiben, das Leid maßlos wird« (Scheit 2006, 159).

Theoriebildung begriffen. Unter Bezug auf Freuds kulturtheoretische Überlegungen zum Ersten Weltkrieg wird, einem Hinweis Adornos folgend, gezeigt, daß es die kulturellen wie gesellschaftlichen Bedingungen sind, welche entscheidend dazu beitragen, ob Aufschub möglich ist oder ob auf der Ebene der Theorie wie der des Subjekts der unbewußte Wunsch als Todestrieb imponiert.

Summary

The Return of the Unconscious Wish as Death Drive: On Afterwardsness in Theory

The Freudian concepts of the unconscious wish and death drive are interpreted as corresponding concepts. Based on close reading this article argues, that the invention of death drive in Freud's late writings should be seen as the return of the unconscious wish that can be found in his early writings like the *Project for a Scientific Psychology* and the *Interpretation of Dreams*. While the concept of unconscious wish focuses on the productive power of the interaction of wish and inhibition as Freud puts it in his construction of constitution of subjectivity, death drive seems to be a purely destructive power. The return of unconscious wish as death drive is seen as an example of afterwardsness in theory building. When it comes to the question of whether unconscious wish returns as death drive, Freud's writings related to World War One show that the cultural and social conditions have to be taken into consideration. Both levels are affected: theory building and constitution of subjectivity.

Literatur

Adorno, Th. W. (2001): *Zur Lehre von der Geschichte und der Freiheit*. Frankfurt am Main: Suhrkamp.

Boothe, B. (1998): Einige Bemerkungen zum Konzept des Wünschens in der Psychoanalyse. In: B. Boothe/A. von Wyl/R. Wepfer (Hg.): *Über das Wünschen. Ein seelisches und poetisches Phänomen wird erkundet*. Göttingen: Vandenhoeck & Ruprecht, 203–249.

Freud, S. (1900a): Die Traumdeutung. In: *GW II*, 1–642.

— (1905d): Drei Abhandlungen zur Sexualtheorie. In: *Studienausgabe, Band 5*. Frankfurt am Main: Fischer, 47–145.

— (1915b): Zeitgemäßes über Krieg und Tod. In: *GW X*, 324–355.

— (1915c): Triebe und Triebschicksale. In: *GW X*, 210–232.

— (1916a): Vergänglichkeit. In: *GW X*, 358–361.

— (1920g): Jenseits des Lustprinzips. In: *GW XIII*, 1–69.

— (1923b): Das Ich und das Es. In: *GW XIII*, 237–289.

— (1923g): Vorwort zu: Eitingon, Max, Bericht über die Berliner psychoanalytische Poliklinik (März 1920 bis Juni 1922). In: *GW XIII*, 441.

— (1950c): Entwurf einer Psychologie. In: *GW Nachtragsband*, 387–477.

— (1985c): *Briefe an Wilhelm Fließ. 1887–1904.* Ungekürzte Ausgabe, hg. von J. M. Masson. Dt. Fassung von M. Schröder. Frankfurt am Main: Fischer.

— (2005): *Drei Abhandlungen zur Sexualtheorie. Reprint der Erstausgabe nach 100 Jahren.* Frankfurt am Main: Fischer.

Gast, L. (2004): Freuds Flaschenpost. In: *Tel Aviver Jahrbuch für deutsche Geschichte.* Göttingen: Wallstein Verlag, 15–28.

Green, A. (2001): Todestrieb, negativer Narzißmus, Desobjektalisierungsfunktion. In: *Psyche-Z Psychonal 55*, 869–877.

Grubrich-Simitis, I. (1993): *Zurück zu Freuds Texten.* Frankfurt am Main: Fischer.

Haubl, R. (2008): Die Macht von Illusionen. In: R. Haubl/T. Habermas: *Freud neu entdecken. Schriften des Sigmund-Freud-Institutes, Reihe 2, Bd. 7.* Göttingen: Vandenhoeck & Ruprecht, 13–42.

Heim, R. (1986): Archäologie und Teleologie des unbewußten Wunsches. In: *Psyche-Z Psychoanal 40*, 819–851.

Hock, U. (2000): *Das unbewußte Denken, Wiederholung und Todestrieb.* Frankfurt am Main: Fischer. 13–42.

Holzhey-Kunz, A. (1986): Todestrieb und Sein zum Tode. In: *Daseinsanalyse 3*, 98–109.

Horkheimer, M./Adorno Th. W. (1947): Dialektik der Aufklärung. In: Tiedemann, R. (Hg.) (1997): *Th.W. Adorno. Gesammelte Schriften Bd. 3.* Frankfurt am Main: Suhrkamp, 7–296.

Kirchhoff, Ch. (2009): *Das psychoanalytische Konzept der »Nachträglichkeit«. Zeit, Bedeutung und die Anfänge des Psychischen.* Gießen: Psychosozial-Verlag.

Küchenhoff, J. (2008): Tertium datur: Zur dialektischen Vermittlung von Eros und Thanatos in der Anerkennung von Differenz. In: *Psyche-Z Psychoanal 62*, 476–497.

Lacan, J. (1978): Die vier Grundbegriffe der Psychoanalyse. In: *Das Seminar von Jacques Lacan XI.* Olten: Walter Verlag, 7–305.

Laplanche, J. (1988): *Die allgemeine Verführungstheorie.* Tübingen: edition diskord.

— (2006): *Problématiques IV. L'après-coup.* Paris: PUF.

— /Pontalis J.-B. (1972 [1967]): *Das Vokabular der Psychoanalyse.* Frankfurt am Main: Suhrkamp.

Löchel, E. (1996): Jenseits des Lustprinzips. Lesen und Wiederlesen. In: *Psyche-Z Psychoanal 50,* 681–714.

Pfaller, R. (2008): *Das schmutzige Heilige und die reine Vernunft. Symptome der Gegenwartskultur.* Frankfurt am Main: Fischer.

Scheit, G. (2006): *Jargon der Demokratie. Über den neuen Behemoth.* Freiburg: ça ira.

— (2007): Podiumsdiskussion: Todestrieb und Politik. Politische Gewalt und islamisches Kollektiv. In: R. Göllner/L. Radonic (Hg.): *Mit Freud. Gesellschaftskritik und Psychoanalyse.* Freiburg: ça ira, 169–190.

Schöpf, A. (Hg.) (1987): *Bedürfnis, Wunsch, Begehren.* Würzburg: Königshausen & Neumann.

Turnheim, M. (1993): *Freud und der Rest.* Wien: Turia & Kant.

Vogt, R. (2001): Der »Todestrieb«, ein notwendiger, möglicher oder unmöglicher Begriff? In: *Psyche-Z Psychoanal 55,* 878–905.

Wegener, M. (2004): *Neuronen und Neurosen.* München: Fink.

Weiß, H. (1996): Wunsch und Intersubjektivität in der Psychoanalyse. In: R. Marx/ G. Stebner (Hg.): *Ich und der Andere. Aspekte menschlicher Beziehungen.* St. Ingbert: Röhrig Universitätsverlag, 311–333.

— (2004), Stichwort: Wunsch. In: J. Ritter/K. Gründer/G. Gabriel (Hg.): *Historisches Wörterbuch der Philosophie, Bd. 12,* 1086–1088.

Christine Kirchhoff, Dr. phil., Dipl.-Psych., Admiralstr. 18, 10999 Berlin, ckirchhoff@gmx.net

MELANIE KLEIN
Gesammelte Schriften

Herausgegeben von Ruth Cycon unter Mitarbeit von Hermann Erb. *1995–2002. Leinen. 4 in 6 Bänden.* Die Bände I und III der Ausgabe können aus rechtlichen Gründen nicht einzeln abgegeben werden. *Je Band € 75,-. Gesamtabnahmepreis € 420,-. ISBN 978 3 7728 1673 4.* Lieferbar

»Kompakte und kompetente Erläuterungen zu den einzelnen Texten erleichtern dem Leser den Zugang; mit einem detaillierten Register sowie einem vollständigen Werkverzeichnis wurde auch editorisch hervorragende Arbeit geleistet.«
Sabine Richebächer, Neue Zürcher Zeitung

»... diese Schriften sind ein absolutes Muß für jeden an der Psychoanalyse Interessierten. [...] Dank und Kompliment an die Herausgeber für die schöne, sorgfältige Edition!« *Helmut Reiff, Jahrbuch für Literatur und Psychoanalyse*

BAND I,1: Schriften 1920–1945, Teil 1. Mit einem Vorwort von Betty Joseph und einer Einleitung von R. E.Money-Kyrle. Mit Übersetzungen aus dem Englischen von Elisabeth Vorspohl. *1995. XXIII, 422 S. ISBN 978 3 7728 1674 1.*

BAND I,2: Schriften 1920–1945, Teil 2. Mit Übersetzungen aus dem Englischen von Elisabeth Vorspohl, Horst Brühmann und Gerhard Vorkamp. *1996. IV, 512 S. ISBN 978 3 7728 1675 8.*

BAND II: Die Psychoanalyse des Kindes. Mit Übersetzungen aus dem Englischen von Elisabeth Vorspohl. *1997. XII, 429 S. ISBN 978 3 7728 1676 5.*

BAND III: Schriften 1946–1963. Übersetzt aus dem Englischen von Elisabeth Vorspohl. *2000. IV, 542 S. ISBN 978 3 7728 1677 2.*

BAND IV,1-2: Darstellung einer Kinderanalyse. Übersetzt aus dem Englischen von Wolfram Wagmuth †. Revidiert von Ruth Cycon und Hermann Erb. *2002. 2 Bände. Zus. XXII, 686 S. mit 74 z.T. farb. Abb. ISBN -1678 9 und -1691 8.*

frommann-holzboog

Die Angst in der negativ therapeutischen Reaktion*

*Cordelia Schmidt-Hellerau***

Freuds Revision seiner Triebtheorie von 1920, in der er seinen ursprünglichen Antagonismus von Sexual- und Selbsterhaltungstrieben durch den von Lebenstrieb (Eros) und Todestrieb (auch Aggressions- oder Destruktionstrieb genannt) ersetzte, zog Änderungen bezüglich seiner generellen Definition der Triebe und seines Verständnisses der Aggression, des Masochismus, des Wiederholungszwangs und der negativ therapeutischen Reaktion nach sich, deren Integration in sein Gesamtkonzept des psychischen Funktionierens viele Fragen aufwarf. Über Jahre beschäftigten mich verschiedene Aspekte der Freudschen Theorie, die ich in ihrer Entwicklung, ihren Widersprüchen und Bruchstellen zu klären und zu verstehen versuchte, wobei ich zu einer anderen Lösung seines Dilemmas von 1920 kam (Schmidt-Hellerau 1995; 1997; 2003; 2005; 2006).

Bei der Einführung seines neuen Triebdualismus von Lebens- und Todestrieben hatte Freud ohne Umschweife seinen früheren Sexualtrieb zum Repräsen-

*   Dieser Aufsatz wurde zuerst 2010 auf Spanisch publiziert: La angustia de la reacción terapéutica negativa. In: *Revista de psicoanálisis* 67 (4).
**   Cordelia Schmidt-Hellerau, Prof. Dr. phil., Ausbildungsanalytikerin der Schweizerischen Gesellschaft für Psychoanalyse, Mitglied der Amerikanischen Psychoanalytischen Vereinigung und Lehranalytikerin und Supervisorin der Boston Psychoanalytic Society and Institute, arbeitet in privater Praxis in Chestnut Hill bei Boston. Sie ist Titular-Professorin für Klinische Psychologie an der Universität Zürich. Zahlreiche Veröffentlichungen im Bereich der Metapsychologie, der Triebtheorie sowie deren klinischer Anwendungen, u. a. *Lebenstrieb & Todestrieb, Libido & Lethe* (1995 [2003]), *Der Grenzgänger. Zur Psycho-Logik im Werk Robert Walsers* (1986 [2005]) sowie Herausgeberin von *Sigmund Freud. Das Lesebuch* (2006).

tanten des Lebenstriebs (Eros) erklärt. Hingegen schien der Selbsterhaltungstrieb – den Freud zwar vernachlässigt, aber niemals aufgegeben hatte – einer
Eingliederung in das Konzept vom Todestrieb direkt zu widersprechen. Nach
einigem Hin und Her löste er deshalb seinen ursprünglichen Triebantagonismus
zwischen Sexual- und Selbsterhaltungstrieben auf, ordnete beide, jetzt als libidinös bestimmt, dem Lebenstrieb unter und setzte »irgend einen Einfall« (1920 g,
57), nämlich die Aggression als Repräsentanten des Todestriebs in die Position
eines Primärtriebs ein. Seither gelten *Sexualität* und *Aggression* als die beiden
Primärtriebe innerhalb der psychoanalytischen Theorie. Sollen wir diese fol-
genreiche (Verlegenheits-)Lösung als unabänderlich betrachten? Freud selber
zweifelte offenbar daran. Im Jahr 1924 (!) gab er in einer nachträglichen Fußnote
zu den *Drei Abhandlungen zur Sexualtheorie* zu: »Die Trieblehre ist das bedeut-
samste, aber auch das unfertigste Stück der psychoanalytischen Theorie« (1905
d, 67). Wir können dieses Bekenntnis als eine Aufforderung an seine Nachfolger
betrachten, insbesondere an diesem Teil seiner Theorie weiterzuarbeiten. Gewiß,
es ist schwierig, einen so zentralen Bestandteil unseres theoretischen Denkens,
der uns immer sinnvoll und nützlich erschien, neu- oder umzudenken. Aber
wenn wir dennoch versuchen, uns vom Vertrauten ein stückweit zu lösen – und
sei es nur während der Lektüre dieses Aufsatzes –, könnten sich uns neue Einsichten in ein zum Teil noch unbekanntes psychisches Territorium auftun, dessen
Erforschung uns weiterbringen wird.

I

Wie ich andernorts (2006) ausführlicher dargestellt habe, fußt meine Revision
der zweiten Triebtheorie, kurz zusammengefaßt, auf folgenden Überlegungen:
Gehen wir vom Antagonismus der Lebens- und Todestriebe aus, und lassen
wir uns dabei nicht von der Bedeutung der Begriffe *Leben* und *Tod* bestimmen,
sondern orientieren wir uns an ihrem Antagonismus – symbolisiert in der Abbildung 1 durch ein (+) und ein (–) Zeichen – dann können wir den Trieb als eine gerichtete Größe oder Kraft verstehen, die virtuell unbegrenzt in ihre jeweilige
Richtung drängt, so lange jedenfalls, bis das Objekt der Triebbefriedigung erreicht ist. Für das Neugeborene ist damit alles eine Frage von Leben oder Tod.
Hunger signalisiert eine gefährliche Bewegung in Richtung Tod, die nur durch
die Intervention des nährenden, erhaltenden Objekts gestoppt werden kann. Die

wiederholten Interaktionen mit dem erhaltenden Objekt werden in Erinnerungsspuren (Repräsentanzen) gespeichert, die zunehmend die Trieberregungen aus
gleicher Quelle aufhalten (containen) und damit definieren (repräsentieren), was
Selbsterhaltung zu diesem Zeitpunkt ist *(Hunger* im gewählten Beispiel). Das
heißt, das Objekt (bzw. seine Repräsentanzen) hält den Todestrieb gleichsam auf
halber Strecke auf (Abb. 1) und läßt erst damit den Selbsterhaltungstrieb als eine
spezifische Strebung (von der Quelle zum Objekt) entstehen. *Der Selbsterhaltungstrieb ist eine Triebstrebung, die dem Todestrieb sozusagen abgerungen
wird.* Allgemein gilt dann: *Selbsterhaltung und Sexualität werden erst durch die
nährende und erotisierende Intervention des Objekts als distinkte Triebe innerhalb der Primärtriebe gebildet* (siehe dazu auch Green 1993, 117). Das macht
zugleich deutlich, daß Triebstrebungen, die über die Strukturen gesunder Selbsterhaltung hinausgehen, letztlich in das Gebiet des Todestriebes hineinreichen.

In dieser Darstellung sind folgende Änderungen enthalten:

1. Selbsterhaltung ist jetzt nicht mehr als Teil des Lebenstriebs konzipiert,
sondern als ein (wichtiger) Partialtrieb innerhalb des Todestriebs. Damit wird der
ursprüngliche Antagonismus von Sexual- und Selbsterhaltungstrieben beibehal-
ten und in den neuen Antagonismus von Lebens- und Todestrieb integriert.

2. Freud hat sich nicht ausführlich mit dem Selbsterhaltungstrieb befaßt. Laplanche (1997, 153) hat die Selbsterhaltung als einen *nur* biologischen Instinkt
und *nicht* als einen psychologischen Trieb gesehen und ihn somit explizit aus un-

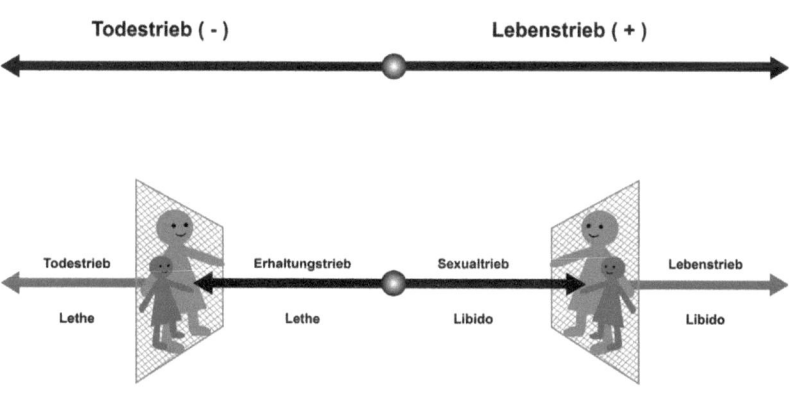

Abb. 1

seren psychoanalytischen Überlegungen ausgeschlossen. Ich (2003) behaupte, daß durch diese Auslassung und Ablehnung des Freudschen Selbsterhaltungstriebs ein blinder Fleck in unserem Denken entstanden ist, der zum Teil mit anderen Konzepten abgedeckt wurde, insbesondere mit der *Aggression* und dem *Narzißmus,* die zwar (im Sinne der Triebmischung) Teil der Selbsterhaltungsstrebungen sein können, aber doch wesentlich davon verschieden sind.

3. Der Begriff *Selbsterhaltung* impliziert, daß dieser Trieb nur das eigene Selbst besetzt. Da aber ein Trieb grundsätzlich verschiedene Objekte besetzen kann (Freud 1915c, 215), und darunter auch das Selbst – wie zum Beispiel in der libidinösen Besetzung des Selbst im Narzißmus – empfiehlt es sich, einfach von einem *Erhaltungstrieb* zu sprechen, dessen Ziele *selbst- wie auch objekterhaltend* sein können.

4. Die Aktivitäten des Erhaltungstriebs sind nicht auf die präödipale Phase beschränkt, sondern zeigen unablässig durch das ganze Leben hindurch die »Arbeitsanforderung, die dem Seelischen in Folge seines Zusammenhanges mit dem Körperlichen auferlegt ist« (ibid., 214). Die Hervorhebung dieses vergessenen Konzepts verfolgt deshalb nicht den Zweck, den präödipalen Stadien einen Vorrang in unseren Analysen einzuräumen oder unser Interesse an den sexuellen Trieben herabzusetzen. Im Gegenteil, es ist gerade die Differenzierung zwischen sexuellen und erhaltenden Strebungen, die es erlaubt, klarer zu erkennen, wo es zu einem Mangel oder einer Verminderung von libidinösen Besetzungen und Aktivitäten zugunsten der erhaltenden (lethischen) gekommen ist, d.h. einen Unterschied zwischen der *Liebe* und der *Sorge* um das Objekt zu machen. Oder, nochmals anders ausgedrückt: beide Triebe werden als Drang erfahren, aber der Sexualtrieb erregt ein *Wünschen* und *Lust,* wohingegen der Erhaltungstrieb ein *Brauchen* und *Befürchtung oder Sorge* erregt.

5. Da Freud weder für seinen Selbsterhaltungs- noch für seinen Todestrieb einen treffenden Energiebegriff finden konnte, habe ich dafür den Begriff *Lethe* vorgeschlagen (aus der griechischen Mythologie: *Lethe* heißt der Fluß des Vergessens, der vom Bereich der Lebenden in den der Toten fließt). Das ermöglicht nun, von lethischen Besetzungen und lethischen Objekten zu sprechen (wenn es um Erhaltungsfunktionen geht), ebenso wie wir von libidinösen Besetzungen und libidinösen Objekten sprechen (wenn es um erotische Funktionen geht).

6. Aggression wird nicht mehr als Primärtrieb konzeptualisiert, dessen einziges Ziel die Zerstörung ist. Stattdessen habe ich (2002) vorgeschlagen, Freuds

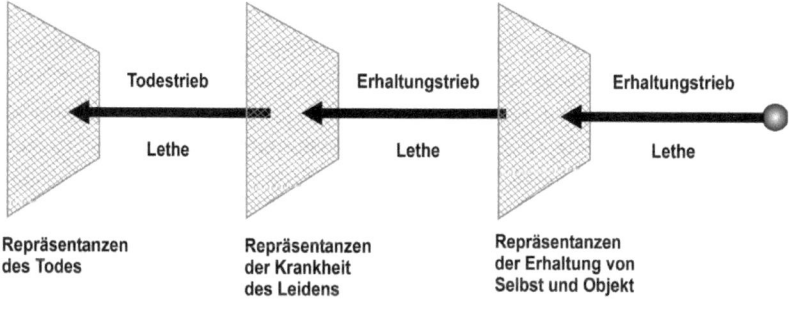

Abb. 2

Konzeption von 1909[1] wieder aufzugreifen, der zufolge beiden Trieben die Fähigkeit und Notwendigkeit zuerkannt wird, aggressiv zu werden, um ihre Ziele erreichen zu können. Wie ich im einzelnen dargestellt habe (ibid.), können wir die *Aggression als die Intensivierung eines oder beider Primärtriebe zum Zwecke der Erreichung des Triebobjekts und der an ihm gesuchten Befriedigung* auffassen.

Wenn wir uns jetzt die zweite Abbildung anschauen, sehen wir an der linken Außenseite, am Ende der Todestriebstrebungen, die Repräsentanzen des Todes angeordnet – also Vorstellungen über den Tod wie auch gestorbene, vergessene oder aufgegebene Ideen, tote oder verlorene Objekte, sowie der Schatten eines traumatisierten und wie tot empfundenen Selbst. Welche Art von Repräsentanzen können wir dann im Bereich zwischen den Repräsentanzen des Todes und demjenigen normaler, gesunder Selbst- und Objekterhaltung erwarten? Hier schlage ich vor, die Repräsentanzen der Krankheit, des Leidens, der Sorge um das Überleben von Selbst und Objekt und der Todesangst zu plazieren.

---

1 »Ich kann mich nicht entschließen, einen besonderen Aggressionstrieb neben und gleichberechtigt mit den uns vertrauten Selbsterhaltungs- und Sexualtrieben anzunehmen. [...] trotz all der Unsicherheit und Ungeklärtheit unserer Trieblehre, möchte ich vorläufig an der gewohnten Auffassung festhalten, welche jedem Triebe sein eigenes Vermögen, aggressiv zu werden, beläßt« (1909b, 371 f.).

Ein einfaches Beispiel kann zeigen, warum es sinnvoll ist, von einem Kontinuum von zunehmend ungebundenen, das heißt intensivierten und damit aggressivierten lethischen Strebungen auszugehen: Wenn ein Individuum seine Nahrungszufuhr dosiert und begrenzt (seine Gier zügelt), wird es sich gesund erhalten; wenn es seine Triebe nicht zügeln kann und fortgesetzt mehr zu sich nimmt, als es braucht, wird es eine Esstörung (Adipositas) entwickeln mit schädlichen Konsequenzen für den Organismus, die zum Tod führen können. Oder denken wir an die Hypochondrie als ein paradigmatisches Beispiel: Der Hypochonder fühlt sich nicht sicher, sondern ständig vom Tod durch Krankheit bedroht; das heißt, sein Selbst ist im Bereich der Krankheit repräsentiert, weist folglich eine erhöhte, aggressiv intensivierte Aktivität des Selbsterhaltungstriebs auf, die Angst macht und in einem Teufelskreis immer weitere Selbsterhaltungsmaßnahmen erfordert (er ist fixiert auf alle möglichen Anzeichen von funktionellen und Organstörungen, engagiert unablässig Erhaltungsobjekte, Ärzte, Familienmitglieder und Freunde, die er in Sorge versetzt etc.), die gelegentlich Maßnahmen ergreifen (chirurgische Entfernung plagender Organe), die auch zum Tod führen können (andererseits kann der Erfolg erhöhter Selbsterhaltungsstrebungen in der statistisch überdurchschnittlich hohen Lebenserwartung des Hypochonders gesehen werden).

Somit scheint es sinnvoll, zwischen den Repräsentanzen gesunder Selbst- und Objekterhaltung und den Repräsentanzen des Todes einen Bereich zu postulieren, in dem die Repräsentanzen von Krankheit und Leiden mit den entsprechenden Ängsten, Gefühlen von Hilflosigkeit und dazugehörigen Rettungsphantasien organisiert sind. Unabhängig davon, ob die Bedrohung der Sicherheit und des Überlebens real oder phantasiert ist, wird in beiden Fällen die Aktivität des Erhaltungstriebs intensiviert, der diese Repräsentanzen besetzt, womit die tödliche Bedrohung zu einer inneren Realität wird. Aus struktureller Perspektive können wir sagen: wenn ein Mangel an solide etablierten Erhaltungsstrukturen vorliegt (das mütterliche »Nein« – wir könnten es auch *das Gesetz der Mutter* nennen), dann werden die primitiven Erregungen des Erhaltungstriebs (Gier, Sucht) nicht genügend gehalten und begrenzt, womit ein Drang zu den *weiter entfernt* liegenden Repräsentanzen der Krankheit erfolgt, der schließlich die Repräsentanzen des Todes besetzt und aktiviert.

II

Was haben diese Überlegungen mit der Frage der *Angst* zu tun? Freud konzeptualisierte die Angst immer in quantitativer Hinsicht: Angst entsteht dann, wenn die Erregung einer bestimmte Menge an Triebenergie die Bindungskapazitäten des psychischen Apparats überstcigt; das Versagen des Containments (Bindung) der Erregung wird nicht nur die normalen psychischen Abläufe stören oder zum Erliegen bringcn (wie zum Beispiel bei der Panikattacke), sondern bedroht zugleich den psychischen Apparat mit der Schädigung oder Zerstörung weiterer psychischer Strukturen. Ein überwältigender Anstieg von Trieberregung verursacht – so die Überlegung – ein inneres Trauma (und sei es durch die Wirkung der Nachträglichkeit).

Auch Freuds zweite Angsttheorie bezieht sich auf das Quantitative, hier heruntergebrochen auf ein Signal: eine minimale Quantität von Triebenergie erlaubt dem Ich einen Probelauf *en miniature,* das Besetzen einer unbewußten Phantasie, um die voraussehbaren Konsequenzen eines Ausagierens des erregten Bedürfnisses oder Begehrens abzuschätzen. Die Fähigkeit, eine nur geringe Quantität von Triebenergie für das Aufkommen der Signalangst zu nutzen, um schützende Abwehrmaßnahmen einzuleiten, ist ein ökonomisch sparsamer und hochentwickelter Mechanismus des psychischen Apparats, Schädigung zu vermeiden; er ist ursprünglich nicht vorhanden und entsteht erst im Laufe der Struktur- und Ich-Entwicklung.

In seiner 32. Vorlesung (1933 a) betont Freud, daß Angst von Geburt an eine Antwort auf Gefahr ist. Die Gefahr kann real sein (toxisch, äußerlich) und zu *realistischer Angst* führen. Wenn keine realistische Gefahr vorliegt und trotzdem Angst aufkommt, sprechen wir von *neurotischer Angst.* Auf der Suche nach einer theoretischen Erklärung für diese letztere schlägt Freud vor: »Das, wovor man sich fürchtet, ist offenbar die eigene Libido. Der Unterschied von der Situation der Realangst liegt in zwei Punkten, daß die Gefahr eine innerliche ist anstatt einer äußeren und daß sie nicht bewußt erkannt wird« (ibid., 90f.). Freud, der den Begriff *Libido* hier als Synonym für Triebenergie (Erregung) benutzt, erfaßt, daß neurotische Angst von einer unbewußt (aber gelegentlich auch vorbewußt oder bewußt) phantasierten Gefahr ausgeht (Trennung vom erhaltenden Objekt, Kastration). Die Gefahr ist rein psychisch, ist somit der Ausdruck einer Trieberregung, weil sich ja »jeder Trieb durch die Belebung der zu seinen Zielen passenden Vorstellungen zur Geltung zu bringen sucht« (1910i, 97). Und da Freud erkennt:»die Angst steht im Dienst der Selbsterhaltung« (1933a, 91), können wir sagen: *die Angst ist ein Ausdruck der (Selbst-)Erhaltungstriebe und entsteht als Antwort auf eine realistische oder vorgestellte Gefahr für das Wohlergehen und Überleben des eigenen Selbst wie auch des Objekts,* weil nämlich gilt:»das Gefürchtete, der Gegenstand der Angst, ist jedesmal das Auftreten eines traumatischen Moments, der nicht nach der Norm des Lustprinzips erledigt werden kann« (ibid., 100). Somit zeigt die Angst die Aktivierung erhöhter Quantitäten von lethischen Energien an, die Repräsentanzen im Bereich der Krankheit oder sogar des Todes besetzen und damit bedrohliche Untergangs- und Sterbephantasien erregen.

III

In seiner 32. Vorlesung präsentiert Freud seine Konzeptionen von *Angst und Triebleben,* um seinem imaginären Publikum seine wichtigsten theoretischen Entwicklungen seit der Beendigung der ersten Vorlesungsreihe im Winter 1916/17 vorzustellen. Er beendet seine Darstellung mit der Erklärung, daß der Ausgangspunkt für seine Einführung des Todestriebs die *negativ therapeutische Reaktion* war, ein Widerstand gegen jede Besserung, ein Festhalten am Kranksein, das in einem unbewußten Schuldgefühl, einem masochistischen Wunsch nach Bestrafung wurzelt. Als Beispiel führt Freud eine Patientin vor, die er von den Symptomen einer sich über fünfzehn Jahre erstreckenden qualvollen Existenz befreit hatte, und die sich nun begierig den Genüssen des Lebens zuwandte, wobei sie aber jedesmal empfand, daß sie dafür zu alt sei,[2] und deshalb eine Reihe von Unfällen produzierte, Verstauchung des Fußes, Schädigung der Hand, leichte Erkrankungen,»Katarrhe, Anginen, grippeartige Zustände, rheumatische Schwellungen, bis endlich mit der Resignation, zu der sie sich ent-

---

2 Diese Befürchtung (auch auf andere projiziert), für die Freuden des Lebens »zu alt« zu sein, ist selbst eine neurotische Bildung, die Freud entgangen ist, weil er diese Einschätzung geteilt und deshalb nicht analysiert hat: er nannte sie »ein älteres Mädchen« (ibid., 116). Außerdem können wir sehen (Abb. 2), daß die Befürchtung »zu alt« zu sein, ihre Selbstrepräsentanz in den Bereich des Sterbens und damit des Todes rückt.

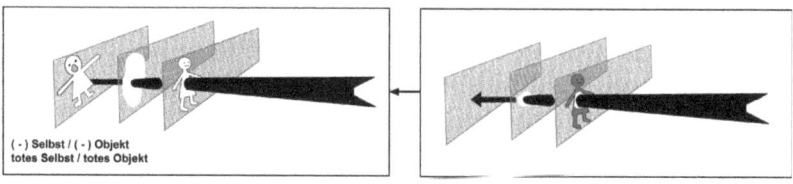

Abb. 3

schloß, der ganze Spuk vorüber war« (ibid., 116). Freud erklärt diese Serie an körperlichen Leiden als von einem unbewußten Schuldgefühl auf den Plan gerufen, einer Über-Ich-Aggression, die sich gegen das Ich richtet, als ein unbewußtes Strafbedürfnis, kurz: eine negativ therapeutische Reaktion.

Erinnern wir uns an Freuds Erkenntnis: »das Gefürchtete, der Gegenstand der Angst, ist jedesmal das Auftreten eines traumatischen Moments« (ibid., 100). Das Trauma bricht durch die schützenden Strukturen des Erhaltungstriebs und drängt die Repräsentanzen von Selbst und/oder Objekt in den Bereich des Todes (siehe Abb. 3; ausführliche Darstellung in Schmidt-Hellerau 2006). Die Angst ist funktionell sinnvoll: sie soll uns gegen die Schädigungen eines Traumas schützen. Nicht alle Gefahren würden ein Trauma verursachen, und nicht jeder Angstpatient produziert eine negativ therapeutische Reaktion. Aber wo immer eine negativ therapeutische Reaktion erfolgt, ist ein Trauma anzunehmen. Traumatisierte Patienten erfordern anhaltende psychoanalytische Arbeit und machen nur langsam Fortschritte; und wenn sie sich dann, oft nur kurz, aus dem Bereich des Todes herauswagen und sich der Teil ihres Selbst (bzw. ihrer Selbstrepräsentanzen), der durch das Trauma affiziert (sozusagen getötet) wurde, wiederbelebt, entwickeln sie oft eine Depression, regredieren auf frühere Zustände, begeben sich aus *Furcht vor einem Zusammenbruch* (Winnicott 1974) in einen psychischen Rückzug (Steiner 1993), entwickeln die körperlichen Symptome einer Krankheit oder kommen für eine Weile nicht mehr in die Analyse, alles nur, um wieder in den vertrauten Zustand ihrer alten Misere zu gelangen. Später, wenn sie diese Zustände besser artikulieren können, teilen sie uns etwa mit: »Wenn es mir besser gehen würde, bekäme ich sicher Krebs, oder würde sich mein Mann von mir scheiden lassen, oder würde ich bestimmt meine Stelle verlieren.« Alle diese zu Rückzügen, Regressionen oder Symptomen führenden Befürchtungen, wenn sie sich als Verschlimmerung in der Folge einer Besserung präsentieren, versteht Freud als Ausdruck eines Krankheits- und Selbstbestrafungswunsches, das heißt als negativ therapeutische Reaktion.

Im Hinblick auf die Anordnung von Repräsentanzen auf dem Kontinuum lethischer Triebaktivitäten (Abb. 2), können wir jedoch zu einer anderen Interpretation dieses Phänomens gelangen. Ein traumatisierter Patient, der Teile seines Selbst im Bereich des Todestriebs repräsentiert hat, zeigt gewöhnlich keine Todesangst und kaum Besorgnis um sein Wohlergehen (eher das Gegenteil, einen latenten Todeswunsch, der in mangelnden Schutzmaßnahmen für seine Sicherheit zum Ausdruck kommt). Erst wenn es ihm in der Analyse anfängt besser zu gehen, wenn er Strukturen diesseits der Repräsentanzen des Todes gebildet und besetzt hat, wird er auf einmal fähig, um sein Leben zu fürchten. Das heißt, wenn er – auf dem Weg zu einer gesunden Selbst-Repräsentation – Strukturen im Bereich der Krankheit und des Leidens besetzt, wird es ihm (zunächst) schlechter gehen. Seine neu entwickelten oft körperlichen Symptome ermöglichen es ihm, eine gesteigerte Besorgnis um seine Selbsterhaltung auszudrücken. Die Ängste, die er nun empfindet, zeigen einen Anstieg an lethischen Besetzungen, vergleichbar dem einer normalen Person während einer Erkrankung. Deshalb bezeichne ich die Angst, krank zu werden, und auch das Auftreten vorübergehender Erkrankungen sowie das Auftreten besorgniserregender Symptome der Verschlechterung als eine *unvermeidbare und nötige Übergangsphase,* die traumatisierte Patienten auf dem Weg von einem abgetöten Teil-Selbst zu einer sicher und stabil im Bereich der Erhaltung strukturierten Selbstrepräsentanz durchstehen müssen. Was Freud die negativ therapeutische Reaktion nannte ist demnach nicht ein *Widerstand gegen die Gesundung,* sondern ein progressives *Zeichen der Besserung* und sollte dementsprechend interpretiert werden. In Anlehnung an Quinodoz (1999) schlage ich vor, diese Ängste und Störungen als Symptome zu betrachten, die den Beginn eines neuen Kapitels anzeigen, das unserer Durcharbeitung harrt. Sie sollten als eine neu entwickelte Fähigkeit des Patienten erkannt und progressiv dahingehend gedeutet werden, daß der Analysand durch seine Erkrankung und Verschlechterung oder seine Furcht vor Erkrankung die objekterhaltenden Impulse des Analytikers anregen und zugleich die Besorgnis um seine Selbsterhaltung zum Ausdruck bringen will. Das heißt: Statt sie als Regression, als eine auf das Selbst gerichtete Aggression, einen Strafwunsch – mithin als einen mächtigen Widerstand gegen die Gesundung zu interpretieren –, können wir unseren Patienten zeigen, daß diese Ängste im Zusammenhang mit dem Fortschritt in der Analyse aufkommen – aufkommen müssen – und daß sie wie alle neurotischen Symptome bearbeitet werden können.

Freuds Erkenntnis, daß ein unbewußtes (oft ein von einem frühen Liebesobjekt geborgtes) Schuldgefühl am Grund der negativ therapeutischen Reaktion liegt, ist darum nicht falsch. Aber in Anbetracht der oben dargestellten Überlegungen wird der defensive Charakter dieses Schuldgefühls deutlich; es kann als eine grandiose Verleugnung der in der traumatischen Situation erlebten Hilflosigkeit verstanden werden. *Es ist meine Schuld* behauptet, *ich habe es getan* (anstelle von *es wurde mir angetan),* ich war in Kontrolle der Situation – während das Trauma gerade die Kontrollmöglichkeiten des Individuums in bezug auf seine Reizbewältigung (von außen oder von innen), und damit seine Fähigkeiten zur Selbsterhaltung, überrannt und außer Kraft gesetzt hatte. Dasselbe gilt für das *geborgte Schuldgefühl,* eine grandiose Verleugnung der *Unfähigkeit, die Schuld des Objekts ungeschehen machen zu können.*

Damit zeigt sich: am Grunde der negativ therapeutischen Situation liegt Hilflosigkeit, eine Hilflosigkeit, die im Moment des Traumas als so überwältigend und absolut erfahren wurde, daß von da an und für immer jedes Überleben-Wollen die Anwesenheit des erhaltenden Objekts erfordern *und* zurückweisen muß: Die negativ therapeutische Reaktion stellt sicher, daß der Patient keine Fortschritte macht und somit für immer auf der Couch seines Analytikers verbleibt – er klammert sich damit an den Analytiker, gegen dessen Bemühungen er sich gleichzeitig verschließt. Die Schwierigkeit, das unbewußte Schuldgefühl als eine Verleugnung der Hilflosigkeit des Patienten durchzuarbeiten, entspringt seiner unbewußten Angst vor einer überwältigenden Wut als Antwort auf das Trauma, eine Wut, die ihn ständig von innen her bedroht, weil sie die Beziehung zum erhaltenden äußeren Objekt (Analytiker), und die fragilen Strukturen seiner Selbsterhaltung zerstören könnte. Die Angst davor, das Objekt, von dem er sich völlig abhängig fühlt, zu vertreiben und zu verlieren, wird als eine Wiederholung des alten Traumas so sehr gefürchtet, daß der Patient sich lieber auf das vertraute Leiden, in dem er sich eingerichtet hatte, zurückzieht, als einen Fortschritt zu riskieren, der neue zusätzliche Angst aufbringen würde. Die Angst der negativ therapeutischen Reaktion ist darum die Angst vor einer überwältigenden Hilflosigkeit und Wut, sie ist eine aggressiv intensivierte *selbsterhaltende* Reaktion auf das Trauma, die sich, wenn die Analyse fortschreitet, erstmals als erhöhte

Sorge um die eigene Gesundheit, das eigene Wohlergehen zeigt, und die wir als solche analysieren müssen, um ihre lethischen Energien zu strukturieren, ihre Reichweite zu limitieren und die Besetzungen der Selbstrepräsentanz aus dem Bereich des Todes zu lösen und über den Bereich der Sorge schließlich in den Strukturbereich einer tragfähigen Selbsterhaltung zu überführen.

Zusammenfassung

Ausgehend von einer revidierten Triebtheorie, die hier kurz zusammengefaßt dargestellt wird, zeigt die Autorin, daß die im Zuge einer analytischen Entwicklung auftretenden Symptome der Verschlechterung, die *negativ therapeutische Reaktion*, eine notwendige Übergangsphase auf dem Weg zu einer gesunden Selbsterhaltung darstellen. Die Krankheitsangst wird demnach nicht als Regression und Widerstand gegen die Besserung verstanden, sondern als ein erstes progressives Zeichen dafür, daß der traumatisierte Patient sich wieder um sein Selbst sorgt. Das unbewußte Schuldgefühl, das Freud der negativ therapeutischen Reaktion zugrunde legte, entspricht einer Verleugnung der Hilflosigkeit, die in der überwältigenden Situation des Traumas erfahren wurde. Die Angst in der negativ therapeutischen Reaktion ist dann die Angst vor der Wiederholung eines traumatischen Einbruchs, dem Wiedererleben der Hilflosigkeit und der entsprechenden Wut, die das Individuum mit einem katastrophalen Objektverlust bedroht.

Summary
The Anxiety in the Negative Therapeutic Reaction

On the basis of her revised drive theory, briefly sketched in this paper, the author shows that the symptoms of a *negative therapeutic reaction* – when the patient gets worse again after having made progress in the analysis – present a necessary transitional phase on the way towards a healthy representation of self-preservation. Illness and the fear of becoming ill do not show a resistance against getting better but are first signs of progress, indicating that the traumatized patient with a deadened part of his self does care again about his well being. The unconscious sense of guilt that Freud recognized at the bottom of the negative therapeutic reaction is a denial against the overwhelming helplessness of the traumatic situation. The anxiety in the negative therapeutic reaction is stirred by this helplessness and the relating rage that threatens to catastrophically destroy the individual's most needed objects.

Literatur

Freud, S. (1905 d): Drei Abhandlungen zur Sexualtheorie. In: *GW* V, 27 – 145.
— (1909 b): Analyse der Phobie eines fünfjährigen Knaben. In: *GW* VII, 241 – 377.
— (1910 i): Die psychogene Sehstörung in psychoanalytischer Auffassung. In: *GW* VIII, 93 – 102.
— (1915 c): Triebe und Triebschicksale, In: *GW* X, 209 – 232.
— (1920 g): Jenseits des Lustprinzips. In: *GW* XIII, 1 – 69.
— (1933 a): 32. Vorlesung. Angst und Triebleben. In: Neue Folge der Vorlesungen zur Einführung in die Psychoanalyse. In: *GW* XV, 87 – 118.
Green, A. (1993): *Le travail du négatif.* Paris: Éd. De Minuit.
Laplanche, J. (1997): Une métapsychologie à l'épreuve de l'angoisse. In: *Le primat de l'aure.* Paris: Champs/Flammarion, 143 – 158.
Quinodoz, J.-M. (1999): »Dreams that turn over a page«: Integration dreams with paradoxical regressive content. In: *Int. J. Psychoanal.* 80, 225 – 238.
Schmidt-Hellerau, C. (1995): *Lebenstrieb & Todestrieb. Libido & Lethe. Ein formalisiertes, konsistentes Modell der psychoanalytischen Trieb- und Strukturtheorie.* Stuttgart: Verlag Internationale Psychoanalyse. [2003] Giessen: Psychosozial-Verlag/Haland & Wirth.
— (1997): Libido and Lethe. Fundamentals of a Formalised Conception of Metapsychology. In: *Int. J. Psychoanal.* 78, 683 – 697.
— (2002): Why Aggression? Metapsychological, Clinical and Technical Considerations. In: *Int. J. Psychoanal.* 83, 1269 – 1289. Dt. (2003): Warum Aggression? Metapsychologische, klinische und technische Überlegungen. In: *Z. Psychoanal. Theorie Praxis* XVIII, 292 – 315.
— (2003): Die Erhaltung von Selbst und Objekt im Schatten der Freudschen Theorieentwicklung. In: *Z. Psychoanal. Theorie Praxis* XVIII, 316 – 343.
— (2005): We are driven. In: *Psychoanal. Q.* 74, 989 – 1028.
— (2006): Surviving in Absence. On the Preservative and Death Drive and their Clinical Utility. In: *Psychoanal. Q.* 75, 1057 – 1095.
Steiner, J. (1993): *Psychic Retreats. Pathological Organizations in Psychotic, Neurotic and Borderline Patients.* London: Routledge. Dt. (1998): Orte des seelischen Rückzugs. Pathologoische Organisationen bei psychotischen, neurotischen und Borderline-Patienten. Stuttgart: Klett-Cotta.

Winnicott, D.W. (1974): The fear of breakdown. In: *Int. Rev. Psychoanal.* 1, 103–107. Dt. (1991): Die Angst vor dem Zusammenbruch. In: *Psyche – Z Psychoanal* 45, 1116–1126.

Cordelia Schmidt-Hellerau, Prof. Dr. phil., 246 Eliot Street, Chestnut Hill, MA 02467, USA, schmidthellerau.cordelia@gmail.com

Wolfgang-Loch-Vorlesung

Die Verleugnung des Todestriebs[*]

Joachim F. Danckwardt[**]

I. Einleitung

Es ist für mich eine Ehre, einen Beitrag zu den Wolfgang-Loch-Vorlesungen zu leisten. Er setzt sich mit einem kleinen Abschnitt über Sigmund Freuds impliziten Theorien auseinander. Darüber hatte ich wiederholt referiert, zum Beispiel über Freuds erträumte analytische Situation (1989), Freuds Verwendung des Staunens (1995), seine Farb-Affekttheorie (2006), seine dritte Traumatheorie oder über seine Synthesetheorie für Setting und Deutung (2010). Ich danke der *Stiftung Wolfgang Loch-Vorlesung,* daß sie Forschungsprojekte wertschätzt und unterstützt, die nach Sigmund Freuds impliziten psychoanalytischen Theorien suchen, in denen sein jahrzehntelanges implizites klinisches Erfahrungswissen und Denken verborgen ist, das zur Bewältigung der konkreten zeitgenössischen analytischen Arbeit beiträgt. In diesem Sinne geht es in dem folgenden Ausschnitt um Freuds implizite Ansichten über Entstehung, Verständnis, Handha-

[*] 11. Wolfgang-Loch-Vorlesung am 22. Oktober 2010 in Tübingen; im Rahmen dieser Veranstaltung wurde der Autor mit dem – zum zweiten Mal verliehenen – Wolfgang-Loch-Preis ausgezeichnet.

[**] Joachim F. Danckwardt, Dr. med., Psychoanalytiker (DPV). Bis 1979 Oberarzt an der Universitäts-Nervenklinik, Tübingen. Bis 2007 in der kassenärztlichen Versorgung. 1982–1986 Vorsitzender der Psychoanalytischen Arbeitsgemeinschaft Stuttgart-Tübingen. 1987–1988, Vorsitzender des Unterrichtsausschusses. 1992–1998 im Vorstand der DPV. 1994–1996 Vorsitzender der DPV. Zahlreiche Aufsätze zur Theorie und Praxis der Psychoanalyse, zuletzt zusammen mit E. Gattig über *Psychoanalytische Arbeit in verschiedenen Settings.*

bung und Behandlung von destruktiven Phänomenen, die nicht zureichend als reaktiv-destruktiv, frustrations-aggressiv, affekt-reaktiv im Sinne von Kernberg verstanden oder mit einer Hyperaktivität der Amygdala im limbischen System und einer primären Hemmung der dorsolateralen Rinde des Stirnhirns in Beziehung gesetzt werden können (Kernberg 2009).

II. Beispiele und klinische Vignetten

1. In einer laienanalytischen Analyse ihrer Traumsequenzen versuchte eine 21jährige Studentin 1935 zusammen mit Charlotte Beradt, ihren Entschluß zu bewältigen, ihren jüdischen Freund, einen Anwalt, aufgegeben zu haben. Sie hatte das unter dem Druck der Rassengesetze und dem Drängen ihrer Familie getan. Ihr Traumleben allerdings besagte, daß dies keine ausreichenden Gründe waren (Beradt 1994, 54–58).

2. Der Dogmatik-Professor Karl Adam schrieb 1943 in der Schrift *Wissenschaft und Weisheit* (10, 73–103) unter dem Titel »Jesus, der Christus, und wir Deutsche«: Es sei dieses Dogma von der immaculata conceptio Mariens (von der unbefleckten Empfängnis = ohne Erbsünde empfangen), welches alle böswilligen Fragen und Klagen, als ob man in Jesus trotz all seiner Vorzüge einen ›Juden-Stämmling‹ erkennen müsse, in katholischer Sicht zu einer völlig abwegigen Frage mache. Denn es bezeuge den Menschen, daß Jesu Mutter Maria in keinerlei physischen und moralischen Zusammenhang mit jenen häßlichen Anlagen und Kräften stünde, die der Autor am Vollblutjuden verurteile. Sie sei durch Gottes Gnadenwunder jenseits dieser jüdischen Erbanlage, eine überjüdische Gestalt. Und was von der Mutter gelte, gelte um so mehr von der menschlichen Natur ihres Sohnes (zitiert nach Köhler 2010). Wie ist diese seelische Grausamkeit und geistige Gewalttattätigkeit zu verstehen?

3. Kovac, der Held in Martin von Arndts Romandebüt *ego-shooter* von 2007, nimmt in seinem gleichnamigen Computerspiel alles »durch die Augen seiner Finger« wahr. Spieler und Figur verschmelzen miteinander. Er lebt das Leben einer neuen Generation, die konsequent in der virtuellen Realität des Computers existiert, inmitten von »config«, »addons« und »respawn points«.

> Es war samstag nacht. ich lag auf tibors sofa & starrte in die glotze, ich sah eine belanglose archäo-doku nach der anderen & hatte plötzlich das gefühl, daß ich in einen

anderen körper gehörte. seit wochen hatte sich ein irgendwas von früher in mir breit gemacht, das mich halb taub schrie: mach was. mach irgendwas mit deinem scheissleben. du hast dein studium geworfen & lebst in der müllhalde deines toten onkels. noch 3, 4 monate & du wirst nicht nur aussehen & riechen wie er, du wirst auch ein bekacktes karzinom entwickeln & krepieren wie er. an derselben stelle, kaum $^1/_2$ meter tiefer als jetzt. was tun? ich hab mir 3 zigaretten gleichzeitig angezündet & 2 davon aus dem Fenster geschnippt, auf den hof, den die rogalski frisch gefegt hatte. ich hab mir 3 joghurts aus dem kühlschrank geholt & 2 davon gemischt, den 3. habe ich aus dem fenster gekippt. wie ein eingesperrtes tier bin ich durch die wohnung gejagt, aus einem zimmer ins andere. gegen 4 war ich so müde, daß ich mich gegen das bücherregal fallen ließ, ich starrte auf die buchrücken, tersánszky. illyés. rilke. udet. udet. udet. deutscher kriegsflieger, 4 buchstaben, letzter ein »t«. (von Arndt 2007, 29 f.)

Einhundert Seiten später spricht er über

[…] bohrende Angst, nichts zum Schreiben zu finden, nicht ein Blatt, nicht einen Stift. Denn da war etwas, das gesagt werden musste. Irgendwas. Ich habe vergessen, was es war. Dann habe ich es aufgeschrieben, als Vergessenes. Ich habe geschrieben, damit ›es‹ gesagt ist. ›Es‹, das mich vielleicht eines Tages in die Verantwortung brächte und mich fragte, weshalb ich geschwiegen hätte. Ich habe geschrieben, und während des Schreibens habe ich vergessen, was ich schrieb. (von Arndt 2007, 28; Rosenfelder 2008, 154 f.)

4. Der Science Fiction-Schriftsteller James Ballard fragte 1973 in seinem Roman *Crash:* »Versorgt uns die moderne Technologie mit Mitteln und Möglichkeiten, unsere Psychopathologien auszuleben, von denen wir bisher nicht zu träumen wagten? Liegt in dieser Nutzbarmachung unserer brachliegenden Perversion ein Nutzen für uns?« (Ballard 1973, 13). Sein Verfilmer, der Regisseur David Cronenberg, läßt den Protagonisten Vaughan (Elias Koteas) 1996, also 23 Jahre später, in der gleichnamigen Verfilmung antworten:

Das ist die Zukunft, Ballard, und Sie werden Teil davon, [Sie werden] erkennen, daß uns zum ersten Mal eine wohlwollende Psychopathologie möglich wird. Zum Beispiel ist ein Crash eher ein befruchtendes als ein destruktives Ereignis, eine Freisetzung sexueller Energie derjenigen, die gestorben sind, mit einer Intensität, die auf andere Art und Weise unmöglich zu erreichen ist. (Cronenberg 1996)

5. Ein Analysand sagte, daß er auf der Fahrt zur und von der Analyse in seinem Auto mit gefährlichen Sekundenschlafanfällen kämpft.

6. Nach einem ausgefüllten Arbeitstag verließ ich meine Praxis. Nach wenigen Schritten kam mir ein mulmiges Gefühl zu Bewußtsein. Es verdichtete sich zu

der höchst angstvollen Vorstellung, es werde auf mich geschossen. Ich zog sogar den Kopf ein und merkte nach geraumer Zeit, daß die Vorstellung wechselte. Es ging nicht darum, mich zu töten. Es war vielmehr das scheußliche Gefühl, eine wandelnde Zielscheibe geworden sein. Ich sagte mir nicht: »Ich habe mich *wie* eine wandelnde Zielscheibe gefühlt.« Das in der Entwicklung von Denken und Fühlen so bedeutsame »wie« oder »als ob« fehlte. Ich habe anders gefühlt. Nämlich die entsetzliche Gewißheit, in Tat und Wahrheit eine Zielscheibe zu sein (Danckwardt 2008). Wie war dieser Zerstörungsgedanke in meinem Denken und Fühlens zustande gekommen (Danckwardt/Wegner 2007)?

7. Zum Abschluß ein erfreuliches Beispiel, eine Säuglingsbeobachtung durch ein fünfjähriges Kind. Es war unterwegs auf dem Entwicklungsweg zu einer gelungenen Lösung seiner Zerstörungsproblematik. Der fünfjährige Junge sprach mit seiner Mutter. Sie stillte gerade den fünf Monate alten Bruder an der Brust. Er schaute zu. Nach einer Weile sagte er: »Laß' Dich nur nicht anbeißen von das Kind.« Die Mutter fand das liebenswert, so daß sie dies häufig erzählte.

III. Die Lebens-Todestriebhypothese

In allen Beispielen geht es um Entstehung, Verständnis, Handhabung und Behandlung von destruktiven Phänomenen, von Gewalt. Die geschilderten Beispiele sind nicht nur reaktiv-destruktiv, nicht frustrations-aggressiv oder affektreaktiv im Sinne Kernbergs (2009) begründet. Sie müssen auch nicht auf eine, von Wolfgang Loch bereits 1970 herausgearbeitete aggressiv-destruktive Reaktionsbereitschaft (Loch 1972) zurückzuführen sein. Sie können, wie Loch alternativ diskutierte, auf einen »nicht reduzierbaren«, nicht reaktiv auslösbaren »Rest [...] essentieller Destruktivität« zurückgehen (Loch 1999, 37). Ihr Wirken kann sich in den geschilderten normotischen Psychopathologien des Alltags-, Gruppen-, Gelehrten- und Künstlerlebens zeigen. Ihre *Dynamik* ist besonders in negativ-therapeutischen Reaktionen auf analytische Psychotherapien unmittelbar zu beobachten, ganz besonders in solchen Reaktionen, in denen die nur geringfügige Verbesserung der psychischen Verfassung überhaupt nicht den enormen Anstrengungen der geleisteten analytischen Arbeit entspricht.

Freud hatte destruktive Phänomene an klinischen Bildern des Wiederholungszwangs, des Sadismus, des Masochismus, der Massenpsychologie und –

wie in purer Form – an der Melancholie exemplifiziert. Freud hatte ihnen den Todestrieb zugrunde gelegt, präziser: die Lebens-Todestriebhypothese. Mit ihr ist dem Todestrieb

> die Aufgabe gestellt, das [...] Lebende in den leblosen Zustand zurückzuführen, während der Eros das Ziel verfolgt, das Leben durch immer weitergreifende Zusammenfassung der in Partikel zersprengten lebenden Substanz zu komplizieren [zu immer größeren Einheiten zusammenzufassen (Freud 1920g, 45)], natürlich es dabei zu erhalten. (Freud 1923b, 269)

Zuerst spiegelten internationale Publikationen die kontroverse Rezeption der Lebens-Todestriebhypothese wider (Wilbur 1941). Frank J. Sulloway zitierte Ernest Jones, »daß von den etwa fünfzig Aufsätzen, die ihr bis zum Jahre 1950 gewidmet wurden, sie im ersten Jahrzehnt die Hälfte unterstützen, im nächsten Jahrzehnt nur ein Drittel und im darauf folgenden gar keiner mehr« (Sulloway 1982, 539). Dennoch beschäftigten sich bis 2010 über 70 Publikationen weiter mit der Lebens-Todestriebhypothese. Sie hatte also nicht nur auf Freud einen Mona-Lisa-Effekt. Die amerikanische Ich-Psychologie lehnt die Hypothese bis heute ab: »Insoweit Freud in Jenseits des Lustprinzips die Psychoanalyse in ein Kontinuum stellt, dessen Bezugspunkt nicht die Psyche, sondern die lebende Materie ist, geht ihm der spezifische Gegenstand der Psychoanalyse verloren«, schrieb Loewald 1980 (1986, 104). Im Gegensatz dazu hatte die kleinianische und bionianische Psychoanalyse in Europa und Südamerika sie weiter genutzt. In einer nächsten Etappe kam es zu ersten metaanalytischen Neubetrachtungen der von Freud angeführten Krankheitsbilder und klinischen Vignetten, darunter seine berühmte Beobachtung eines kindlichen Garnrollenspiels. Metaanalysen sind Zusammenfassungen von Primäruntersuchungen bzw. empirischen Einzelergebnissen zu Metadaten, bei denen auf dem Weg nicht statistischer subjektiver Einschätzungen versucht wird, aus den Inhalten der Primärstudien Schlüsse zu ziehen. Zuletzt hat dies 2010 Claudia Frank mit einer Metaanalyse des Falles »Erna« von Melanie Klein durchgeführt unter dem Titel: *Entdeckung eines »bösen Prinzips« in der klinischen Situation (1925/26) und ihre Bezugnahme zu Freuds Todestriebhypothese in »Die Psychoanalyse des Kindes« (1932)* (Frank 2010; Frank/Weiß 1996). Frank bestätigt die Todestriebhypothese, schlägt jedoch an Stelle Freudscher Terminologie Kleins Bezeichnung, »böses Prinzip«, vor. Loch hingegen hatte nach einer Metaanalyse des Freudschen Garnrollenspiels herausgearbeitet, es als eine Folge der Beschädigung des narzißtischen Regulationssystems des Knaben zu verstehen (Loch, unveröffentlichter Mitschnitt vom 06. 11. 1970).

Vor dem Hintergrund derartig kontrovers diskutierter Metadaten hatten die Psychoanalytiker in der Nachfolge von Melanie Klein begonnen, neues analytisches klinisches Fallmaterial zu sammeln. Sie hatten sich, insbesondere Hanna Segal, zweier Setzungen bedient. Zum einen verzichteten sie auf die umstrittenen biologischen Hilfsannahmen der Freudschen Beweisführung sowie auf die lebende organische Materie als Bezugspunkt. Sie konnten sich dabei auf den psychologischen Anteil von Freuds Triebdefinitionen beziehen: »Die Quelle [des Triebes] ist ein Erregungszustand im Körperlichen, das Ziel die Aufhebung dieser Erregung, auf dem Wege von der Quelle zum Ziel wird der Trieb psychisch wirksam« (Freud 1933a, 103), wenn er durch ein Objekt vermittelt wird beziehungsweise eine Objektbeziehung durchläuft (Freud 1915c, 212). Psychisch repräsentieren sich Triebe durch den konstanten dranghaften Charakter und in Affekt- und Vorstellungsrepräsentanzen:»Würde der Trieb sich nicht an eine Vorstellung heften oder nicht als Affektzustand zum Vorschein kommen, so könnten wir nichts von ihm wissen« (Freud 1915e, 276). Affekte sind also eine »qualitative Äußerungsform der Quantität an Triebenergie und ihrer Variationen« (Laplanche/Pontalis 1972, 37).

Zum Zweiten wollten die neuen Forschungsansätze auch gar nicht mehr die Existenz des Todestriebs an sich beweisen, sondern sie fokussierten auf Untersuchungen des *Erklärungs- und Arbeitswertes der Todestriebhypothese* und auf weitere qualitative Metaanalysen der klinischen und theoretischen Beispiele. Bei ihnen handelt es sich vornehmlich um Beiträge von Betty Joseph (1975), Sidney Klein (1974), Donald Meltzer (1968; 1979), Herbert Rosenfeld (1971) und Hanna Segal (1993). Ihre Arbeiten und zahlreiche Beiträge anderer Autoren wie u.a. Roger Dorey, André Green, Jean Laplanche wurden auf dem EPF-Symposium über den Todestrieb in Marseille 1984 metaanalytisch breit diskutiert. Das Ergebnis war eher uneinheitlich (vgl. Symposiumsbericht von Pere Folch/Terttu Eskelinen de Folch 1984). Hermann Beland hatte 2006 einen neuen Anlauf unternommen. Er überprüfte zwei Falldarstellungen von Hanna Segal (Segal 1993), Herbert Rosenfelds Anwendung der Theorie des destruktiven Narzißmus auf Vernichtungssemitismus und Völkermord (Rosenfeld 1971) sowie Wilfred Bions fünfte klinische Vignette aus *Attacks on Linking* (Bion 1990). In diesen Abhandlungen griff er Freuds zentrales Merkmal des Lebenstriebs, die »Bindung«, und das des Todestriebs, ihr Zerreißen – in Bions Terminologie minus K – auf. Belands Fazit lautet:

> Freuds dritte Triebtheorie wurde in den vergangenen 80 Jahren weiterentwickelt. Sie könnte [...] neu geschrieben werden. Sie hat in den neu erforschten psychologischen Bereichen einen hohen Erklärungswert. Sie hatte [...] einen außerordentlich hohen Gebrauchswert für die psychoanalytische Technik. Sie ermöglichte therapeutische Fortschritte bei vordem unbehandelbaren Pathologien. (Beland 2007, 187)

Er fügt an, daß Bion vermutlich derjenige hätte sein können, dem diese Aufgabe tatsächlich gelungen wäre.

Freuds dritte Triebtheorie könnte neu geschrieben werden? Heißt das nicht, die alte Theorie verneinen oder gar verleugnen? Andersgeartet, aber mit gleichem Ja-Aber-Effekt, formulierte Kernberg, wenn er zu dem Schluß kommt, daß das Konzept des Todestriebs klinisch relevant sei, man aber bei den von ihm aufgeführten Persönlichkeitsstörungen der generellen Dominanz aggressiver Affekte als primärem ätiologischen Faktor nachgehen müsse (Kernberg 2009, 1980 [Dt. 1988], 1969).

Ich frage, hatte denn Freud die Lebens-Todestriebhypothese nicht längst selber weiterentwickelt über die so häufig zitierte Passage hinaus? Hatte er sie womöglich in einer über 23 Jahre verstreuten Werkgruppe ungebündelt, implizit und verteilt belassen? Sie reicht von 1915 bis 1938; die Beschäftigung damit wurde von Freud retrospektiv sogar auf 1909 rückdatiert (Freud 1909 b, 371). Diese kleinteilig zerstreuten Elemente werde ich im folgenden einsammeln und einander annähern. Sie befinden sich in Arbeiten von 1915, *Triebe- und Triebschicksale,* und von 1925, *Die Verneinung.* Die darin enthaltenen Theoriestücke sind vor und nach der expliziten Aufstellung der Lebens-Todestriebhypothese entstanden. Ihrer Zusammenführung stelle ich eine Behandlungsvignette von Bion aus dem Jahr 1958 an die Seite.

IV. Die Verneinung (Sigmund Freud 1925)

Nach einer Untersuchung von Friedrich-Wilhelm Eickhoff zählt die Verneinung als psychischer Vorgang zu der großen Gruppe psychischer Exekutionsprozesse gegen innere Gefahren und gegen mit ihnen verknüpfte Erinnerungs- und Vorstellungsrepräsentanzen sowie gegen die Wahrnehmung der Wirklichkeit. Sie nimmt eine Übergangsstellung zwischen der archaisch unvollkommenen Verleugnung und der hochorganisierten Verdrängung ein (Eickhoff 1998). Bemerkenswerterweise hat Freud ihr eine eigenständige Abhandlung gewidmet. Diese Abhandlung ist ein typisches Beispiel für die Forschung nach impliziten Theorien, die Josef Sandler 1983 in Gang gebracht hatte. Mit einem Umfang von nur fünf Seiten und seiner Zentrierung auf ubiquitäre Erscheinungen des Alltagslebens und der psychoanalytischen Situation wirkt der Text zunächst unscheinbar, wird rasch rezipiert und wertgeschöpft. Mit einigen Zitaten wird die typische »Art, wie unsere Patienten ihre Einfälle während der analytischen Arbeit vorbringen« (1925h, 11) umrissen. Zum Beispiel: »Sie werden jetzt denken, ich will etwas Beleidigendes sagen, aber ich habe wirklich nicht die Absicht« (ebd.). Freud gibt den Analytikern zu verstehen, das ist die Abweisung eines eben auftauchenden Einfalles durch Projektion. Die Analytiker mögen sich die Freiheit nehmen, bei der Deutung von der Verneinung abzusehen und den reinen Inhalt des Einfalls aufzugreifen.

Ein verdrängter Vorstellungs- oder Gedankeninhalt kann sehr wohl zum Bewußtsein durchdringen, allerdings unter der Bedingung, daß er sich verneinen läßt: Die Verneinung ist eine Art, das Verdrängte zur Kenntnis zu nehmen. Eigentlich ist sie schon eine Aufhebung der Verdrängung, aber freilich keine Annahme des Verdrängten. Und damit ist die Verneinung implizit eine Form von Wahrnehmung. Freud weist explizit darauf hin, wie sich hier die intellektuelle Funktion vom affektiven Vorgang scheidet. Nur die eine Folge des Verdrängungsvorganges wird rückgängig gemacht, so daß dessen Vorstellungsinhalt nicht zum Bewußtsein gelangt. Es resultiert daraus eine Art von intellektueller Annahme des Verdrängten bei Fortbestand des Wesentlichen an der Verdrängung. Das Beleidigen wird bewußt, aber nicht der Täter.

Nach dieser technisch zu nennenden Empfehlung an den Analytiker zum Verständnis und Umgang mit der Verneinung als Ausdruck einer der häufigsten negativen therapeutischen Reaktionen in der analytischen Situation vertieft Freud die Analyse des Phänomens. Er entwickelt Elemente seiner Denktheorie. Er trifft Annahmen über die Entstehung der intellektuellen Urteilsfunktion und Realitätsprüfung. Eine Urteilsfunktion besteht erstens darin, einem Ding eine Eigenschaft zu- oder abzusprechen und zweitens einer Vorstellung die Existenz in der Realität zuzugestehen oder zu bestreiten.

Eigenschaften zu- oder absprechen zu können, führt Freud auf das erste Stadium der Ich-Genese zurück, auf das ursprüngliche Wirken des Lust-Ichs. Implizit nähert sich Freud hier einem früheren Text an: *Triebe und Triebschicksale* von 1915 (228 f.). Mit der Theorie entwickelt er, das Lust-Ich wolle sich alles Gute introjizieren und alles Schlechte von sich weisen, projizieren.

Reale Existenz eines vorgestellten Dings zu- oder absprechen zu können, die Realitätsprüfung und mit ihr Omnipotenz zu relativieren, wird erst im nächsten Stadium der Ich-Genese das Interesse des endgültigen Real-Ichs, das sich aus dem anfänglichen Lust-Ich entwickelte. In dieser Entwicklungsphase geht es nicht mehr darum, ob etwas Wahrgenommenes (ein Ding) ins Ich aufgenommen werden soll oder nicht, sondern es geht darum, ob etwas im Ich als Vorstellung Vorhandenes auch in der Wahrnehmung (Realität) wieder gefunden werden kann. Das ist ebenfalls eine Frage von Außen und Innen. Das Nichtreale, bloß Vorgestellte, Subjektive, ist nur innen; das andere, Reale, ist auch im Draußen vorhanden. Auf dem Weg zu dieser Entwicklung ist die Rücksicht auf das Lustprinzip, seine Alleinherrschaft und Omnipotenz hintan gesetzt worden. Freud begründet diesen Fortschritt mit der Hypothese, daß alle Vorstellungen von (äußeren) Wahrnehmungen stammen, also Wiederholungen derselben sind. Ursprünglich aber, in der Lust-Ich-Phase der Denkentwicklung, ist die bloße Existenz einer Vorstellung schon Bürgschaft genug für die Realität des Vorgestellten (Omnipotenz). Der Gegensatz zwischen Subjektivem und Objektivem besteht nicht von Anfang an. Er konstituiert sich in der Real-Ich-Phase erst dadurch, daß das Denken die Fähigkeit bekommt, etwas einmal Wahrgenommenes durch Reproduktion in der Vorstellung wieder gegenwärtig zu machen, während das Objekt draußen nicht mehr vorhanden zu sein braucht. In dieser Phase ist die Priorität der Realitätsprüfung die, das Objekt wieder zu finden, sich davon zu überzeugen, daß es noch vorhanden ist. In dieser Phase ist die Priorität der Realitätsprüfung aber noch nicht die, ein dem Vorgestellten entsprechendes Objekt in der realen Wahrnehmung zu finden; das wird erst der nachfolgende Zweck der Realitätsprüfung. »Man erkennt […] als Bedingung für die Einsetzung der Realitätsprüfung, daß Objekte verloren gegangen sind, die einst reale Befriedigung gebracht haben« (Freud 1925 h, 14), wodurch auch immer das Objekt verlorenging oder vielleicht nicht genügend erreicht wurde, worauf ich noch zu sprechen komme.

Die dritte Vertiefung, nun sich explizit auf die Lebens-Todestriebhypothese beziehend, treibt Freud im letzten Abschnitt der Arbeit voran. Das bisher Entwickelte erweist sich als Vorbereitung für seine Theorie über die Entstehung der intellektuellen Funktionen aus dem Wechselspiel der primären Triebregungen:

> Das Urteilen ist die zweckmäßige *Fortentwicklung* der ursprünglich nach dem Lustprinzip erfolgten Einbeziehung ins Ich oder Ausstoßung aus dem Ich. Seine Polarität scheint der Gegensätzlichkeit der beiden von uns angenommenen Triebgruppen zu entsprechen. Die Bejahung – als Ersatz der Vereinigung – gehört dem Eros an, die Verneinung – Nachfolge der Ausstoßung – dem Destruktionstrieb. (Freud 1925h, 15)

Und diese weiteren Leistungen der Urteilsfunktion werden dadurch ermöglicht, daß es zur Entwicklung eines Symbolsystems kommt: »[...] die Schöpfung des Verneinungssymbols [gestattet] dem Denken einen ersten Grad von *Unabhängigkeit* von den Erfolgen der Verdrängung und somit auch vom Zwang des Lustprinzips« (Freud 1925h, 15). Die Verneinung, nun manifest als Verwandlung der Ausstoßung, ist an eine *transformierte Aktion* des Todestriebs gebunden; die Funktion der Verneinung ist nun die Verurteilung, ist der »intellektuelle Ersatz der Verdrängung« (Freud 1925h, 12).

Die Arbeiten über *Triebe und Triebschicksale* und über *Die Verneinung* bilden also einen impliziten Bestandteil der Freudschen Werkgruppe zur Lebens-Todestriebhypothese über den Zeitraum von 1915, 1920, 1923 und 1925. Gegenüber dem Lebenstrieb war der explizite Diskurs zur Todestriebhypothese zurückbeziehungsweise steckengeblieben. Um sie aufschließen zu lassen, kann man Haupt- und Nebentexte abschreiten und implizite Subtexte einander annähern, zusammenführen sowie Theorieteile integrieren, die in anderen semantischen Wortfeldern untergebracht sind. So kann man einen Diskurs überwinden, der die Lebens-Todestriebhypothese auf den Todestrieb reduzierte und dessen Wirken auf ein, bis auf Homöostase, sinnloses zerstörerisches Phänomen isolierte. Schon 1984 und 1995 hatte Laplanche für die Aufhebung des Gegensatzes von Eros und Thanatos plädiert (1984; 1995); ähnlich argumentierte Grotstein (Grotstein 2000). Die dissoziierte Entwicklung der Lebens-Todestriebhypothese führte zu vernehmlichen Zweifeln an ihrem Erklärungs- und Arbeitswert. Verloren gingen der Entwicklungsaspekt und die Triebschicksale des Todestriebs so wie sie von Freud ursprünglich in *Triebe und Triebschicksale* entwickelt wurden. Freud trifft in diesen Subtexten Hilfsannahmen über die ideale oder fiktiv normale Rolle des Todestriebs in Entwicklung, Wechselspiel und Schicksal des Lebens-Todestriebsgeschehens. Das hatte er schon für die erste Phase, der Herrschaft des Lustprinzips, formuliert. Dem Todestrieb ist eine Aufgabe gestellt:

Ihm ist

die Aufgabe gestellt, das […] Lebende in den leblosen Zustand zurückzuführen, während der Eros das Ziel verfolgt, das Leben durch immer weitergreifende Zusammenfassung der in Partikel zersprengten lebenden Substanz zu komplizieren [= »zu immer größeren Einheiten zusammenzufassen« (Freud 1920g, 45)], natürlich es dabei zu erhalten. Beide Triebe benehmen sich dabei im strengsten Sinne konservativ, indem sie [dem Konstanzprinzip folgend] die Wiederherstellung eines durch die Entstehung des Lebens gestörten Zustandes anstreben. Die Entstehung des Lebens wäre also die Ursache des Weiterlebens und gleichzeitig [aber] auch des Strebens nach dem Tode, das Leben selbst [wäre] ein Kampf und Kompromiß zwischen diesen beiden Strebungen. (Freud 1923b, 269)

Durch Vermischung der Triebe beider Arten und durch Vermittlung eines besonderen Organs wäre es gelungen, die destruktiven Regungen auf die Außenwelt abzuleiten.

Dies Organ wäre die Muskulatur und der Todestrieb würde sich nun – wahrscheinlich doch nur teilweise – als *Destruktionstrieb* gegen die Außenwelt und andere Lebewesen äußern. (Freud 1923b, 269, Hervorh. i. Orig.)

Der Todestrieb ist also nicht sinnlos, er hat Aufgaben. Nach einer Formulierung Gerd Kimmerles aufgrund einer methodischen Lektüre von Freuds *Jenseits des Lustprinzips* wappnet der Todestrieb auf dem Niveau der Alleinherrschaft des Lustprinzips das entstehende »Ich gegen Anpassungsforderungen eines ungeliebten [aber unausweichlichen] Realitätsprinzips« (Kimmerle 1988, 146).

Das Realitätsprinzip ist eingesetzt als Sicherung des Lustprinzips gegen sich selbst ([nämlich] gegen seine [auf Dauer] Verderben bringenden Folgen) […]. Das Realitätsprinzip [ist] gehemmte[r] Begierde, ist […] eine Modifikation des Lustprinzips [und steht damit] im Dienst des Lustprinzips selbst. Es ist nichts weiter als das durch sich selbst eingeschränkte Lustprinzip eines lebensfähigen Organismus. (Kimmerle 1988, 16)

Mit Hilfe einer solchen methodischen Lektüre erkennt man, daß das Lebens-Todestriebsystem, insofern der Prozeß störungsfrei verläuft, im Zusammenhang mit Regulationsprinzipien Bedeutungen, Absichten und Stellungen in einer Reihe psychischer Zusammenhänge (Freud 1916–17a, 55) bekommen kann. Diese Auffassung wird von Freud mit dem *Konzept von der Verneinung als Nachfolge der Ausstoßung, des Todestriebs,* fortentwickelt. Er nimmt an, daß das Lust-

Ich sich vom Objekt trennt, dessen Bindung zerstört und dessen Zusammenhang zerreißt, wenn es nicht nur eine unbefriedigende, sondern auch keine genügend befriedende (pazifizierende) Reizquelle ist. Wenn es solche Verbindungen angreift oder löst, ist das aber nicht nur eine Zerstörung, sondern auch eine Bildung, eine Neubildung. Das entwickelnde Ich bildet dann auch ein Objekt in einer nächsten Schicht von »außen« mittels Spaltung und Projektion. Trennung von »Innen und Außen« und »Objektbildung« kommen dadurch in Gang. Freud nennt dieses Stadium nach der Ablösung der rein narzißtischen Stufe »Objektstufe« (Freud 1915c, 229). Das bedeutet, das Todestriebgeschehen steht mit am Ursprung von Objektbildung, Bildung von Innen und Außen, Subjekt und Objekt. Das Todestriebgeschehen bekommt Rollen und Plätze in den Funktionsmodalitäten und Strukturierungsprozessen der Psyche. Das Todestriebgeschehen verhält sich zum Lebenstriebgeschehen komplementär-dialektisch (Dorey 1985, 98).

Auf Grund dieser Zusammenhänge darf man mit einer fiktiv-normalen Entwicklung des Todestriebgeschehens spekulieren und danach suchen, unter welchen Umständen es pathogen und pathoplastisch wird. Freud hat zwar diese Unterscheidung explizit nicht eingeführt. Aber man darf sich in ihrer Ableitung gestärkt fühlen. Denn Freud bemerkte, daß der Todestrieb im Gegensatz zum Lebenstrieb schwerer zu fassen sei. Er leiste seine Arbeit unauffällig (Freud 1920g, 69), gleichsam stumm (Freud 1923b, 275). Er werde mächtig (Freud 1923b, 289) im Destruktionstrieb (Freud 1923b, 271).

Meines Erachtens verweist Freud mit einigen Ausführungen auf eine weitere Entwicklungsstufe, wenn er die Schaffung eines Symbols als solches einführt. Insbesondere mit der Schaffung des Verneinungssymbols führt er eine *neue Handlungsart des Todestriebs* ein. Die Symbolisierung wird an dieser Stelle freilich nicht weiter ausgeführt. Ich weise auf ihre zeitgenössische Auslegung von Lilli Gast (2008) und Ausarbeitung durch Elfriede Löchel (2000) hin und ergänze bestätigend, daß Freud ein Zwischenstadium eingeschoben hatte in die Transformationsabfolge von der auslöschenden Handlung zum performativ-gestischen Nein und zum semantischen Nein des Fort-Da-Spiels. Es ist die einzige Verneinungsmöglichkeit in der Traumarbeit, die Verkehrung ins Gegenteil, die in der Symbolform halluzinatorisch-szenischer und bildlicher Kontrastvorstellungen möglich wird. Freud führt dies in der *Traumdeutung* am Traum vom »Abort im Freien« eindrucksvoll vor (Danckwardt 2011). Hervorzuheben ist: Mit der Symbolisierung weist Freud implizit auf eine Störungsstelle hin, nämlich darauf, daß es nicht zu einer Genese der Symbolfunktion und nicht zur Entwicklung symbolischer Systeme kommt. Weiter schreibt er, daß es durch sogenannte Vermischung der Triebe beider Arten und durch Vermittlung eines besonderen Organs gelungen wäre, die destruktiven Regungen auf die Außenwelt abzuleiten. Beland hält Termini wie »Mischung« und »Vermischung« für vorläufige deskriptive Verlegenheitsbegriffe (Beland 2006, 185). Sie verschleiern eigentlich, daß es zur Genese und Entwicklung eines Symbolsystems über den Weg der projektiven Identifizierung, der Projektion und Reintrojektion kommt. Nach Bions Arbeiten sind sie das Resultat einer gelingenden basalen Kommunikation. Ihr Gelingen wird von Bion als Entwicklung der Alphafunktion konzeptualisiert werden.

IV. »On Arrogance« (Bion 1958)

Ich schließe mit einer Metaanalyse einer klinischen Episode von Bion ab, in der er diese Ansichten aus der konkreten analytischen Arbeit heraus entwickelte. Das Material möge gleichzeitig als eingangs in Aussicht gestelltes Beispiel dienen. Ich entnehme es einer Fallschilderung, die 1958 unter dem Titel »On Arrogance« erstmals im *International Journal of Psychoanalysis* erschienen ist und später in *Second Thoughts* ein Kapitel bildet. Diese eine Arbeit wurde bisher nicht ins Deutsche übersetzt, obwohl es die einzige ist, in der Bion explizit das Phänomen der Arroganz als *pathologische* Nachfolge des Todestriebs konzeptualisiert:

> Die Bedeutung, die ich dem Ausdruck »Arroganz« verleihen will, kann mit der Annahme belegt werden, daß in einer Persönlichkeit, in der Lebenstriebe vorherrschen, Stolz zu Selbstachtung wird. Dort aber, wo Todestriebe vorherrschen, wird Stolz zur Arroganz. (Bion 1958, 144 und 1967, 86; Übersetzung J. D.)

Ich fasse die Kasuistik so genau wie möglich zusammen und markiere deshalb Zitate nicht gesondert. Es handelte sich um einen Patienten, dessen Analyse zunächst den Mustern in der Behandlung der Neurosen folgte, bei der aber auch psychotische Mechanismen – wohlgemerkt keine Psychose – aktiv waren. Diese Mechanismen müssen analytisch aufgedeckt werden, bevor eine stabile Veränderung erreicht werden kann. Ein Unterschied zu Neurosenbehandlungen bestand in den negativ therapeutischen Reaktionen: die Besserung des Patienten entsprach nicht der analytischen Arbeit, die Bion geleistet hatte. Inhaltlich war es keine Abwehr von katastrophischer Angst, von Retraumatisierung, von Intrusion oder extraktiver Introjektion. Bion fand in der negativ therapeutischen Reaktion des Übertragungs- und Gegenübertragungsgeschehens bedeutsame Ereignisse, nämlich eine zunächst wie versprengt lokalisierte und naiv wirkende (Schein-) Neugier, arrogantes Verhalten und (psychogene) Dummheit. Zuerst traten sie vereinzelt und verstreut in Erscheinung und verdichteten sich erst nach und nach zu einer destruktiven Trias. Bion gelangte zu der Überzeugung, daß deren Präsenz und Sichereignen auf ein psychologisches Desaster hinwies, mit dem es umzugehen galt. Denn das analytische Verfahren ist ja beispielsweise eine Manifestation von Neugier, und zwar von echter Neugier. Folglich kann der Analytiker Teil beim Auslösen von Regression und bei der Wendung der Analyse in Acting-out werden. Unechte Neugier drückt keinen Wunsch aus, den anderen als ganze Person zu verstehen, als ganze Person mit sowohl guten als auch unerfreulichen Eigenschaften und Aspekten. Wahrnehmung und Fühlen sind also zu Teilen ausgelöscht. Umgang und Handhabung damit in der analytischen Situation schließen eine detaillierte Interpretation von Ereignissen ein, die *in* der Sitzung stattfinden. Der Analytiker als Analytiker, seine Erscheinung und die des Patienten, insoweit er mit dem Analytiker identifiziert war, werden Gegenstand der Analyse, und damit auch die Äußerungen über den Analytiker. In der heftigen aktiven projektiven Identifizierung des Analysanden wurde Bion als »blind«, »dumm«, »zerstörerisch«, »neugierig« und »arrogant« beschimpft. Damit wurde auch die pure Existenz des Analytikers zu einem Problem. Er wurde Objekt vernichtender Angriffe. Bion kam nur nach und nach in die Lage, dem Analysanden Einblicke in die wachsende Häufigkeit dieser Prozesse und in ihre innere Dynamik zu geben, also in das »Was« und das »Wie«, noch nicht in das »Warum«; das war entscheidend in der Behandlung dieser Störung. Der Analysand beschrieb sein Benehmen in den Sitzungen manchmal selbst als verrückt oder wahnsinnig. Er war dann auch besorgt über seine Unfähigkeit, sich auf eine Weise zu benehmen, die ihm die vorausgegangenen Erfahrungen mit Psychoanalyse als hilfreich aufgezeigt hatte, um analytische Fortschritte voranzutreiben. Bion war von der Tatsache beeindruckt, daß der Analysand für die Dauer von mehreren Sitzungen plötzlich völlig bar jedweder Einsicht und jedwedes Urteils zu sein schien. Er wußte aber aus vorherigen Erfahrungen, daß der Patient sie besaß. Zustände von Verwirrung und Depersonalisation waren leicht wahrzunehmen und häufig evident. Für einige Monate lang waren die Sitzungen vollständig mit psychotischen Mechanismen aufgeladen, und zwar in einem

Ausmaß, daß sich Bion fragte, wie es denn sein konnte, daß der Patient sein außeranalytisches Leben ohne faßbare Verschlechterung fortsetzte.

Bion konzentrierte sich in der Folge auf die besondere Form des inneren Objekts. In seiner einfachsten Form erschien dieses Material in solchen Sitzungen, in denen den Einfällen des Patienten Kohärenz fehlte oder aus Sätzen bestand, die bemerkenswert unzulänglich waren in Hinsicht auf Grammatik und Konversations-Englisch. Auf diese Art und Weise konnte der Patient offenbar ein bedeutsames inneres Objekt erwähnen; aber es gab kein Fürwort oder Verb. Oder es tauchten sonderbare Sprachbilder auf, wie zum Beispiel ein ›gehender Eislauf‹. Aber es gab dazu keine weiteren Ausführungen, wer oder wo wer so etwas praktiziert. Der vom Analytiker angestrebte Aufbau einer analytisch starken Beziehung über rein sprachliche Kommunikation war dann unmöglich. Analytiker und Patient wurden zu einem frustrierten Paar. Das war an und für sich nichts Neues. Aus Anlaß einer relativ klaren Sitzung bemerkte der Patient selbst, daß die psychoanalytische Methode als Kommunikationsform dergestalt verstümmelt wurde, daß eine kreative Arbeit unmöglich war und er seinerseits an der Möglichkeit zweifelte, ob irgendeine Heilung möglich sein würde. Von früheren Sitzungen war er schon ziemlich vertraut mit seinen Sexualängsten, so daß es für Bion vernünftig erschien, anzunehmen, daß Fortschritte folgen würden. Um so überraschender war es aber, daß sie sich nicht einstellten. Im Gegenteil, die Angst des Patienten nahm immer mehr zu. Bion war schließlich dazu gezwungen, auf rein theoretischer Grundlage anzunehmen, der Fortschritt hätte sehr wohl stattgefunden, aber er hätte es versäumt, die Änderung im Benehmen des Analysanden zu beobachten. Mit dieser Annahme im Hinterkopf versuchte Bion, nach irgendeinem aufschlußreichen Anhaltspunkt zu suchen, der anzeigte, was diese Änderung sein könnte. Aber Bion fühlte sich wie verloren. Bis der Patient eines Tages in einem klaren Moment sagte, daß er sich darüber wunderte, daß Bion ihm standhalten konnte. Dies gab Bion einen Wink. Nun wußte er wenigstens, daß es etwas gab, dem standzuhalten er in der Lage war, der Analysand aber nicht. Der Patient merkte durchaus, daß er sich in seinem Ziel behindert fühlte, einen kreativen Kontakt mit Bion herzustellen, und daß die obstruktive Gewalt mal im Analysanden, mal in Bion war und manchmal einen unbekannten Ort einnahm. Weiterhin wurde die Verhinderung durch zahlreiche Variationen der Verstümmelung der sprachlichen Kommunikation bewirkt. Der Patient hatte damit klar gemacht: die behindernde Gewalt oder das behindernde Objekt war außerhalb seiner Kontrolle.

Der nächste Fortschritt kam, als der Patient sagte, daß Bion die behindernde Gewalt war und daß Bions entscheidendes Charakteristikum war, »daß Bion es nicht ertragen konnte«. Bion arbeitete daraufhin mit der Annahme, daß das verfolgende Objekt, das keine kreative Beziehung erlauben konnte, eines war, das »dem Analysanden nicht standhalten konnte«. Aber es war Bion immer noch nicht klar, was ›Es‹ war. Es war verführerisch, anzunehmen, daß ›Es‹ jede kreative Beziehung war, die für das verfolgende Objekt durch Neid und Haß auf das kreative Paar unerträglich gemacht wurde. Leider führte auch dies überhaupt nicht weiter, weil ein Element des Materials war, das schon früher klar gemacht worden war, ohne daß es irgendeinen Fortschritt gebracht hätte. Mit anderen Worten: Bion hatte schon früher erfolglos nach reaktiv-destruktiven Motiven gesucht. Das Problem, was ›Es‹ war, wartete weiter auf eine Lösung. Nun hob Bion ein Merkmal des Materials hervor, das bis zu diesem Punkt geführt hatte; es trägt zum Verständnis des nächsten Schritts bei. Während der ganzen Periode, die Bion beschrieb, wurden die Vorwürfe auf Bions Neugier, Arroganz und Dummheit immer häufiger und miteinander offensichtlicher zusammenhängender. Sie verdichteten sich zu einer Trias. Ihre kumulierende Wirkung sollte Bion davon überzeugen, daß die innere Beziehung von ihrer Zusammenarbeit mit dem obstruktiven Objekt abhing. Neugier und Dummheit wuchsen oder verschwanden zusammen. Das hieß, wenn Neugier zunahm, dann auch die Dummheit (Begriffsstutzigkeit, Nichtverstehen usw.). Bion empfand es deshalb als Gewinn, den Charakter dieser obstruktiven Gewalt verstanden zu haben. Was es war, daß das Objekt nicht aushalten konnte, wurde in einigen Sitzungen klarer, als Bion als Analytiker auf der sprachlichen Ebene der Kommunikation als Methode bestand, um die Probleme des Patienten explizit zu machen. Damit wurde Bion als jemand empfunden, der die Methode der Kommunikation des Patienten direkt angriff, nämlich dessen *Methode exzessiver projektiver Identifizierung.* Nun wurde klar: wenn Bion mit der obstruktiven Gewalt identifiziert wurde, dann war das, was Bion nicht ertragen konnte, die Methode der Kommunikation des Patienten, die projektive Identifizierung. Dann wurde Bions konsequente Anwendung der sprachlichen Kommunikation vom Patienten auch als ein verstümmelnder Angriff auf die Kommunikationsmodi des Patienten erlebt.

Von diesem Punkt an war es nur eine Angelegenheit der Zeit aufzuzeigen, daß die Verbindung des Patienten mit Bion geradezu dessen *Fähigkeit war, den Mechanismus der projektiven Identifizierung zu verwenden.* Seine Verbindung zu Bion und seine Fähigkeit, von Assoziationen zu profitieren, lag gewissermaßen in der Möglichkeit, die Teile seiner Psyche, seine Spaltung (Freuds in »Partikel zersprengte lebende Substanz«) in Bion zu projizieren. Davon hing eine Vielfalt von Verfahren ab, die geeignet war, gefühlsmäßig lohnende Erfahrungen sicher zu stellen. Bion erwähnt zwei: zum einen die Fähigkeit, *schlechte* Gefühle in Bion zu projizieren und sie *dort lang genug zu lassen, so daß sie von ihrem Aufenthalt in Bions Psyche modifiziert werden.* Das zweite war die Fähigkeit, *gute* Teile von sich in Bion zu projizieren, dabei fühlend, daß der Analysand im Endergebnis mit einem idealen Objekt zu tun hat. Mit diesen Erfahrungen wurde das Gefühl verbunden, in Kontakt mit Bion zu sein. Man kann dieses Geschehen auch Synchronisierung nennen (Gattig/Danckwardt 2010). Das war zwar eine primitive Form der Kommunikation, sie schaffte aber eine Grundlage, von der die Entwicklung höherer sprachlicher Kommunikation letztlich abhing. Aus seinen Gefühlen während der Identifizierung mit dem obstruktiven Objekt war Bion in der Lage zu schließen, daß das obstruktive Objekt ›Bion‹ zwar auf den Analysanden neugierig war, aber nicht aushalten konnte, empfänglich für Teile der Persönlichkeit des Patienten sein zu müssen. Dementsprechend machte der Patient durch zahlreiche Varianten von Dummheit zerstörerische und verstümmelnde Angriffe auf Bions kapazitäre Fähigkeiten, projektive Identifizierung auszuhalten und von ihr Gebrauch zu machen. Bion folgerte, daß die Katastrophe von den verstümmelnden Angriffen herrührte, die auf die *äußerst primitive Art der Verbindung* zwischen Patienten und Analytiker zielten. Genau das hatte Freud meines Erachtens mit dem Lebens- *und* Todestrieb*geschehen* beschrieben. Zerstörung tritt ein – ich benutze eine gelungene Formulierung von Patrick Gallwey (1984, 104): Wenn zwar das Gefühl einer gutartigen Abhängigkeit durch die analytische Arbeit freigesetzt wird, aber doch in destruktiven Attacken gegen das auftauchende libidinöse Selbst oder gegen die Funktion des Objekts endet, das die gute Erfahrung ermöglicht hat, und zwar tritt Attacke im Sinne Freuds deshalb ein, weil den schmerzlichen Spannungen des Noch-nicht-Seins und des Noch-nicht-Ermessen-Könnens der Bedeutung der Lebenstriebvorgänge nicht standgehalten werden kann und damit die Unabhängigkeit von den Primärobjekten in Frage gestellt ist, sei es in der Analyse oder bei der Entstehung des Seelischen. Dann lieber nicht sein, sondern gewesen sein. Bollas hält die dranghafte Tendenz, nicht zu sein, »kein Mensch zu sein, sondern das Sein zu beherrschen« für die *Leistung* des Todestriebs (Bollas 1997a, 143 f.). In »Attacks on linking«

führte Bion aus, daß der Analysand in der Primärobjektbeziehung um ein angemessenes Maß an projektiven Identifizierungsvorgängen der primären Aggression im Wechselspiel von Lebens-Todestrieb betrogen worden war oder keine hinreichende Gelegenheit hatte, projektive Identifizierung als archaische Kommunikationsform zu entwickeln und davon Gebrauch zu machen. Das von Freud sogenannte »Entmischen« muß also nicht als eine angeborene Disposition zu übermäßiger Destruktivität, übergroßem Haß und Neid gedacht werden. Das mag so sein und dann führt es zur übermäßigen projektiven Identifizierung (Bion 1990 [1959]). Entmischung kann auch gedacht werden als eine Behinderung der »Vermittlung« des Lebens- *und* Todestriebgeschehens durch ein »Organ«. Freud bezeichnete das Organ biologisch: als Muskel. Nehme ich das als Metapher, dann entsprechen dem »Muskel« in Bions konkreten Fallbeispiel psychologisch die Projektion, bzw. die vorgängige Entwicklung der projektiven Identifizierung und die Reintrojektion. Entmischung entspräche einer Behinderung der Entwicklung eines fiktiv normalen Systems von Spaltung und Projektion in der projektiven Identifizierung.

V. Diskussion

Ich habe Bions Arbeit nicht ohne Absichten so genau wie möglich wiedergegeben. Eine Absicht war, nachvollziehbar zu machen, was Freud als jenseits des Lust- und Unlustprinzips liegende letzte Triebkraft sah, von Loch als »nicht reduzierbaren«, nicht reaktiv auslösbaren »Rest [...] essentieller Destruktivität« bezeichnet. In dem fast ausschließlichen Gebrauch von projektiver Identifizierung manifestiert sich jenseits des Lust-Unlustprinzips die Bemächtigung des Objekts als Mittel zum Überleben und Weiterleben. Freud nannte ihn Bemächtigungstrieb und lokalisierte ihn in pathologischen Fällen in der Perversion und in der Zwangsneurose (1940a). Roger Dorey hat letztere Verhältnisse theoretisch ausführlich ausgearbeitet (Dorey 1986). Aus der Sicht des Analysanden ist die Bemächtigung in der projektiven Identifizierung ein Weiter- und Überlebensprinzip; aus der Sicht des Analytikers mag sie ein »böses Prinzip« sein, weil es den Analytiker zerstört. Eine Behinderung der Bemächtigung des Objekts in der projektiven Identifizierung kann zum Beispiel eintreten, wenn das Kind einer von André Green sogenannten »toten Mutter« ausgeliefert ist. Es ist eine Mutter, die aus eigenen Gründen nicht vermag, in einer ihr Kind verstehenden Beziehung dessen Affekte des Lebens- *und* Todestriebwechselspiels in sich aufzunehmen, zu transformieren und sich lange genug benutzen zu lassen. Die Ängste des Kindes bleiben namenlos, begrifflos und gewinnen keine Symbolisierung. Ihre Nichthandhabung durch das wie leblos wirkende Primärobjekt führt zu einer Internalisierung von und Identifizierung mit der leblosen Kommunikation (Prozeßidentifizierung). Die in ein sich entwickelndes Ich »einbrechenden Eroberer behandeln das eroberte Land nicht nach dem Recht, das sie darin vorfinden, sondern nach ihrem eigenen« (Freud 1940a, 90). Die Eroberung durch das »Verstummen« wirkt wie eine Kolonialisierung, wie ein »Staat im Staat, eine unzugängliche, zur Zusammenarbeit unbrauchbare Partei, der es aber gelingen kann, das andere, sog. Normale zu überwinden und in ihren Dienst zu zwingen« (Freud 1939a, 181). Das eroberte Land wird »erdrückt« oder »in bestimmte Bahnen gedrängt, die es nicht wieder verlassen kann« (Freud 1940a, 101, 114), und seine »psychischen Systeme verarmen« (Freud 1920g, 30) oder verkümmern (Freuds Formulierung, bezogen auf Musikalität in 1985c, 356, und auf Lesen in 1985c, 146).

Leblose Kommunikation führt also zu einer leblosen Kommunikation mit sich selbst und Ablehnung des in Entwicklung befindlichen Selbst. Projektive Identifizierung wird nicht nur auf das reale Außen gerichtet, sondern auch an die eigene Mikrowelt mit ihren kernhaften Strukturen, Repräsentanzen und Vorstellungen. In der Sprache Greens: gegen die objektalisierenden Funktionen wie die Schaffung von Objektbeziehungen, Transformation von Strukturen in Objekte, Objektalisierung der psychischen Aktivitäten, gegen Objektbindung, gegen das Ich, gegen den Besetzungsprozeß (Green 1984, zit. nach Folch et al. 1984, 72f.; Green 1993).

Ich schulde noch eine Antwort auf die Frage, wie die seelische Grausamkeit und geistige Gewalttätigkeit des Dogmatikers zu verstehen sein könnten. Man kann damit auch Harald Welzers Frage zu beantworten versuchen, wie aus ganz normalen Menschen Schreibtischtäter oder gar Massenmörder werden (Welzer 2005). Die Antwort greift Hannah Arendts Kommentar zu Eichmann von der Banalität des Bösen auf. Die Analyse des Texts gibt eine intensive Aufladung mit den desaströsen Schicksalen der Lebens-Todestriebdynamik wieder. Sie ist, unter entwicklungspsychologischen Gesichtspunkten betrachtet, lediglich transformiert zu der Trias von Arroganz/Verachtung, unechter wissenschaftlicher Neugier und psychogener Dummheit. Unter Arroganz/Verachtung sind Wahrnehmungen und Fühlen zu entscheidenden Teilen ausgelöscht. Unechte wissenschaftliche Neugier drückt sich in dem fehlenden Wunsch aus, den anderen als ganze Person zu verstehen, als ganze Person mit sowohl guten als auch unerfreulichen Eigenschaften und Aspekten. Daher wird auch die andere Person in ihren eigenen Motiven und eigenen Gefühlen einschließlich eigenen Leids nicht wahrgenommen. Man kann unter strukturellen Gesichtspunkten feststellen, die *destruktive Trias von Arroganz, unechter Neugier und Dummheit läßt die Entwicklung der depressiven Position verarmen, verkümmern oder verlöschen.* Der Autor kann daher nicht pendeln zwischen paranoid-schizoider, also objekt-aggressiver Position und depressiver, also objekt-reparativer, Position. Neugier spiegelt unter diesen Umständen nur die Verwirrung über die Motive der eigenen Person und gleichzeitig eine nur geringe Kenntnis von der eigenen Person wider. Arroganz entsteht durch Beschränkung von Fühlen und Wahrnehmen und dem damit einhergehenden Auslöschen der Vorstellung von einem ganzen Objekt. Die fehlenden Vorstellungen werden durch entseelte und partialobjekthafte Beziehungen ersetzt. Dummheit ist die Folge der massiv gebliebenen Fixierung auf Spaltung und projektiver Identifizierung und der daraus entstehenden Unfähigkeit, neues Wissen zu verinnerlichen. Eine solche Persönlichkeit fühlt sich regelmäßig unheimlich überrascht, wenn seine feindseligen Haltungen als solche von anderen bemerkt und aufgezeigt werden. Sie fühlt sich häufig auch nicht in der Lage, ihre projizierten feindseligen Ansichten im Licht neuen Wissens zu ändern. Nur unter günstigen Umständen – und damit meinte Hanna Segal die psychoanalytische Situation – führt das Aufzeigen zu beobachtbarer Wirksamkeit des Lebenstriebs. Die günstigen Umstände sind Reintrojektion der Container-Contained-Funktion und dadurch ein pendelnder Neubeginn der depressiven Position.

Ich komme zum Abschluß meines Beitrags. Die Behinderung oder Verweigerung der Entwicklung von Bemächtigung, projektiver Identifizierung und Projektion kann als früheste Einbruchstelle für Traumata in das Lebens-Todestriebsystem angenommen werden. Es gibt noch andere als die von Bion (Verweigerung und Entzug), Green (lebelose Kommunikation) und Freud (Intrusion) skizzierten Wege, die notwendige Entwicklung zu behindern oder gar zu vereiteln, etwa den von Bollas aufgezeigten Mechanismus der extraktiven Introjektion (Bollas 1997b; Danckwardt 2005; verfehlte Synchronisierung: Gattig/Danckwardt 2010). Die eingangs zitierten Beispiele – *ego-shooter* von Arndt sowie *Crash* von Ballard und Cronenberg – illustrieren dies. Man kann sie anhand des Charakters der negativen therapeutischen Reaktionen differenzieren

(Schteingart 1985; Danckwardt i. V.), darauf sollen die Beispiele vom Sekundenschlaf im Auto und von der wandelnden Zielscheibe aufmerksam machen. Freuds – wie er sie nannte – »Spekulation« auch an weitere Traumatheorien und Frustrationstheorien über die Entstehung von Gewalt anzunähern, könnte eine vollendetere Wolfgang Loch-Vorlesung erbringen. Mit diesem Ausschnitt aus der Suche nach Freuds impliziten Theorien hoffe ich nachvollziehbar gemacht zu haben, daß Freud die Lebens-Todestriebhypothese sehr wohl weiterentwickelte: einmal in die Richtung ihrer fiktiv-normalen und normotischen Entwicklung, deren Stadien und Modalitäten bis hin zu einer Grundfähigkeit, zu einer conditio humana, zum »Ja« und zum »Nein«. Zum anderen in die Richtung ihrer endogenen Pathologie, ihrer vielfältigen pathologischen Veränderungen durch Eingriffe in die basale Kommunikation und ihrer pathologischen Aktivierung durch regressiven Anschluß an Traumata (Laub 2005; Laub/Lee 2003; Quinodoz 1985). Allerdings hat Freud die Weiterentwicklungen in ungebündelten Zuständen belassen. Deswegen die Lebens-Todestriebhypothese neu zu schreiben, kommt in Anlehnung an Kurt Eissler dem Unterfangen gleich, den Parthenon neu zu gestalten, weil die Erbauer »den Parthenon nicht so hoch wie den Eifelturm gebaut haben« (1985, 978).

Zusammenfassung

Der Beitrag ist Teil eines Forschungsprojekts über ›Sigmund Freuds implizite psychoanalytische Theorien‹. Nach einer historischen Übersicht führt er ungebündelt gebliebene Theoriestücke vor und nach der 1920 in *Jenseits des Lustprinzips* entwickelten Lebens-Todestriebhypothese zusammen. Er zeigt, wie reichweit Freud die Hypothese weiterentwickelt hatte. Einerseits zur conditio humana, der gelingenden Fähigkeit zum Ja- und Nein-Sagen; andererseits zu einer Beschädigung des dualen Triebsystems und ihre Folgen. Die ungenügende Rezeption der Weiterentwicklungen hatte zur Verleugnung des Todestriebs und zu den bis heute anhaltenden Kontroversen beigetragen. Mit einer Metaanalyse von Bions Fallschilderung »On Arrogance« wird die kleinianische und bionianische Weiterentwicklung von dem Punkt an aufgezeigt, bis zu dem Freud vorgestoßen war: die notwendige Entwicklung von Spaltung, Projektion, projektive Identifizierung als basale Kommunikationsformen. Mit ihnen kommt die Entwicklung von Symbolsystemen in Gang. Das Nein kann sich dann herausentwickeln aus der konkret-auslöschenden Handlung, hinein zu einer halluzinatorisch-szenischen Symbolform mittels bildlicher Kontrastvorstellungen wie in der Traumarbeit und weiter zum performativ-gestischen und schließlich zum semantischen Nein. Mit Bions Vignette wird die Bedeutung der Lebens-Todestriebhypothese für ein Verständnis hervorgehoben, wie aus normalen Menschen Täter werden, sowie für das Verständnis von seelischer Grausamkeit und der psychoanalytischen Behandlung von solchen Persönlichkeitsstörungen.

Summary
The Denial of the Death Instinct

The paper is part of a research project on ›Sigmund Freud's implicit psychoanalytic theories‹. The historical survey is followed by the presentation of unjoint parts of theory dating before and after the life-death-instinct-hypothesis developed in *Beyond the Pleasure Principle* in 1920. It shows how far-reaching Freud had further developed the hypothesis. On the one hand as a conditio humana, the successful ability of saying yes and no; on the other hand as a damage of the dual drive-system and its consequences. The insufficient adoption of the developments had led to the denial of the death instinct and has contributed to the still lasting controversies. A meta-analysis of Bion's case-study »On Arrogance« displays the development by Klein and Bion from the point where Freud had already arrived at: the necessary development of splitting, projection, and projective identification as essential forms of communication. Together with these the development of symbol-systems takes place. The ›No‹ can establish itself from a specific extinguishing action to a hallucinatory-scenic form of symbol by using pictorial contrast-ideas as to be found in dream-work; it then proceeds to the performative-gestural and arrives finally at the semantic ›No‹. Bion's vignette shows the meaning of the life-death-instinct-hypothesis for understanding how normal people become culprits and for understanding mental cruelty as well as how to treat such personality disorders psychoanalytically.

Literatur

Ballard, J. G. (1996 [1973]): *Crash*. München: Goldmann.

Beland, H. (2007): Erklärungs- und Arbeitswert der Todestriebhypothese. In: G. Schlesinger-Kipp/R.-P. Warsitz (Hg.): *Eros und Thanatos. Tagungsband der Arbeitstagung der Deutschen Psychoanalytischen Vereinigung, Bad Homburg, 22.–25. November 2006*, 172–187.

— (2008): Erklärungs- und Arbeitswert der Todestriebhypothese. Diskussion anhand klinischer und theoretischer Beispiele. In: *Jahrb. Psychoanal.* 56, 23–47.

Beradt, C. ([1966] 1994): *Das Dritte Reich des Traums*. Mit einem Nachwort von Reinhard Koselleck 1981. Frankfurt am Main: Suhrkamp.

Bion, W. R. (1958): On Arrogance. In: *Int. J. Psychoanal.* 39, 144–146. Auch in: Ders. (1987): Second Thoughts. London: Karnac, 87–92.

— (1990 [1959]): Angriffe auf Verbindungen. In: E. Bott Spillius (Hg.): *Melanie Klein Heute*, Bd. 1. München/Wien: Verlag Intern. Psychoanalyse, 110–129.

Bollas, C. (1987a): *The Shadow of the Object: Psychoanalysis of the Unthought Known*. London: Free Association Books. Dt. (1997a): Der Schatten des Objekts. Das ungedachte Bekannte. Zur Psychoanalyse der frühen Entwicklung. Stuttgart: Klett-Cotta.

— (1987b): Extractive Introjection. In: *The Shadow of the Object. Psychoanalysis of the Unthought Known*. London: Free Association Books. Dt. (1997b): Ders.: Extraktive Introjektion. In: Der Schatten des Objekts. Das ungedachte Bekannte. Zur Psychoanalyse der frühen Entwicklung. Stuttgart: Klett-Cotta, 157–169.

Cronenberg, D. (1996): Crash. DVD. Nach dem gleichnamigen Roman von J. G. Ballard (1973).

Danckwardt, J. F. (1989): Eine frühe, im Spannungsfeld zwischen Traum und Übertragung unbewußt gebliebene Phantasie Freuds über die psychoanalytische Situation (1898). Ein Beitrag zur psychoanalytischen Kreativität. In: *Psyche – Z Psychoanal* 43, 849–883.

— (1995): Staunen. Psychogenetische und epigenetische Gesichtspunkte des vorbewußten phantasierenden und unbewußten affektiven Denkens in der Entwicklung zum Psychoanalytiker. In: G. Schneider/H. Seidler (Hg.): *Internalisierung und Strukturbildung*. Opladen: Westdeutscher Verlag, 132–158.

— (2005): Psychoanalytische Betrachtungen zur Entstehung der bogigen Linie (Container-Contained) bei Paul Klee. Ein Beitrag zur Psychoanalyse des Wachstums und der Beeinflussung. In: *Jahrb. Psychoanal.* 51, 165–211.

— (2006): Farben im Traum. Ein Beitrag zur Traumdeutung Sigmund Freuds. In: *Forum Psychonal* 22, 165–181.

— (2008): Über Performance in der Psychoanalyse. Referat für das Michael Balint Institut, Hamburg, am 26./27. 9. 2008.

— (2010): Über die allmähliche Verfertigung neuer Theorien in psychoanalytischen Prozessen am Beispiel von Sigmund Freuds dritter Traumatheorie, Entdeckung des Widerstands und Synthesetheorie für Setting und Deutung. In: *Psyche – Z Psychoanal* 64, 408–436.

— (2011): The Negative in Dreams. In: S. Akhtar/M. K. O'Neil (Hg.): *On Freud's ›Negation‹*. Contemporary Freud Series. London: Karnac.

— (in Vorb.): Zur Differenzierung negativ therapeutischer Reaktionen und ihrer differentialdiagnostischen Valenz für Gewalt.

— /P. Wegner (2007): Performance as annihilation or integration? In: *Int. J. Psychoanal.* 88, 1117–1133.

Dorey, R. (1985): Die vereinten Aktionen des Todestriebs und die Verneinung im Strukturierungsprozeß des psychischen Apparates. In: *Bulletin Psychoanalyse in Europa* 25, 95–100.

— (1986): The relationship of mastery. In: *Int. Rev. Psycho-Anal.* 13, 323–332.

Eickhoff, F.-W. (1998): Verleugnung. In: J. Ritter/K. Gründer: *Historisches Wörterbuch der Philosophie*. Bd. 11. Basel: Schwabe, 719–722.

Eissler, K. R. (1985): Ein Abschied von Freuds »Traumdeutung«. In: *Psyche – Z Psychoanal* 41, 969–986.

Folch, P./Eskelinen de Folch, T. (1984) (Hg.): Todestrieb. Bericht über das Symposium, Marseille, 30.3.–1.4.1984. In: *Bulletin Psychoanalyse in Europa* 22, 65–99.

Frank, C. (2010, i. Dr.): Kleins Entdeckung eines »bösen Prinzips« in der klinischen Situation (1925/1926) und ihre Bezugnahme auf Freuds Todestriebhypothese in *Die Psychoanalyse des Kindes* (1932): Rekonstruktion und Diskussion der Konzeptualisierung destruktiver Phänomene. Arbeitsgruppe auf der Frühjahrstagung der Deutschen Psychoanalytischen Vereinigung (Die Figur des Dritten), Bonn, 12.–15. Mai 2010.

— /Weiß, H. (1996): Der Beginn einer Kinderanalyse im Spiegel der handschriftlichen Notizen Melanie Kleins. In: *Luzifer-Amor* 9, 7–31.

Freud, S. (1909b): Analyse der Phobie eines fünfjährigen Knaben. In: *GW* VII, 241–377.

— (1915c): Triebe und Triebschicksale. In: *GW* X, 210–232.

— (1915e): Das Unbewußte. In: *GW* X, 264–303.

— (1916–17a): Vorlesungen zur Einführung der Psychoanalyse. In: *GW* XI.

— (1920g): Jenseits des Lustprinzips. In: *GW* XIII, 1–69.

— (1923b): Das Ich und das Es. In: *GW* XIII, 237–239.

— (1925h): Die Vereinung. In: *GW* XIV, 11–15.

— (1930a [1929]): Das Unbehagen in der Kultur. In: *GW* XIV, 419–506.

— (1933a [1932]): Neue Folge der Vorlesungen zur Einführung in die Psychoanalyse. In: *GW* XV.

— (1939a [1934–1938]): Der Mann Moses und die monotheistische Religion. In: *GW* XVI, 103–246.

— (1940a [1938]): Abriß der Psychoanalyse. In: *GW* XVII, 63–138.

— (1985c [1887–1904]): Briefe an Wilhelm Fließ 1887–1904. Ungekürzte Ausgabe, hg. von J. M. Masson, Bearbeitung der deutschen Fassung von M. Schröter, Transkription von G. Fichtner. Frankfurt am Main: Fischer.

Gallwey, P. (1985): Klinische Anwendung der Todestriebtheorie. Übersetzt von Babara Strehlow. In: *Bulletin Psychoanalyse in Europa* 25, 101–106.

Gast, L. (2008): Die Verneinung. Eine Freud-Lektüre. In: *Jahrb. Psychoanal.* 56, 69–83.

Gattig, E./Danckwardt, J. F. (2010): Psychoanalytische Arbeit in verschiedenen Settings. Vorläufige Ergebnisse eines DPV-Forschungsprojekts. In: G. Schneider/ H.-J. Eilts/J. Picht: *Psychoanalyse. Kultur, Gesellschaft. Tagungsband der Arbeitstagung der Deutschen Psychoanalytischen Vereinigung Bad Homburg 18.– 21.11.2009*, 305–320.

Green, A. (1993): Todestrieb, negativer Narzissmus, Desobjektalisierungs-Funktion. In: *Psyche – Z Psychoanal* 55, 869–877.

Grotstein, J. S. (2000): Some considerations of ›hate‹ and a reconsideration of the death instinct. In: *Psychoanal. Inq.* 20, 462–480.

Joseph, B. (1975): The patient who is difficult to reach. In: P. Giovacchini (Hg.): *Tactics and Techniques in Psycho-Analytic Therapy*. Bd. 2. New York: Jason Aronson, 205–216. Dt. (1991): Der unzugängliche Patient. In: E. Bott Spillius (Hg.): *Melanie Klein Heute*, Bd. 2. München/Wien: Verlag Intern. Psychoanalyse, 65–83.

Kernberg, O. (1969): A contribution to the ego-psychological critique of the Kleinan school. In: *Int. J. Psychoanal.* 50, 317–333.

— (1980): Internal World und External Reality. New York: Jason Aronson. Dt. (1988): Innere Welt und äußere Realität. München/Wien: Verlag Intern. Psychoanalyse.

— (2009): The concept of the death drive: A clinical perspective. In: *Int. J. Psychoanal.* 90, 1009–1023.

Kimmerle, G. (1988): *Verneinung und Wiederkehr*. Tübingen: edition diskord.

Klein, S. (1974). Transference and defence in manic states. In: *Int. J. Psychoanal.* 55, 261–268.

Köhler, J. (2010): Über jüdische Gewalt. In: *Schwäbisches Tagblatt* vom 10.08.2010.

Laplanche, J./Pontalis, B. (1972 [1967]): *Das Vokabular der Psychoanalyse*. Übers. E. Moers. Frankfurt am Main: Suhrkamp.

Laplanche, J. (1984). In: Folch, P./Eskelinen de Folch,T. (Hg.) (1984): Todestrieb. Bericht über das Symposium, Marseille, 30.3.–1.4.1984. In: *Bulletin Psychoanalyse in Europa* 22, 65–99.

— (1995): Der sogenannte Todestrieb: ein sexueller Trieb. 9. Sigmund Freud-Vorlesung. Frankfurt.

Laub, D. (2005): Traumatic shut down of Narrative and Symbolization: A Death Instinct Derivative? In: *Cont. Psychoanal.* 41, 307–326.

— /Lee, S. (2003): Thanatos and Massive Psychic Trauma: The Impact of the Death Instinct on Knowing, Remembering and Forgetting. In: *J. Amer. Psychoanal. Assn.* 51, 433–463.

Loch, W. (1972 [1970]): Zur Entstehung aggressiv-destruktiver Reaktionsbereitschaft. In: Ders.: *Zur Theorie, Technik und Therapie der Psychoanalyse.* Frankfurt am Main: Fischer, 113–131.

— (1999): *Die Krankheitslehre der Psychoanalyse: allgemeine und spezielle psychoanalytische Theorie der Neurosen, Psychosen und psychosomatischen Erkrankungen bei Erwachsenen, Kindern und Jugendlichen,* hg. von H. Hinz. 6., vollständig überarbeitete und erweiterte Auflage. Stuttgart/Leipzig: Hirzel.

Löchel, E. (2000): Symbolisierung und Verneinung. In: Dies. (Hg.): *Aggression, Symbolisierung, Geschlecht.* Göttingen: Vandenhoeck & Ruprecht, 85–109.

Loewald, H. W. (1986 [1980]): *Psychoanalyse – Aufsätze aus den Jahren 1951– 1979.* Aus d. Amerikan. übers. von H. Weller. Stuttgart: Klett-Cotta.

Meltzer, D. (1968). Terror, persecution, dread – a dissection of paranoid anxieties. In: *Int. J. Psychoanal.* 49, 396–400. Dt. (1990): Panik, Verfolgungsangst, Furcht – Zur Differenzierung paranoider Ängste. In: E. Bott Spillius (Hg.): *Melanie Klein Heute,* Bd. 1. München/Wien: Verlag Intern. Psychoanalyse, 288–298.

Meltzer, D. (1979): The delusion of clarity of insight. In: *Int. J. Psychoanal.* 57, 141–146.

Quinodoz, D. (1985): Die Enthüllung des Todestriebs durch einen Unfall. Übersetzt von P. Dreyfus. In: *Bulletin Psychoanalyse in Europa* 25, 113–119.

Rosenfeld, H. (1971). A clinical approach to the psycho-analytic theory of the life und death instinct: an investigation into the aggressive aspects of narcissism. In: *Int. J. Psychoanal.* 52, 169–178. Dt. (1980): Beitrag zur psychoanalytischen Theorie des Lebens- und Todestriebes aus klinischer Sicht. Eine Untersuchung der aggressiven Aspekte des Narzißmus. In: E. Bott Spillius (Hg.): *Melanie Klein Heute,* Bd. 1. München/Wien: Verlag Intern. Psychoanalyse, 299–319.

Rosenfelder, A. (2008): *Digitale Paradiese.* Köln: Kiepenheuer & Witsch.

Sandler, J. (1983): Reflections on some relations between psychoanalytic concepts and psychoanalytic practice. In: *Int. J. Psychoanal.* 64, 35–45.

Schteingart, A. (1985): Negativ therapeutische Reaktion und Todestriebe. Übersetzt von R. Borens. In: *Bulletin Psychoanalyse in Europa* 25, 129–137.

Segal, H. (1993): On the clinical usefulness of the concept of death instinct. In: *Int. J. Psychoanal.* 74, 55–61. Dt. (2001): Über den klinischen Nutzen des Todestriebkonzepts. In: Frank, C./Herold, R./Keim, J./König, H./Seyffer, B./Walker, C. (Hg.): *Wege der psychoanalytischen Therapie*. Tübingen: Attempto, 35–46.

Sulloway, F. J. (1982 [1979]: *Freud. Biologe der Seele. Jenseits der psychoanalytischen Legende*. Übersetzt v. H.-H. Henschen. Hohenheim: Edition Maschke.

von Arndt, M. (2007): *ego-shooter*. Tübingen: Klöpfer & Meyer.

Welzer, H. (2005): *Täter. Wie aus ganz normalen Menschen Massenmörder werden*. Unter Mitarbeit v. M. Christ. Frankfurt am Main: Fischer.

Wilbur, G. B. (1941): Some Problems presented by Freud's Life-Death Instinct Theorie. In: *Amer. Imago* II, 134–196, 209–265.

Dr. med. Joachim F. Danckwardt, Im Buckenloh 2, 72070 Tübingen, jfdanckwardt@t-online.de, www.danckwardt.homepage.t-online.de

Karl-Abraham-Vorlesung

Zur Frage der Entwicklung einer psychoanalytischen Denkweise: Psychoanalytisches Wissen und Erkennen als Prozeß[*]

Fred Busch[**]

Welche Entwicklung erhoffen wir uns als Ergebnis einer »hinlänglich guten« Psychoanalyse für den Patienten? Den meisten von uns ist in der internationalen Gemeinschaft beigebracht worden, daß das Allerwichtigste, was wir unseren Patienten vermitteln müssen, die Kenntnis des Unbewußten sei. Ein Grundgedanke der Psychoanalyse besagt: Je mehr von diesen unbewußten Elementen wir ins Bewußtsein holen können, desto geringer ist die Gefahr einer Sogwirkung ihrer Manifestationen auf das Handeln des Patienten. Diese Sicht der Dinge hat natürlich sehr viel für sich. Es gibt aber noch eine andere bedenkenswerte Sicht, der zufolge *der Prozeß des Erkennens* ebenso wichtig ist wie *das Erkannte*. Was in einer relativ erfolgreichen Psychoanalyse erreicht wird, ist eine *Art des Erkennens* und nicht einfach *Wissen oder Erkennen*. Bei Zweitanalysen stelle ich immer wieder fest, daß die Patienten häufig schon eine Menge wissen, also »erkannt haben«, wenn sie zu mir kommen, daß sie aber nicht wissen, wie das

---

[*] 18. Karl-Abraham-Vorlesung des Berliner Psychoanalytischen Instituts am 2. Mai 2010 im Institute of Cultural Inquiry in Berlin-Prenzlauer Berg.
[**] Fred Busch, Ph. D., Lehranalytiker und Supervisor am Psychoanalytic Institute of New England in Boston, MA. Er hat sechzig Artikel in der psychoanalytischen Literatur veröffentlicht sowie zwei Bücher über klinische Technik. Zur Zeit ist er Mitglied des Board of Representatives of the International Psychoanalytic Association sowie des Education Committee.

Erkennen »geht«. Sie sind festgefahren im Wissen dessen, was sie in einer früheren Behandlung vom Analytiker gelernt haben, und können sich nicht weiter entfalten und entwickeln, wenn eine schwierige oder kritische Situation in ihrem Leben Variationen ihrer alten Ängste und Besorgnisse auf den Plan ruft. Das kann dazu führen, daß sie auf eine Art von »Wissen« setzen, die wir als formelhafte Intuition bezeichnen könnten. Sie findet sich bei Patienten, die, wenn ihnen eine überraschende Assoziation zu Ohren kommt, so etwas sagen wie: »Oh, was da auftaucht, muß mein kritischer Vater (mein kritischer Bruder, meine kritische Mutter, Schwester etc.) sein« oder »Das muß mein fragmentiertes Selbst/meine homosexuelle Seite sein«. Solche »Erkenntnisse« können das Denken unterbinden, anstatt es anzuregen. Sie können Teil eines selbstbetrügerischen persönlichen Narrativs werden, der als Schutz vor unbewußten Ängsten und/oder Wünschen fungiert.

Ich gehe in diesem Beitrag von der Prämisse aus, daß psychoanalytisches Wissen bzw. Erkennen zum Teil aus der Analyse des *Erkenntnisprozesses* herrührt. Es erfordert eine andere Form von Aufmerksamkeit mit dem Schwerpunkt auf der Analyse des analysierenden Vorgehens des Patienten, der Widerstände gegen das Analysieren und der Art, wie der Analytiker »bringt«, was er weiß.[1] Es versetzt den Patienten in einen anderen psychologischen Zustand, in den Gebrauch dessen, was ich als *psychoanalytischen Verstand* bzw. *psychoanalytische Denkweise* bezeichnen möchte. In diesem Zustand hat der Analysand ein anderes Verhältnis zu seinen Gedanken und Gefühlen als zuvor, er sieht sie als psychologische Geschehnisse, die beobachtet werden können, über die man nachdenken und mit denen man »spielen« kann.

Nach meinem Eindruck, den ich hier nur eben andeute, wird kaum wahrgenommen, daß quer über das theoretische Spektrum hinweg eine breite Akzeptanz für den Gedanken besteht, daß unser Augenmerk sich auf das Prozeßwissen richten muß. Wenn ich die »technischen« Überlegungen Josephs, Greens, Bions und der Contemporary American Freudians unter die Lupe nehme, dann lassen sich insoweit tatsächlich Gemeinsamkeiten ausmachen, die es verdienten, in einer ausführlichen eigenen Arbeit behandelt zu werden.

Sehr allgemein gesagt, sind es also zwei Arten von Wissen, die ein Patient aus seiner Psychoanalyse gewinnt. Beide funktionieren unterschiedlich, beide

1   »Wissen« ist hier als relativer Begriff zu verstehen.

werden in unterschiedlicher Weise angewandt, und beide sind von zentraler Bedeutung für den Erfolg der Analyse. Bei der ersten – und derjenigen, mit der wir
besonders gut vertraut sind – handelt es sich um Wissen als einen *Zustand,* also
den Status des Wissens. Dieses Zustandswissen wirkt strukturbildend (Freud
1895). Mit ihm verlangsamt sich der ganze Prozeß des Reagierens auf innere und
äußere Reize. Das bekannte Diktum von der Bewußtmachung des Unbewußten
zielt auf diese Art des Wissens: Was zuvor nicht gewußt wurde, wird nun gewußt. Indem wir behutsam dabei helfen, das, was bisher unbewußt war, in das
vorbewußte Denken zu holen, verändern wir psychische Strukturen – ein Wandel von etwas Einfachem zu etwas Komplexerem (Busch 2007, Schmidt-Hellerau 2000). Dazu die nachstehende Überlegung.

Zu Beginn seiner Analyse zeigte Max jedes Mal eine Schreckreaktion, wenn
der Analytiker sich auf seinem Stuhl bewegte. Sein ganzer Körper verspannte
sich, sein Herz begann zu rasen, und er ballte die Fäuste. Vier Jahre später nimmt
Max die Geräusche in seinem Rücken nicht mehr bewußt wahr. Was ist geschehen? Um die Dinge in ein Bild zu fassen, würde ich sagen, beim Eintritt in die
Analyse ist es, als kämen die Schlüsselkonflikte und unbewußten Phantasien in
einen Raum mit zwei Türen – einen Raum, den Sie, wenn der Weg Ihnen nicht
verstellt ist, durch die eine Tür betreten, rasch durchqueren und durch die andere
Tür wieder verlassen können. Stellen wir uns nun aber vor, es wären eine Anzahl
von Hindernissen in diesen Raum gebracht worden, so daß es aussieht, als beträte
man ein Labyrinth. Dann wird es länger dauern, von der einen Tür zur anderen
zu gelangen, oder man kommt überhaupt nicht bei der anderen Tür an. Wer sich
in diesem Labyrinth befindet, dürfte Zeit haben, sich zu überlegen, warum er
eigentlich hier ist oder ob es sich überhaupt lohnt, nach der anderen Tür zu suchen. Wie Lecours (2007) es ausdrückt: Was repräsentiert wird, kann Struktur
bilden und die Fähigkeit zum Containing stärken. Das ist ein wichtiger Schritt
auf dem Weg von der Unausweichlichkeit des Handelns zur Möglichkeit der
Reflexion.

Prozeßwissen ist von anderer Art: hier geht es nicht darum, was gedacht
wird, sondern es geht darum, wie gedacht wird. Zu Beginn einer Analyse ist das
Denken der Patienten konkret (Busch 1989, 1995, 2004). Sie denken, aber sie
können nicht über ihr Denken nachdenken. Inmitten ihrer Konflikte nehmen sie
ihre Gedanken häufig in erster Linie als Realitäten. In dieser Phase fragt ein
Mann, der über eine Auseinandersetzung mit seiner Frau berichtet, nicht danach,

warum ihm diese Dinge in den Sinn kommen. Er kann seine Gedanken nicht als Gedanken beobachten, und schon gar nicht kann er über sie reflektieren oder mit ihnen spielen. Wenn das Schwergewicht aber auf den Prozeß gelegt wird, können bestimmte Arbeitsmethoden[2] (z. B. Adler/Bachant 1996, 1998; Bachant et al. 1995; Busch 1995, 1999, 2004, 2006, 2007; Gray 1982, 1994; Green 1974, 1975, 2005; Ikonen 2002, 2003; Joseph 1985; Kris 1982; Paniagua 1991, 2001, 2008; Sugarman 2003, 2006, 2008) mit der Zeit eine Veränderung in den Fähigkeiten des Analysanden herbeiführen, ihn nämlich zu jener Art von Denker machen, der zur Selbstanalyse imstande ist. Es ist in erster Linie dieses Vorgehen, das zur Selbstanalyse befähigt, und nicht die Identifizierung mit der Vorgehensweise des Analytikers, wie sie in vielen Verlautbarungen als der in diesem Zusammenhang wichtigste Faktor dargestellt worden ist. Kurz gesagt, Prozeßwissen funktioniert anders als Zustandswissen. Prozeßwissen bewirkt eine Aufgeschlossenheit für die Methoden, die zum Erwerb von Zustandswissen notwendig sind. Prozeßwissen ist kein stilles Wissen. Es ist das Resultat aktiver, aber nicht gelenkter mentaler Tätigkeit. Oft hat es die Qualität eines Tagtraums, aber anders als der Tagtraum, bei dem der Träumer in seinen Gedanken schwelgt, setzt das Prozeßdenken die Kapazitäten eines beobachtenden Ichs und die Fähigkeit voraus, zu Zwecken der Selbsterkenntnis mit Gedanken zu spielen.

Prozeßwissen birgt in sich die Fähigkeit, sich die eigenen Gedanken als mentale Geschehnisse zu denken. Diese dem Anschein nach simple Fähigkeit zu erwerben ist für die meisten Analysepatienten ein hartes Stück Arbeit. Entsprechend groß ist aber auch der Gewinn, denn diese Fähigkeit kann es dem Patienten ermöglichen, einen Schritt zurückzutreten und zu reflektieren, anstatt zu handeln. Ich will das an einem typischen Beispiel erläutern.

Eric, der kurz vor dem Ende seiner Analyse stand, begann die hier interessierende Sitzung auf sehr komplizierte Weise. Von Menschen und Orten war nicht die Rede, seine Assoziationen verliefen sich in alle möglichen Richtungen,

---

2 Diesen Methoden ist in vielen Veröffentlichungen nachgegangen worden, die letztlich zu dem Schluß kommen, daß es weniger auf unser intuitives Verständnis als vielmehr auf das ankommt, was der Patient uns sagt. Ich habe das mit dem Unterschied zwischen dem Zusammensetzen eines Puzzles, bei dem alle Teile vorhanden sind, und dem Bohren nach Öl verglichen, bei dem es irrelevant ist, was sich an der Oberfläche findet.

Präpositionen kamen darin nicht vor, und seine Sätze hatten kein Ende. Nach einer Weile brachte er es zu der Feststellung, daß seine Redeweise an den Beginn seiner Behandlung erinnere – an eine Zeit, da wir seine Art zu reden als den Wunsch verstanden hatten, ich möge mit dem Schlamassel in seinem Leben (der um die Themen von Feindseligkeit und narzißtischer Gratifikation kreiste) »aufräumen«. Nach dieser seiner Feststellung wandten Erics Assoziationen sich dem vorausgegangenen Arbeitstag zu: Er hatte sich eine Tasse Kaffee geholt und kam damit an seinen Arbeitsplatz zurück, als er bemerkte, daß der zuvor geholte Kaffee, den er nicht ganz ausgetrunken hatte, verschüttet war und sich einen Weg von seinem Schreibtisch zurück zur Kaffeemaschine gebahnt hatte. Er überlegte kurz, ob er den Schlamassel der Putzfrau überlassen sollte, aber da die Anzeichen so eindeutig auf ihn als den Verursacher verwiesen, beschloß er, das Malheur selbst in Ordnung zu bringen. Es irritierte ihn, daß er etwas wegputzen mußte, aber zugleich beobachtete er amüsiert, daß »diese lange braune Schmutzspur meine Bewegungen nachzeichnet.« Dann überlegte er, in welcher Stimmung er gewesen war, bevor er sich den Kaffee holte, und kam zu dem Schluß, daß er genervt gewesen war. Er suchte nach dem Grund und mußte lachen, als ihm der Gedanke kam: »Ich habe die letzte Stunde doch damit verbracht, den Schlamassel anderer Leute in Ordnung zu bringen.« Das hellte seine Stimmung auf. Dann wandten seine Gedanken sich einer Deutung zu, die ich am Vortag gegeben hatte. Er hatte lange darüber nachgedacht, sie aber nicht so recht verstehen können. Ich sagte:»Es erschien Ihnen wohl so, als sollten Sie meine verfahrene Deutung in Ordnung bringen«, und Eric ergänzte, er habe bis zu diesem Augenblick gar nicht realisiert, wie sehr ihn mein »komplizierter« Kommentar geärgert hatte.

An dieser gehaltvollen analytischen Interaktion gäbe es vieles zu erkunden. Was ich hier allerdings herausstellen möchte, ist die Fähigkeit des Patienten, seine Redeweise als mentales Geschehen anzusehen. In dem Augenblick, in dem er das tut, hat er Zugang zu einer Fülle von Erinnerungen, Gefühlen und Gedanken, und seine Stimmung insgesamt wandelt sich. Seine Assoziationen lassen erkennen, daß die anfängliche Übertragung in der Sitzung (»Ich möchte, daß Sie meinen Schlamassel aufräumen«) von seiner Reaktion auf meine Deutung vom Vortag angeregt war, die er als echten – vom ihm aufzuräumenden – Schlamassel empfunden hatte. (Ein Patient, dem die Fähigkeit zur Selbstbeobachtung abgeht, wäre möglicherweise die ganze Sitzung hindurch ärgerlich darüber gewesen, daß er so viel für andere tun soll.) Für mich handelt es sich hier um das typische Beispiel eines Patienten, der die Fähigkeit zur Selbstbeobachtung entwickelt hat. Es sind nicht die zugrunde liegenden unbewußten Phantasien des Patienten, die sich ändern. Diese bleiben intakt und können stets aktiviert werden. Was wirklich neu und anders ist, das ist die Fähigkeit des Patienten, sein Denken und Fühlen als mentale Geschehnisse zu betrachten und in einem damit möglichen weiteren Schritt sein Denken als unbewußt motiviert zu erkennen. Allerdings möchte ich ganz klar sagen, daß die Fähigkeit zur Selbstbeobachtung das Resultat langwieriger analytischer Arbeit ist.

Andere Autoren haben sich den Gedanken des Prozeßwissens auf alle möglichen Weisen zu eigen gemacht. So heißt es zum Beispiel bei Green: »Zweck einer Deutung ist nicht, unmittelbare Erkenntnis zu bewirken, sondern jenes psychische Funktionieren zu fördern, das geeignet ist, Erkenntnis auf den Weg zu bringen« (2005, 5). Sugarman (2003, 2006), der zunächst aus der Perspektive der Kinderanalyse schreibt und später die Erwachsenenanalyse in den Blick nimmt, legt den Akzent auf das, was er als »insightfulness« bezeichnet: Es geht dabei um die Frage, wie wir unseren Analysanden helfen, eine »theory of mind« zu entwickeln. Ganz ähnlichen Anliegen gelten die Überlegungen von Fonagy und Target (1996a, 1996b, 2000), auch wenn diese Autoren mit anderen Definitionen der angestrebten Ziele (»Mentalisierung« und »Achtsamkeit«) arbeiten und andere Methoden zur Erreichung dieser Ziele vorsehen. Grays Interesse am Freimachen der Gedanken zugunsten der analytischen Arbeit zeitigte viele Veröffentlichungen (Gray 1973, 1982, 1990, 1992, 1994, 1996), in denen es um die Beachtung des Prozesses geht, wobei dieser Autor sein Augenmerk allerdings enger faßt, nämlich auf die Rolle der unbewußten Widerstände. Paniagua (2001, 2008) schließlich macht darauf aufmerksam, daß unsere Technik zumeist das *Zustandswissen* vor dem Hintergrund des topografischen Modells herausstellt.

Techniken im Dienst der Förderung des Prozeßwissens[3]

Hier geht es um Techniken, die sich den wichtigen Beitrag bestimmter Behandlungsmethoden zum Verständnis des analytischen Prozesses zunutze machen.

---

3 Die Techniken, die ich beschreiben werde, gelten für meine generelle Sicht des Funktionierens der Psychoanalyse (siehe die Bibliographie). In diesem Abschnitt

Diese Behandlungsmethoden zielen nicht so sehr auf den Analytiker als vielmehr auf den Analysanden als Quelle von Erkenntnis oder Einsicht. Auch wenn Verständnis und Empathie des Analytikers für den erfolgreichen Einsatz der jeweiligen Methode unerläßlich sind – von zentraler Bedeutung für diese Art des Analysierens ist der ständige Fokus auf die Informationen, die vom Patienten kommen, bzw. auf seinen Widerstand gegen diese Informationen. Dazu eine Reihe grundsätzlicher Überlegungen.

Das Arbeiten in der Gegenwart mit der Methode der freien Assoziation

Häufig leite ich eine Deutung ein, indem ich etwa sage: »Haben Sie bemerkt, daß [...]« und dann eine Reihe von Assoziationen aufzähle oder auf eine Veränderung des Affekts hinweise; oder ich sage: »Wie wir an dem, was Sie sagen, sehen können [...]«, und fasse dann das Thema in den Assoziationen zusammen. Im Grunde verweise ich ständig auf den gleichen Gedanken: Wenn wir aufmerksam auf das hören, was im Prozeß des freien Assoziierens in unserem Analysanden vor sich geht, dann können wir die Ursachen seiner Schwierigkeiten in Erfahrung bringen. Das klingt zwar nach dem, was wir als Analytiker immer tun, tatsächlich unterscheidet es sich aber in mancher Hinsicht vom üblichen Vorgehen: Zum einen ist unsere Arbeitsweise manchmal eher dadurch gekennzeichnet, daß wir den Assoziationen zuhören und dann zum Beispiel sagen: »Sie fühlen sich verloren, wenn ich nicht rede.«[4] In diesem Fall ist es der Patient, von dem erwartet wird, daß er den Zusammenhang zwischen dem, was er gesagt hat, und der Deutung des Analytikers herstellt. Bei der von mir beschriebenen Methode ist es der Analytiker, der den Zusammenhang zwischen den Assoziationen des Patienten und seiner eigenen Deutung herstellt.[5] Zum anderen: Man hat uns unter anderem gelehrt, symbolisch zuzuhören, während die hier von mir be-

beschränke ich mich auf die Beschreibung ihrer Anwendung zugunsten des Prozeßwissens.

4   Ich möchte damit nicht sagen, daß wir eine solche Deutung niemals geben sollten. Aber in einer Analyse muß vieles geschehen, bevor der Analysand in einer solchen Deutung mehr sehen kann als nur eben eine empathische Geste.

5   Beispiele dafür finden sich in früheren Veröffentlichungen von mir (Busch 1996, 1997).

schriebene Art des Zuhörens eher dem Narrativ des Geistes des Patienten gilt (Busch/Joseph 2004). Häufig hören wir zunächst auf das, was in den Assoziationen des Patienten fehlt, und nicht auf das, was in seinen Assoziationen vorhanden ist. Das von mir vorgeschlagene Vorgehen findet seine Rechtfertigung im konkretistischen Denken des Analysanden inmitten des Konflikts (Busch 1995, 2004, 2006, 2007). Andere haben mit der gleichen Begründung auf das gleiche Erfordernis aufmerksam gemacht (z. B. Bass 1997, Frosch 1995, Lecours 2007).[6]

Bemerkenswert ist, daß viele andere Autoren unterschiedlicher theoretischer Ausrichtung auf die Wichtigkeit des Arbeitens in der Gegenwart hingewiesen haben. Sandler (1969) führte den Begriff der Übertragung im Hier und Jetzt ein und kam in seinem schriftlichen Werk immer wieder (z. B. 1983) auf diese Perspektive zu sprechen. Das ist das, was Bion (1990 [1967]), zitiert in Feldman (2007), meiner Ansicht nach mit dem Satz meinte: »Der psychoanalytischen ›Beobachtung‹ geht es weder um das, was geschehen ist, noch um das, was geschehen wird, sondern um das, was tatsächlich geschieht« (1990, 22). Wie den Überlegungen Feldmans (2007) über die Bedeutung der Geschichte des Patienten in der Psychoanalyse zu entnehmen ist, sieht dieser Autor uns mittlerweile an dem Punkt, an dem wir durch die Konzentration auf den Prozeß in der Gegenwart nach der Inszenierung der Geschichte im psychoanalytischen Moment fragen. In einer noch zu schreibenden Arbeit werde ich näher auf die Gemeinsamkeiten zu sprechen kommen, die sich zunehmend zwischen der hier von mir präsentierten Perspektive und der Arbeit von Betty Joseph auftun, wie dies in Feldmans (2004) Sicht ihrer Arbeitsweise deutlich wird:

> Wirkliche psychische Veränderung kommt mit größerer Wahrscheinlichkeit dadurch zustande, daß im einzelnen beschrieben wird, wie der Patient den Analytiker benutzt, wie er Deutungen verwendet oder sein Denken in der jeweiligen Sitzung einsetzt, und daß *dann* der Frage nachgegangen wird, wie die Geschichte des Patienten und seine unbewußten Phantasien in der Unmittelbarkeit der Prozesse und Interaktionen in der Sitzung zum Ausdruck kommen. (28)

---

6 Manchmal empfiehlt es sich natürlich, vor dem Hintergrund eines symbolischen Inhalts eher elliptisch oder metaphorisch zu deuten. Was ich in diesem Abschnitt beschreibe, ist ein Vorgehen, das das Prozeßdenken fördert, wenn und sobald es notwendig ist.

Freud (1914) war natürlich der Ansicht, daß der Patient gar nicht anders könne, als seine Neurose in der Gegenwart zu wiederholen. In einer wenig bekannten Arbeit hat Searl (1936) den sprechenden Begriff des »abwesenden Inhalts« eingeführt, um eine verbreitete Art des Deutens »weg von der Gegenwart« zu kennzeichnen, und die damit einhergehenden Probleme dargelegt (Busch 1995). Die nachstehend wiedergegebene Deutung veranschaulicht, was sie damit meinte.[7]

Gleich in seiner ersten analytischen Sitzung klagte ein Patient, es sei ihm nicht klar, wie er die Anforderungen am Arbeitsplatz und zuhause mit einer fünfstündigen Analyse pro Woche unter einen Hut bringen solle. Dann berichtete er von einem Urlaub, aus dem er gerade zurückgekommen war und in dem seine Frau sich wieder und wieder über sein Verhalten beklagt hatte: Wenn er versuchte, auf ihre Wünsche einzugehen, sagte sie wütend, von sich aus lasse er sich ja nie etwas einfallen. Und wenn er die Dinge in die Hand nehmen wollte, hieß es, an ihre Wünsche hätte er wohl überhaupt nicht gedacht. So wie er die Dinge sah, konnte er es ihr nicht recht machen, egal was er tat. Dazu sagte der Analytiker: »Das muß etwas mit Ihren Gefühlen bezüglich der bevorstehenden Analyse zu tun haben.«

Im allgemeinen befürworte ich es, wenn der Analytiker versucht, etwas Wichtiges an die Oberfläche zu holen. Der Patient hat diese beiden Assoziationen: Zum einen das Gefühl, daß es schwierig sein wird, zu den analytischen Stunden zu erscheinen – ein beginnender Widerstand, an dem die Behandlung scheitern könnte –, unmittelbar gefolgt von einer zweiten Assoziation, daß er nämlich nicht imstande ist, irgend etwas zu tun, was seiner Frau lieb und recht ist. Die vorbewußte Natur der Assoziationen (Busch 2006) könnte erwarten lassen, daß der Patient einem Verständnis der Dinge nahe genug ist, um sich den Zusammenhang – mit Unterstützung – bewußt zu machen. Die Art und Weise der Deutung dürfte andererseits ein Bewußtwerden dieses Zusammenhangs erschweren. »Was habe ich eigentlich gesagt«, könnte der Analysand sich zu Recht fragen, »das den Analytiker vermuten ließ, daß ich über den Beginn der Analyse spreche?« Wenn wir die *vorhandenen* Elemente miteinander verbinden und nicht die *nicht vorhandenen,* geben wir dem Patienten eine erheblich größere Chance, den Zusammenhang zu erkennen,[8] und bringen zugleich den Prozeß auf den

---

7 Das Beispiel findet sich bei Busch (1996).
8 Dank der zuvor erwähnten Konkretheit.

Weg. Anstatt die Vorstellung zu übermitteln: »Ich werde dir Deutungen liefern, von denen nur ich wissen kann, woher sie kommen«, kann der Analytiker auch dies zum Ausdruck bringen: »Wenn wir sorgfältig auf das hören, was Ihnen durch den Sinn geht […]«. Eine Deutung, wie ich sie vielleicht äußern würde, lautet: »Ich versuche zu verstehen, was sich geändert hat, seitdem wir uns darauf geeinigt haben, uns fünfmal pro Woche zu treffen. Nachdem Sie das erwähnt hatten, gingen Ihre Gedanken zu jemandem, dem Sie es einfach nicht recht machen können. Ich frage mich, ob da die Sorge mitschwingt, daß das auch hier passieren könnte?« Wenn wir so vorgehen, stützen wir uns auf etwas, das zu verstehen der Patient eine bessere Chance hat, nämlich auf den spezifischen Inhalt seiner Assoziationen und die zwischen ihnen bestehenden Zusammenhänge. Über lange Zeiten hinweg sind das die Gegebenheiten der Analyse. Und parallel dazu stellen wir einen ersten Zusammenhang her zwischen dem, was dem Patienten gegenwärtig durch den Sinn geht, und der Methode der Analyse – und nicht mit Erkenntnissen, die in erster Linie vom Analytiker kommen. Das bedeutet nicht, daß das einer Vielzahl von Quellen entstammende kreative Verständnis des Analytikers hier etwa nicht zur Stelle wäre. Vielmehr ist es eben dieses Verständnis, das es dem Analytiker ermöglicht, die Zusammenhänge in den Assoziationen des Patienten zu erkennen, und das ihn dazu bewegt, die Punkte für den Patienten zu verbinden – oder auch nicht. Wen der Gedanke umtreibt, daß das eher nach einer Art Schulung des Patienten klingt, dem kann ich versichern, daß die Patienten von dieser Methode nur sporadisch und erst mit der Zeit Gebrauch machen, in der mittleren Phase der Analyse, wenn die vielen Widerstände dagegen ausgeräumt sind.

Die Beachtung der Oberflächen

Green (1974) hat die Beachtung der Oberflächen in eine Metapher gefaßt, als er feststellte: »Es hat keinen Zweck, daß der Analytiker rennt wie ein Hase, wenn der Patient sich wie eine Schildkröte bewegt« (420). Im Zusammenhang mit dieser Technik hat sich nach Green ein Problem ergeben. Er schreibt:

> Die Analyse des Vorbewußten und insbesondere die Verwendung des analytischen Materials des Patienten (in dessen eigener Sprache) *sind seit Freud vernachlässigt worden.* Das scheint einen sehr einfachen Grund zu haben: Da das Vorbewußte vom Bewußtsein erreicht werden kann, ist seine Bedeutung vernachlässigbar, und Sprache

ist oberflächlich. In meinen Augen ist allerdings eben dieser Standpunkt selbst oberflächlich. (420, Hervorh. F. B.)

Ferro (2003), der von einer ganz anderen theoretischen Perspektive ausgeht und
eine andere Sprache verwendet, streift das Thema der Oberflächen wie folgt:

> An anderer Stelle habe ich meinen Beitrag zu einer gelassenen Atmosphäre erwähnt –
> aber was genau bedeutet das? Gibt der Analytiker vor, mit allem einverstanden zu ein,
> oder gibt er zu verstehen, daß sich nichts ereignet hat? Ich würde beide Fragen unbe-
> dingt mit Nein beantworten, so wie man auch nicht sagen kann, daß der Analytiker
> einfach Temperatur und Distanz der Deutungen (Meltzer 1976) austestet. *Ich glaube
> vielmehr, daß es unbedingt notwendig ist, die Toleranzschwelle des Patienten für Deu-
> tungen zu respektieren* und sich klarzumachen, daß Verfolgungsgefühle in der Sitzung
> ein eklatantes Zeichen exzessiven Insistierens sind. (189f., Hervorh. F. B.)

Konzeptuell betrachtet, erscheint mir Paniaguas (1991) Vorstellung der drei
Oberflächen als die brauchbarste Formel für das Verständnis einer Arbeitsweise,
die auf den vorbewußten Gebrauch des Prozesses durch den Patienten zielt.
Paniagua betont, daß in der klinischen Situation jederzeit drei Oberflächen am
Werk sind: Erstens der Patient und das, worüber er zu sprechen meint, zweitens
der Analytiker mit dem, was er über das Material des Patienten denkt, und drittens die der Bearbeitung zugängliche Oberfläche, jener Raum zwischen den Gedanken des Patienten und denen des Analytikers, in dem es zu einer bedeutsamen
Intervention kommen kann, die, wie Fenichel (1941) es formuliert hat, weder zu
tief noch zu oberflächlich ist (dt. 2001, 59). Oder, um es anders auszudrücken:
Wir versuchen etwas Gehaltvolles zu sagen, das den analytischen Prozeß voran-
bringt, ohne allzuviel Angst zu erregen.

Indem wir in dieser Weise arbeiten, bewirken wir eine Synergie zwischen
den inneren Gedanken und Gefühlen des Patienten und den Interventionen des
Analytikers. Wieder sei hervorgehoben, wie wichtig es ist, daß der Analytiker
den vorbewußten Assoziationen des Patienten folgt. Statt die Botschaft zu übermitteln, Einsicht verdanke sich irgendeiner magischen Fähigkeit, geben wir zu
verstehen, daß Einsicht sich aus der Betrachtung dessen ergibt, was im Geist eines Menschen vor sich geht, daß sie als mentaler Prozeß in Erscheinung tritt,
übersetzt und registriert von einem empathischen Zuhörer. Der Analytiker, der
ein brillanter Leser des Unbewußten ist, mag mit dieser Technik insofern im
Nachteil sein, als es nicht einfach ist, solche blitzartigen Einsichten in das zu

übersetzen, was vom Vorbewußten des Patienten zur Synthese gebracht werden kann (vom Akzeptiertwerden gar nicht zu reden).

Stellen wir uns beispielsweise einen Patienten vor, der unmittelbar vor einer längeren Unterbrechung der Behandlung darüber spricht, daß er von einem Freund im Stich gelassen worden ist. Die Patienten-Oberfläche ist, daß er aus dem Gleichgewicht gebracht ist, weil sein Freund sich von ihm abgewandt hat. Der Analytiker mag denken, daß dies mit der bevorstehenden Unterbrechung der Behandlung zu tun hat. Das ist die Oberfläche des Analytikers. Die der Bearbeitung zugängliche Oberfläche ist jeder denkbare Teil der beiden interagierenden Oberflächen, den der Patient nutzen kann. Diese »Arbeitsoberfläche« läßt sich von Fall zu Fall durch die Einbeziehung einer komplexen Gesamtheit von Variablen bestimmen. In unserem obigen Beispiel könnten dazu die folgenden Überlegungen zählen:

1. der Patient ist möglicherweise narzißtisch verletzlich, und dies ist nur eine von mehreren Kränkungen, über die er sich in der Analyse geäußert hat;

2. das ist ein ungewöhnlicher »Ausflug« in Gefühle seitens des Patienten;

3. die Geschichte wird in einer gelangweilten und gleichgültigen Art oder aber mit eisigem Haß erzählt;

4. der Analytiker kann angerührt, wütend oder gelangweilt sein, während der Patient spricht. Was die Evaluation der Patientenoberfläche angeht, so könnte man feststellen, daß der Patient die Geschichte dazu nutzt, einen Assoziationsprozeß zu beginnen, der auch ein Element von Selbstreflexion enthält – z. B. »Ich möchte doch wissen, warum mir das heute in den Sinn kommt.« Hinter dieser Bemerkung kann Wißbegierde stehen, es kann sich aber auch ein reflexiv masochistisches Muster der Selbstbeschuldigung dahinter verbergen. Und auch wenn die Geschichte des Patienten kein unmittelbarer Ausdruck eines besonderen Interesses für psychologische Zusammenhänge zu sein scheint, kann sie doch in einer Phase der Offenheit für psychologische Erkenntnisse ganz allgemein oder in einer Zeit der zunehmenden Wahrnehmung der Allgegenwart der Übertragung vorgebracht werden. Alternativ könnte der Patient seine Verlassenheit als rein äußeres Geschehen beschreiben, ohne erkennbares Interesse an der Frage, warum das Thema überhaupt aufgekommen ist. Dieses Desinteresse kann vorgetäuscht sein, es kann sadistisch oder masochistisch sein. Kurz gesagt, die Variablen, die eine Rolle bei der Bestimmung der »Arbeitsoberfläche« spielen, bilden ein komplexes Raster. Sie gehen sämtlich in das Urteil des Analytikers be-

züglich eben dieser Oberfläche ein und haben teil an der fortdauernden Einschätzung der strukturellen Komponenten, wie sie innerhalb eines dynamischen Gefüges in jedem Augenblick am Werk sind.

Deutung an der Oberfläche verlangt das Einschätzen einer Vielzahl von Faktoren und am Ende ein Urteil über die Fähigkeit des Ichs, sich eine Intervention sinnvoll zu eigen zu machen. Wenn wir einen Analysanden vor uns haben, der vor einer Unterbrechung der Behandlung über seine Verlassenheit spricht, sehen wir uns nun genötigt, von der komfortablen Position, das Geschehen als Übertragung zu verstehen, zu der Überlegung überzugehen, welche Relevanz dieses Verständnis (auch wenn es zutrifft) für den Patienten hat, wenn es um den augenblicklichen Stand seiner mentalen Strukturen geht.

Welchen Gebrauch macht der Patient von den Methoden der Analyse?

Überraschungen und kreatives Nachdenken in der Analyse verdanken sich im allgemeinen dem Gebrauch, den der Patient von den Methoden macht, unter denen meiner Ansicht nach die freie Assoziation, die Selbstbeobachtung, die Selbstreflexion und die Selbstbefragung einen zentralen Platz einnehmen (Busch 2007). Die Fähigkeit, sich diese Methoden zunutze zu machen, entwickelt sich in der Regel allmählich und sequentiell. Angesichts der unbewußten Angst des Patienten vor der Exploration würden wir also nicht erwarten, daß die Fähigkeit zur analytischen Selbstreflexion schon zu Beginn einer Analyse vorhanden wäre. Und auch in der mittleren Phase einer Analyse, wenn der Patient anfängt, neue Bereiche zu erkunden, sollten wir mit Selbstreflexion noch nicht rechnen. Zudem kann es jederzeit zu Störungen in der freien Assoziation kommen.

Jede Methode entwickelt sich schrittweise, während wir mit den Widerständen arbeiten, die sich unweigerlich einstellen. Gut geleistete Widerstandsanalyse (Busch 1992; Gray 1982) sollte dem Patienten eine Vorstellung seiner Psyche und eine zunehmende innere Freiheit bescheren. Ein Blick in unsere Literatur zeigt, daß wir immer wieder daran erinnert werden müssen, daß den Widerständen die größten Ängste unserer Patienten zugrunde liegen. Eine eingehende Analyse der Widerstände gegenüber dem Wissen und Erkennen (Joseph 2004) ist daher von zentraler Bedeutung für jedes Mehr an innerer Freiheit.

Lyle ist Geschäftsmann, 45 Jahre alt und im dritten Jahr seiner Analyse. Im

Laufe der Zeit hat er gelernt, seine Assoziationen als bedeutsam anzusehen und über sie nachzudenken. Er steht im Begriff, eine zweiwöchige Geschäfts- und Urlaubsreise anzutreten. Seine frühe Geschichte war erfüllt von Trennungsangst. Manifestationen dieser Angst zeigen sich durchgehend in seinem ganzen Erwachsenenleben. Trennungen von seinem Analytiker hat er schon immer als Nicht-Ereignisse nehmen müssen. Über den größten Teil der hier interessierenden Sitzung hinweg zählte er alles auf, was er in den letzten 24 Stunden zustande gebracht hatte und was er vor der Reise noch erledigen mußte. Sein Bericht darüber glich einem Schnellfeuer, und mir blieb kaum Raum für irgendeinen Kommentar. Der grundsätzliche Tenor seiner Mitteilungen war, es sei nicht schwierig gewesen, sich um all diese Dinge zu kümmern, und er habe alle Vorgänge unter Kontrolle. Ein Problem mit einem seiner Mitarbeiter, das noch anstand, hatte ihn einige Zeit gekostet, und obwohl er behauptete, großartig damit umgegangen zu sein, machte es ihm offensichtlich zu schaffen, daß es sein Gefühl störte, alles unter Kontrolle zu haben.

Die inhaltlichen Deutungen, die mir in den Sinn kamen, lauteten: »Sie sprechen über den Urlaub, unterlassen aber jeden Hinweis auf die Trennung von mir, so als ob der Gedanke daran zu erschreckend wäre«, oder »Im Augenblick sind Sie sehr stark bestrebt, die Dinge zu meistern – vielleicht die Gefühle rund um unsere Trennung zu meistern«, oder »Sie lassen mir wenig Raum, etwas zu sagen, so als wollten Sie sich vor irgendwelchen Gefühlen schützen, die Ihnen kommen könnten, wenn ich spräche.« Was ich dann in der Tat sagte, war: »Heute wirken Sie anders. So als wäre kein Denker da, der Sie sprechen hört.« Wie paßt das mit meiner Sicht des psychoanalytischen Wissens und Erkennens als Prozeß zusammen? Zunächst einmal sehe ich Lyle als jemanden, der sich in erster Linie gegen Bedeutungen zur Wehr setzt, weshalb Interpretationen von Bedeutungen sich nicht als besonders hilfreich erweisen dürften. Eben deshalb verzichtete ich auf die Deutungen, an die ich zuerst gedacht hatte: Sie hätten ihm die Bedeutung seiner Äußerungen verständlich machen sollen – während er sich doch gerade gegen Bedeutung wehrte. Was wichtiger ist: meine Technik basiert auf der Prämisse, daß psychoanalytisches Verstehen nur mit einem Denker, also denkend, möglich ist, um Bion zu paraphrasieren. Das heißt, wir müssen letzten Endes jemanden haben, der imstande ist, der Bedeutung seiner Einfälle sozusagen *nach*zuhören, bevor die Gedanken von Patient und Analytiker »bedeutungsvoll« sein können. Ein Zuhörer ist Vorbedingung für die Selbstexploration, Schlüssel zur

Selbstanalyse (Busch 2007). Wie der Analysand zum Verständnis der Dinge gelangt, ist also ebenso wichtig und zu Zeiten wichtiger als das Verständnis selbst. An einem gewissen Punkt muß er sowohl Sprecher als auch Zuhörer sein. Nur so kann er seinen eigenen Weg hin zu neuen Gedanken und Vorstellungen finden.

Inszenierungen, projektive Identifizierung und Gegenübertragung

Die Inszenierungen des Patienten und der Gebrauch, den er von der Möglichkeit der projektiven Identifizierung macht, rühren die Gegenübertragung des Analytikers auf. Das macht es komplizierter, auf den Gebrauch des Prozesses durch den Patienten abzuheben, denn das Verstehen kommt ja zuerst vom Analytiker, der Gefühle, Ideenfragmente, körperliche Sensationen etc. zur Synthese bringt. In dem Augenblick allerdings, in dem der Analytiker diese Gegenübertragungsreaktionen erkennt und über sie reflektiert, beginnt auch schon ihre Verarbeitung, d. h. ihre Repräsentation im Geist des Analytikers. Von hier aus sucht der Analytiker in Worte zu fassen, auf welche spezifische Weise der Patient bemüht ist, seine, des Analytikers, Gegenübertragungsreaktion herbeizuführen. Mit anderen Worten, wir versuchen zu verstehen, was der Patient auf dem Weg über seine Worte, seinen Ton, seine Formulierungen und über die von ihm geäußerten Vorstellungen *mit uns tut.*[9] Ein fröhliches »Guten Morgen« an die Adresse des Analytikers kann erhebend, deprimierend, distanzierend, entmutigend und alles mögliche andere sein, je nach den Feinheiten von Lautstärke, Stimmhöhe und Intonation und je nach dem Kontext innerhalb der Übertragung, die sämtlich außerhalb der Bewußtheit liegen. Es ist die Zusammenarbeit mit dem Patienten in der Frage, wie dieses sein *Tun* vor sich geht, mit der die Analyse des Prozesses ihren Anfang nimmt.

Unser Hauptaugenmerk gilt in diesen Augenblicken dem *Prozeß,* durch den die Inszenierungen und projektiven Identifizierungen übermittelt werden, jenseits der Bedeutung individueller Worte. Um ein Beispiel zu geben: Wenn wir uns auf den Prozeß konzentrieren, dann wird der Inhalt eines Traumes für eine Weile sekundär gegenüber solchen Dingen wie der Form, in der der Traum

9 Ich sage »mit uns tut«, nicht »uns antut«, denn die primäre Motivation könnte dem Selbstschutz gelten.

erzählt wird, dem Aufkommen oder Nichtaufkommen von Assoziationen zu dem Traum, der Art der Verwendung von Träumen in der Analyse etc. Wir hören den einen Patienten zu Beginn jeder Sitzung einen Traum erzählen und sehen das als Anzeichen einer in der Folge der analytischen Arbeit neugewonnenen Regressionsfähigkeit. Wir hören einen anderen Patienten das Gleiche tun und stöhnen innerlich, weil wir schon im voraus wissen, daß er brav einen Traum erzählen wird, der in Abwesenheit eines Erzählers mehrere Sitzungen lang dauert. Im erstgenannten Fall werden wir eher auf den *Inhalt* achten, im zweiten Fall eher auf den *Prozeß*. Im Fall des ersten Träumers betont der Prozeß den Inhalt, im Fall des zweiten Träumers widerspricht der Prozeß dem Inhalt; der Prozeß erzählt dann eine andere Geschichte als der Inhalt.

Ein scheinbares Rätsel

Vor vielen Jahren gehörte ich einer Gruppe von Analytikern an, in der über klinisches Material diskutiert wurde. Gegen Ende unserer gemeinsamen Arbeit meldete sich ein Teilnehmer mit der Frage: »Was ist uns von unserer Analyse im Gedächtnis geblieben?« Was jedem in dieser Runde sogleich wieder einfiel, waren Situationen, in denen der jeweilige Analytiker sich besonders menschlich oder besonders unempathisch gezeigt hatte. Ein Augenblick der Freundlichkeit oder ein zeitweise ungehobeltes Benehmen dominierten unsere Erinnerungen an die eigene Analyse. Die Durchgängigkeit dieses Phänomens war für die meisten Teilnehmer überraschend und führte zu einer Diskussion über die Rolle der Deutung in der Psychoanalyse. Tatsächlich erwies sich keine Deutung oder Deutungslinie als so unmittelbar erinnerlich wie die immer mikroskopisch in einem einzelnen Geschehen erfaßte affektive Färbung der Analyse, auch wenn die meisten Teilnehmer der Meinung waren, ihr gewachsenes Verständnis ihrer selbst sei wichtig für ihr berufliches wie für ihr persönliches Leben. Das offensichtlich unumgängliche Fazit, dem die Gruppenmitglieder denn auch durchweg zustimmten, betraf den Stellenwert der Atmosphäre im analytischen Setting, verglichen mit dem Erkenntnisgewinn.

Im Laufe der folgenden Jahre habe ich von Zeit zu Zeit über diese Diskussion nachgedacht. Wenn ich an meine Analysen denke, an meine Arbeit als Analytiker und an die Fälle, die ich supervidiert habe, dann meine ich die tiefreichende Wirkung stetiger deutender Arbeit, allerdings in einer generellen

Atmosphäre der Geschütztheit und Mitmenschlichkeit, mit eigenen Augen gesehen zu haben. Es ist viel darüber geschrieben worden, warum Deutungen funktionieren, und Deutungen waren und sind – im Gegensatz zum Reden mit einem guten Freund – das Fundament der psychoanalytischen Behandlung seit ihrer Erfindung.[10] Wie also können wir uns die Abwesenheit jeglicher Erinnerung an Deutungen in einer Gruppe erfahrener Analytiker erklären? So wie ich es sehe, würden wir in den meisten »hinlänglich guten« Analysen nicht erwarten, daß der Analysand sich an eine einzelne Deutung oder auch an ein Thema erinnert, es sei denn in allerallgemeinsten Begriffen. Erstens fördert Zustandswissen die Struktur, die in der Stille wirkt. Zweitens verhelfen wir unserem Patienten ja nicht allein zum Wissen und Erkennen, sondern wir helfen ihm auch zu erkennen, *auf welche Weise das* Wissen und Erkennen geschieht. Ich nehme eigentlich nicht an, daß diese beiden Arten von Wissen dazu führen, daß der Analysand sich an signifikante Augenblicke in seiner Analyse erinnert. Die Ergebnisse einer Analyse verdanken sich der stetigen täglichen analytischen Arbeit, nicht der idealisierten blitzartigen Einsicht, wie wir sie in unserer älteren Literatur gelegentlich antreffen. Was in unserer Gruppe erinnert wurde, waren nach meinem Eindruck die Atmosphäre, die es ermöglichte (oder auch nicht ermöglichte), daß die Analyse stattfand, und die Übertragungen, die erhalten geblieben sind – manchmal auch aus Gründen der Abwehr.

10 Die emotionale Atmosphäre, in der eine Intervention erfolgt, ist selbstverständlich entscheidend wichtig. Das gilt allerdings nicht allein für die Beziehung des analytischen Paares, sondern auch für den entsprechenden Gebrauch der psychoanalytischen Technik, mit dem der Analytiker dafür sorgt, daß seine Interventionen generell hinlänglich korrekt ausfallen, ohne unerträgliche Ängste auszulösen.
Aufgrund meines persönlichen Erlebens konnte ich die komplizierte Natur des analytischen Moments, wie ich es an jenem Tag mit der Gruppe verband, erst zu einem späteren Zeitpunkt erkennen. Am Tag zuvor war ein vertrauter Freund von mir gestorben, und ich kam in einem ängstlichen Zustand zur analytischen Stunde, wohl wegen all der Dinge, die noch zu erledigen waren, bevor ich mich später auf den Weg zu seiner Beerdigung machen würde. Ich konnte an nichts anderes denken. Nachdem mein Analytiker mir eine Zeitlang zugehört hatte, meinte er, unter diesen Umständen sollte ich die Sitzung doch ruhig verlassen, falls ich das für notwendig hielte. Wenig später ging ich dann wirklich, dankbar dafür, daß mein Analytiker in einer für mich schwierigen Situation soviel Flexibilität aufbrachte. Erst später konnte ich das Geschehen dann auch als Neuinszenierung eines Verlassens verstehen.

Schlußbetrachtungen

Seit vielen Jahren rätseln die Analytiker darüber, auf welche Weise ihre Patienten die Fähigkeit zur Selbstanalyse erwerben. Ihr Schluß lautet in der Regel, daß es nicht an irgendeiner bestimmten Methode liegt, die der Analytiker anwendet, sondern eher an der Identifizierung des Patienten mit der analysierenden Funktion des Analytikers. Kurz gesagt, die verbreitete Ansicht lautete, das Analysieren des Analytikers führe dazu, daß der Patient die Fähigkeit zur Selbstanalyse erwirbt. Die klinische Erfahrung hat dies offensichtlich nicht bestätigt. Wie ich versucht habe zu zeigen, ist die Fähigkeit zur Selbstanalyse abhängig von unserer Methode des Analysierens, die ihrerseits die Methode des Patienten einschließt, sich der Analyse zu nähern. Und weiter: Je mehr Beachtung wir der Frage zuwenden, wie wir dem Patienten helfen können zu wissen und zu erkennen, desto leichter wird er erkennen können, wie das Wissen und Erkennen im Rahmen einer erfolgreichen Analyse geschehen muß.

Zusammenfassung

Welche Entwicklung erhoffen wir uns als Ergebnis einer »hinlänglich guten« Psychoanalyse für den Patienten? Der Leitgedanke dieses Beitrags lautet, daß der *Prozeß* des Wissens und Erkennens ebenso wichtig ist wie das aus der Analyse gewonnene Wissen als solches. Was in einer relativ erfolgreichen Psychoanalyse erreicht wird, ist eine *Art des Erkennens* und nicht einfach Wissen oder Erkennen. In diesem Beitrag wird der Begriff des *Prozeßwissens* eingeführt, um eine spezielle Methode des Analysierens ins Licht zu rücken, die um die Frage kreist, *wie* unsere Patienten zu Wissen und Erkenntnis gelangen. Der Gedanke lautet: Ein ganz bewußt am Prozeßwissen orientiertes Analysieren ist ausschlaggebend für die Fähigkeit des Patienten zur Selbstanalyse und unterscheidet sich damit von dem Ansatz, der in erster Linie auf die Kenntnis der unbewußten Phantasien und Konflikte als den primär heilenden Faktor in der Psychoanalyse setzt.

Summary

On Creating a Pychoanalytic Mind: Psychoanalytic Knowledge as a Process

What do we hope our patients have developed at the end of a »good enough« psychoanalysis? It is the thesis of this paper that the process of knowing is as important as what is known from psychoanalysis. What is accomplished in a relatively successful psychoanalysis is a way of knowing, and not simply knowing. In this paper the term *process knowledge* is introduced to highlight a particular way of analyzing that centers on how our patients gain knowledge. It is suggested that analyzing with heightened awareness to process knowledge is crucial for the patients' capacity for self-analysis, and differs from helping patients primarily gain knowledge of their unconscious fantasies and conflicts as the primary curative factor in psychoanalysis.

Literatur

Adler, E./Bachant, J.L. (1996): Free Association and Analytic Neutrality. In: *J. Am. Psychoanal. Assoc.* 44, 1021–1046.

— (1998): Intrapsychic and Interactive Dimensions of Resistance. In: *Psychoanal. Psychol.* 15, 451–479.

Bachant, J.L./Lynch, A.A./Richards, A.D. (1995): Relational Models in Psychoanalytic Theory. In: *Psychoanal. Psychol.* 12, 71–87.

Bass, A. (1997): The problem of »concreteness«. In: *Psychoanal. Q.* 66, 642–682.

Bion, W. (1990 [1967]): Anmerkungen zu Erinnerung und Wunsch. In: Bott-Spillius, E. (Hg.): *Melanie Klein Heute. Entwicklungen in Theorie und Praxis,* Bd. 2. Stuttgart: Verlag Internationale Psychoanalyse, 22–28.

Busch, F. (1989): The Compulsion to Repeat in Action: A Developmental Perspective. In: *Int. J. Psycho-Anal.* 70, 535–544.

— (1992): Recurring thoughts on unconscious ego resistance. In: *J. Am. Psychoanal. Assoc.* 40, 1089–115.

— (1993): In the neighborhood: Aspects of a good interpretation and a »developmental lag« in ego psychology. In: *J. Am. Psychoanal. Assoc.* 41, 151–177.

— (1995): Do actions speak louder than words? A query into an enigma in analytic technique. In: *J. Am. Psychoanal. Assoc.* 43, 61–82.

— (1996): The ego and its significance in analytic interventions. In: *J. Am. Psychoanal. Assoc.* 44, 1073–1099.

— (1997): Understanding the patient's use of the method of free association. In: *J. Am. Psychoanal. Assoc.* 45, 407–423.

— (1999): *Rethinking Clinical Technique.* Northvale, NJ.: Jason Aronson.

— (2000): What is a deep interpretation? In: *J. Amer. Psychoanal. Assoc.* 48, 237–254.

— (2004): A missing link in psychoanalytic technique: Psychoanalytic consciousness. In: *Int. J. Psychoanal.* 85, 567–572.

— (2006): A Shadow Concept. In: *Int. J. Psychoanal.* 87, 1471–1485.

— (2007): I noticed: The emergence of self-observation in relationship to pathological attractor sites. In: *Int. J. Psychoanal.* 88, 423–441.

Busch, F./Joseph, B. (2004): A missing link in psychoanalytic technique. In: *Int. J. Psychoanal.* 85, 567–572.

Faimberg, H. (1996): ›Listening To Listening‹. In: *Int. J. Psychoanal.* 77, 667–677.

Feldman, M. (2004): Supporting psychic change. Betty Joseph. In: *In Pursuit of Psychic Change,* hg. von Hargreaves, E./Varchevker, A. London: Bruner-Routledge, 20–35.

— (2007): The illumination of history. In: *Int. J. Psychoanal.* 88, 609–625.

Fenichel, O. (1941): *Problems of Psychoanalytic Technique.* New York (Psychoanal. Q.). Dt. (2001): *Probleme der psychoanalytischen Technik.* Gießen: Psychosozial-Verlag.

Ferro, A. (2003): Marcella: The Transition from Explosive Sensoriality to the Ability to Think. In: *Psychoanal Q.* 72, 183–200.

Fonagy, P./Target, M. (1996a): Playing with reality: I. Theory of mind and the normal development of psychic reality. In: *Int. J. Psychoanal.* 77, 217–233.

— (1996b): Playing with reality: II. The development of psychic reality from a theoretical perspective. In: *Int. J. Psychoanal.* 77, 459–479.

— (2000): Playing with reality: III. The persistence of dual psychic reality in borderline patients. In: *Int. J. Psychoanal.* 81, 853–873.

Freud, S. (1950c [1895]): Entwurf einer Psychologie. In: *GW XIX,* 373–477.

— (1910k): Über »wilde« Psychoanalyse. In: *GW VIII,* 117–125.

— (1914g): Erinnern, Wiederholen und Durcharbeiten. In: *GW X,* 126–136.

Frosch, A. (1995): The Preconceptual Organization of Emotion. In: *J. Am. Psychoanal. Assoc.* 43, 423–447.

Gray, P. (1973): Psychoanalytic technique and the ego's capacity for viewing intrapsychic conflict. In: *J. Amer. Psychoanal. Assoc.* 21, 474–494.

— (1982): »Developmental lag« in the evolution of technique for psycho-analysis of neurotic conflict. In: *J. Am. Psychoanal. Assoc.* 30, 621–655.

— (1990): The nature of therapeutic action in psychoanalysis. In: *J. Am. Psychoanal. Assoc.* 38, 1083–1097.

— (1991): On transferred permissiveness or approving super-ego functions. In: *J. Am. Psychoanal. Assoc.* 60, 1–21.

— (1992): Memory as resistance and the telling of a dream. In: *J. Am. Psychoanal. Assoc.* 40, 307–326.

— (1994): *The Ego and Analysis of Defense.* Northvale, NJ: Jason Aronson.

Green, A. (1974): Surface analysis, deep analysis (The role of the preconscious in psychoanalytical technique). In: *Int. Rev. Psychoanal.* 1, 415–23.

— (1975): The analyst, symbolization, and absence in the analytic setting. In: *Int. J. Psycho-Anal.* 56, 1–22.

— (2005): Issues of interpretations: Conjectures on constructions. Presented at the meetings of the European Federation of Psychoanalysis. March. Vilamoor, Portugal.

Ikonen, P. (2002): The basic tools of psychoanalysis. In: *Scand. Psychoanal. Rev.* 25, 12–19.

— (2003): A few reflections on how we may approach the unconscious. In: *Scand. Psychoanal. Rev.* 26, 3–10.

Joseph, B. (1985): Transference: The total situation. In: *Int. J. Psychoanal.* 66, 447–454. Dt. (1994): Übertragung: Die Gesamtsituation. In: Dies.: *Psychisches Gleichgewicht und psychische Veränderung,* hg. von Bott-Spillius, E./Feldman, M. Stuttgart: Klett-Cotta, 231–248.

— (2004): Rejoinder. In: *Int. J. Psychoanal.* 85, 572–574.

Kris, A. O. (1982): *Free Association.* New Haven: Yale University Press.

Lecours, S. (2007): Supportive interventions and non-symbolic mental functioning. In: *Int. J. Psychoanal.* 88, 895–916.

Meltzer, D. (1976): Temperature and distance as technical dimensions of interpretations. In: *Bull. European Psychoanal. Foundation* 9, 39–45. Dt. (1977): Temperatur und Distanz als technische Dimensionen der Deutung. In: *Bull. Europ. Psychoanal. Föderation,* 9, 45–52.

Paniagua, C. (1991): Patient's surface, clinical surface, and workable surface. In: *J. Am. Psychoanal. Assoc.* 39, 669–685.

— (2001): The attraction of topographical technique. In: *Int. J. Psychoanal.* 82, 671–684.

— (2008): Id Analysis and Technical Approaches. In: *Psychoanal. Q.* 77, 219–250.

Sandler, J. (1969): Towards a basic psychoanalytic model. In: *Int. J. Psychoanal.* 50, 79–90.

— /Sandler, A. M. (1983): The ›second censorship‹, the ›three box model‹ and some technical implications. In: *Int. J. Psychoanal.* 64, 413–425.

Schmidt-Hellerau, C. (2000): *Life drive & death drive, libido & lethe: A formalized consistent model of psychoanalytic drive and structure theory.* New York, NY:

Other Press. Dt. (2003): *Lebenstrieb und Todestrieb. Libido und Lethe.* Gießen: Psychosozial-Verlag.

Searl, M. N. (1936): Some Queries on Principles of Technique. In: *Int. J. Psychoanal.* 17, 471–493.

Sugarman, A. (2003): A new model for conceptualizing insightfulness in the psycho-analysis of young children. In: *Psychoanal. Q.* 72, 325–355.

— (2006): Mentalization, Insightfulness, and Therapeutic Action: The importance of mental organization. In: *Int. J. Psychoanal.* 87, 965–987.

— (2008): The use of play to promote insightfulness in the analysis of children suffering from cumulative trauma. In: *Psychoanal. Q.* 77, 835–858.

Fred Busch, PhD, 246 Eliot Street, 02467-1447 Chestnut Hill MA, U.S.A., drfredbusch@gmail.com

Übersetzung aus dem Amerikanischen von Ulrike Stopfel, Sternwaldstr. 17, 79102 Freiburg, ulrike.stopfel@stopfel-freiburg.de

Angewandte Psychoanalyse

›Being in Berlin‹: Eine Großgruppenerfahrung auf dem Berliner Kongreß*

H. Shmuel Erlich, Mira Erlich-Ginor und Hermann Beland**

Zu meiner Überraschung stellte ich fest, daß mein Hotelzimmer zufällig über dem Bunker lag, in dem Hitler Selbstmord beging. Da kam mir der Gedanke: Muß ich mich als Analytiker nicht mit Hitler identifizieren?

Plötzlich überfiel mich die Vorstellung, daß ich mein ganzes Leben mit einer ›Nazi-Mutter‹ gelebt hätte.

Meine Scham angesichts der deutschen Fahne – ich will hoffen, daß meine Tochter von dieser Last befreit sein wird.

Ich hätte nicht auch nur einen Moment daran gedacht, etwas zu sagen. Dann dachte ich, daß ich aus einer Familie komme, die während der Nazi-Jahre schwieg.

Aufgrund ihrer besonderen Beziehung zu Sigmund Freud und der überproportionalen Anzahl von Juden in der Schar seiner frühen und späteren Anhänger

* Unter dem Titel »Being in Berlin: A large group experience in the Berlin Congress« im *Int. J. Psychoanal.* (2009) 90, 809–825 erschienen.

** H. Shmuel Erlich, Ph. D., ist in Frankfurt a. M. geboren und 1939 nach Palästina emigriert. Er ist Professor emeritus des Sigmund-Freud-Lehrstuhles der Hebräischen Universität Jerusalem sowie Lehranalytiker und Supervisor der Israelischen Psychoanalytischen Gesellschaft. Mira Erlich-Ginor ist Lehranalytikerin und Supervisorin der Israelischen Psychoanalytischen Gesellschaft sowie Gründungsmitglied der Israelischen Vereinigung für die Erforschung von Gruppen- und Organisationsprozessen. Hermann Beland ist Lehranalytiker der Deutschen Psychoanalytischen Vereinigung (DPV) am Karl-Abraham-Institut Berlin sowie ehemaliger Vorsitzender der DPV.

trägt die Geschichte der Psychoanalyse auf immer die Brandmale der Herrschaft des Nationalsozialismus und der Verfolgungen im Holocaust. Die unauslöschlichen Residuen dieser Geschichte machen aus der Veranstaltung eines internationalen psychoanalytischen Kongresses in Deutschland alles andere als ein neutrales Ereignis.

Zahlreiche Veröffentlichungen widmen sich der Psychoanalyse während und nach der Naziherrschaft. Tatsächlich ist es ein unmögliches Unterfangen, die ausgedehnte historische Forschung kurz zusammenfassen zu wollen, die sich mit dem Schicksal und der Aufnahme der Psychoanalyse im Dritten Reich, dem Holocaust, der kollektiven Selbsterforschung in den Dekaden nach dem Krieg, mit der kontinuierlichen Aufdeckung des Geschehenen durch deutsche Analytiker und der Frage, in welcher Weise sie selbst in den Holocaust und dem Zusammenbruch der Menschlichkeit verstrickt waren bis hin zum Hamburger Kongreß und den ›Nazareth Konferenzen‹ befaßt. Eine höchst willkürliche Auswahl aus dieser reichen Literaturlandschaft könnte auf repräsentative Quellenangaben verweisen wie etwa: Beland (1988), Brainin/Kaminer (1982), Brecht et al. (1985), Erlich (2001b), Frosh (2005), Goggins/Brockman Goggins (2001), Ostow (1988) und Wallerstein (1988).

Mit dem IPV-Kongreß 2007 in Berlin fand diese internationale psychoanalytische Zusammenkunft der Psychoanalyse zum zweiten Mal im Nachkriegs- und Post-Holocaust-Deutschland statt. 22 Jahre waren seit dem letzten Kongreß im Jahre 1985 in Hamburg vergangen. Auf dem Hamburger Kongreß wurden Rafael Moses und Rena Hrushovski-Moses (1986) in schmerzlich brennender Weise auf eine ›Form von Abwehr‹ aufmerksam, die sie auch beschrieben. Sie sprachen von einem nur schwer zu fassenden, aber doch zugleich spürbaren Eindruck, daß die brisanten Themen wie der Nazismus und der Holocaust eher überspielt und nicht offen angegangen oder zur Sprache gebracht wurden. Sie brachten diese Verleugnung mit der Angst der Veranstalter in Zusammenhang, die diesen Themen zwar Raum geben wollten, zugleich aber vor der emotionalen Belastung durch mögliche massive Vorwürfe und Verteidigungshaltungen zurückschreckten.

Diese Verleugnung und deren Konsequenzen hatten die Organisatoren des Berliner IPV-Kongresses 2007 womöglich in Erinnerung. Schon früh berieten sie sich mit Kollegen, uns eingeschlossen, und machten deutlich, wie sehr ihnen die besondere Bedeutung eines psychoanalytischen Kongresses in Berlin, der Nazi-Hauptstadt, bewußt ist, die doch für viele noch immer mit der Last dieser

Vergangenheit verknüpft ist, und sie betonten, wie viel ihnen daran gelegen sei, ein Setting zu schaffen, das dem Rechnung trüge. Diese Haltung zeigte sich nicht zuletzt in der Wahl des Kongreßthemas ›Erinnern, Wiederholen und Durcharbeiten in Psychoanalyse und Kultur heute‹. Implizit und explizit war sie auch in den zahlreichen Panels und Vorträgen zu erkennen, die sich direkt mit dem Holocaust und der Zeit des Zweiten Weltkrieges in Deutschland und anderswo beschäftigten, wobei in etlichen schmerzvolle persönliche Erlebnisse und Erinnerungen zum Ausdruck kamen. Dennoch fanden die Veranstalter, daß dies nicht ausreichend sein würde. Sie hatten das Gefühl, daß eine direktere Form des Umganges mit den antizipierten emotionalen Erfahrungen vonnöten wäre. Angesichts dieses Bedürfnisses schlugen wir eine Veranstaltung mit dem Titel ›Being in Berlin‹ (›In Berlin Sein‹) vor, deren Planung und Ausführung wir auch übernahmen, und die an jedem der drei Kongreßtage morgens eine Stunde jeweils parallel zu den Diskussionsgruppen der Hauptvorträge stattfand. Dieses Angebot entwickelte sich zu einer eindrucksvollen Erfahrung, die große Beachtung fand.

Im folgenden wollen wir dieses Ereignis, seinen Aufbau und seine Entwicklung im konkreten Raum-Zeit-Gefüge des Kongresses beschreiben.

Methode und Design

Bei der Vorbereitung und Planung des Gruppenereignisses erwiesen sich einige einschlägige Erfahrungen als äußerst hilfreich: unsere große Vertrautheit und Erfahrung in der Planung und Durchführung der in der Tavistock-Tradition stehenden »Group Relations«-Konferenzen (Miller 1989), unsere Erfahrungen im Umgang mit großen Gruppen im Rahmen solcher Konferenzen sowie – von größter Bedeutung – unsere langjährige Tätigkeit in Arbeitskonferenzen mit deutschen, israelisch/jüdischen und anderen Psychoanalytikern und Psychotherapeuten, in denen der unerträgliche Schmerz und die Schuld jeder Gruppe zum Vorschein kommen und erforscht werden konnte.[1] All diese Erfahrungen dienten als Vorbereitung in der Planung und Durchführung dieser Veranstaltung.

Die »Tavistock Group Relations«-Konferenzen sind das Modell für die Analyse von Gruppenprozessen (Khaleelee/Miller 1985). Im wesentlichen funktio-

---

1 Diese Konferenzen und deren Arbeit waren auch Thema eines Panels auf dem Kongreß (Erlich et al. 2007).

niert es so, daß ein Team zusammengestellt wird, dessen Aufgabe es ist, Menschen aus den unterschiedlichsten sozialen Rollenkontexten in relativ unstrukturierten Gruppensettings und im Rahmen einer gemeinsam vereinbarten Aufgabe (in der Regel sind dies Aspekte von Führungsqualitäten und Autorität, oftmals aber auch breitgefächerte soziale Themen wie Gewalt in der Familie, Deutsche und Israelis, Polarisierungen in der Gesellschaft, Vorurteil und Rassismus usw.) die uneingeschränkte Möglichkeit zu einer Reflektion im Hier und Jetzt zu ermöglichen. Das Team arbeitet und spricht mit der Gruppe als Ganzer – eine Form der Intervention, die es den Individuen erlaubt, ihren eigenen Ort im Gruppenprozeß zu bestimmen (Carr/Shapiro, 1989). In großen Gruppen sind es oft mehrere Consultants (Berater), die sich um ein Verständnis der Gruppe bemühen. Der Grund für den Einsatz mehrerer Consultants besteht darin, daß damit eine von den Teilnehmern unterschiedene formelle Rolle eingeführt wird, die befugt ist, zugleich die Gruppenperspektive einzunehmen und doch verschiedene Sichtweisen zu vertreten. Als Setting für den Berliner Kongreß entschieden wir uns für einen männlichen und eine(n) weibliche jüdisch-israelische(n) Analytiker(in) sowie einen deutschen Analytiker, und zwar vor dem Hintergrund der Arbeitshypothese, daß einige der Themen, die in der Diskussion aufkommen könnten, sinnvoller Weise aus diesen beiden Perspektiven betrachtet werden sollten.

Nach der Festlegung des grundsätzlichen Settings war unser Hauptanliegen, einen geschützten Raum für die ganze Bandbreite an Gedanken, Gefühlen und Reflektionen bereitzustellen, die die Teilnehmer aufgrund ihrer so unterschiedlichen Hintergründe und Herkünfte in Reaktion auf die speziellen Umstände ihres ›In-Berlin-Seins‹ erleben könnten. Obgleich uns bewußt war, daß ein solcher Raum wohl eher das Spektrum schmerzlicher Reaktionen auf den Zweiten Weltkrieg hervorbringen würde, wollten wir das Angebot so offen wie möglich halten. Wir entschlossen uns, der Veranstaltung die Form einer offenen Großgruppe zu geben, die sich täglich zur gleichen Zeit und mit klar definierten Zeit- und Raumvorgaben treffen sollte. Wir drei verstanden uns als Consultants dieser Großgruppe, die für die notwendigen Grenzen und das *Containment* sorgen würden.

Unsere ursprüngliche Idee war, die Veranstaltung ›Coming to Berlin‹ zu nennen. Wir erkannten jedoch, daß ein solcher Titel nur jene ansprechen würde, die – erstmals oder nicht – als Besucher nach Berlin kämen. Wir dachten, dies könnte als Ausschluß der deutschen Kollegen verstanden werden, die als Gastgeber ja auch mit ihren Gefühlen umzugehen haben. Daher änderten wir den Titel in ›Being in Berlin‹. Als einzige Einladung oder Ankündigung, die an die Gastgeber und die Gäste gleichermaßen gerichtet war, diente die Beschreibung der Veranstaltung, die hier nochmals abgedruckt wird:

> Diese täglichen Sitzungen im Rahmen eines Großgruppen-Settings sollen ein Sammelbecken und Forum für die Erfahrungen im Zusammenhang mit dem Aufenthalt in Berlin sein. Für viele, Gastgeber und Gäste gleichermaßen, entspricht die Tatsache, in Berlin zu sein, nicht dem neutralen Erlebnis eines Aufenthaltes in einer bekannten, fremden und historisch bedeutsamen Stadt. Während eines Kongresses kann der ausschließliche Fokus auf psychoanalytische Themen und Aufgaben so vereinnahmend sein, daß persönliche und ganz subjektive Gefühle an den Rand gedrängt werden. Diese Sitzungen wollen eine Möglichkeit für all jene bereitstellen, die gerne innehalten wollen, um ihre Erfahrungen zu reflektieren, und ihren persönlichen Gedanken und Gefühlen Ausdruck verleihen wollen.

Zweifel, Ängste und Widerstände

Die Ängste, Phantasien und Hoffnungen, die der Veranstaltung vorausgingen, berührten unterschiedliche Themen und Ebenen und waren sowohl methodologischer als auch persönlicher Natur. In methodologischer Hinsicht beschäftigten uns Fragen der Befugnis und Bevollmächtigung zu dieser Arbeit, der Verbreitung der Information über sie und der grundsätzlichen Schwierigkeit der Arbeit in einer Großgruppe. Auf der persönlichen Ebene ging es um Befürchtungen, wie die Veranstaltung wohl aufgenommen und empfunden würde, ob sie Interesse fände und wie viele sich angesichts der immensen Konkurrenz um Zeit und Aufmerksamkeit während des Kongresses zur Teilnahme entschlössen, sowie nicht zuletzt auch Ängste hinsichtlich der Stärke und Macht des Geistes, den wir womöglich aus seiner Flasche befreien – der Intensität und Unberechenbarkeit dessen, was in einer großen Gruppe heraufbeschworen werden kann. Unsere Phantasien und Hoffnungen schwankten zwischen der Vorstellung, komplett ignoriert oder von einer Teilnehmerflut überwältigt zu werden.

Das Thema der Autorisierung ist essentiell. Die Psychoanalyse hat ein klar umrissenes Setting als Wert erkoren, in dessen Rahmen zwei von einander unterschiedene Rollen und ein eindeutiger Arbeitsauftrag es dem Patienten erlauben, sein Innenleben zu entfalten (Etchegoyen 1991). Dies gilt gleichermaßen für

Gruppen (Erlich-Ginor 2006; Shapiro 1997, 2005). Für gewöhnlich beruht das Gefühl, zur Übernahme der Rolle bevollmächtig worden zu sein, auf einer klaren Abmachung oder einem Mandat, das in einer hinreichend anerkannten Struktur verankert ist, in der die Aufteilung der Autorität klaren, von allen Seiten anerkannten Regeln folgt und in einer erkennbaren Tradition verankert ist (Obholzer 1994). In den klassischen »Group Relations«-Arbeitskonferenzen geschieht dies durch die Struktur der Veranstaltung selbst und mit Hilfe eines klaren Arbeitsbündnisses, das mit jenen, die sich zur Teilnahme entschließen, vereinbart wird. Doch wie sollte dies im Rahmen eines Kongresses bewerkstelligt werden? Warum sollten die Teilnehmer an einer so vage definierten Diskussion teilhaben wollen? Wie sollten sie genug Vertrauen in den vorgegebenen Rahmen, in die anderen Mitglieder und in die Consultants aufbringen, um frei sprechen zu können?

Die Veranstaltung war im Programm verzeichnet, allerdings nicht an prominenter Stelle. Sie wurde als eine Diskussionsgruppe im Anschluß an die täglichen Hauptvorträge aufgeführt. Der Einführungstext war im Programm zwar abgedruckt, jedoch nicht im Stundenplan; lediglich der Titel war dort zu finden. Wie also sollten die Teilnehmer davon erfahren oder genauere Informationen über die Veranstaltung erlangen?

Beide Probleme – Autorisierung und Kommunikation – wurden während der Kongreßeröffnung auf unerwartete Weise zumindest teilweise gelöst. Georg Bruns, Vorsitzender des Programmkommittees, erwähnte diese Veranstaltung in seinem Grußwort und bezeichnete sie ausdrücklich als eines von zwei ›Experimenten‹ der Tagung. Er nannte die Namen der beiden Israelis (MEG und HSE), ließ den deutschen Gruppenleiter aber unerwähnt (HB). Dadurch machte er auf die Veranstaltung aufmerksam und bestätigte unsere Autorisierung, eröffnete aber zugleich auch die Möglichkeit, seine Fehlleistung zu deuten. Es wurde offenkundig, daß die Veranstaltung den Organisatoren wichtig war und die Ankündigung sorgte für deren allgemeines Bekanntwerden.

Eine unbekannte und bis zuletzt offene Größe allerdings, auf die wir noch eingehen wollen, blieb die Frage, wie sich die Arbeit in einem Großgruppensetting gestalten würde. Bekanntermaßen sind große Gruppen extrem unberechenbar und die Arbeit mit ihnen entsprechend schwierig. Aufgrund der regressiven Neigung, in die Gruppe hinein zu projizieren, sind große Gruppen als Gefahr für die Identität des Einzelnen beschrieben worden (Turquet 1975) sowie als leicht manipulierbar, wenn es darum geht, reale oder imaginierte Feinde auszumachen und anzugreifen (Erlich 1997, 2001a). Dennoch kann es produktiv sein, in einer großen Gruppe Erfahrungen zu machen, vorausgesetzt, man erliegt nicht der Gefahr, von der Gruppe verschlungen zu werden und mit ihr zu verschmelzen oder dem defensiven Bedürfnis, sich dem Prozeß zu verschließen und sich auf die Rolle oder Haltung eines Nicht-Mitgliedes oder Einzelgängers zurückzuziehen. Die Einflußnahme und Redebeiträge der Consultants sind hier für den Fortgang und die Ausgestaltung solcher Prozesse von entscheidender Bedeutung.

Zweifellos hatten wir uns zu einer Mission mit vielen verborgenen Gefahren und potentiellen Fallstricken aufgemacht. An dieser Stelle sei daran erinnert, daß ein ›Experiment‹ dieser Art niemals zuvor auf einem IPV-Kongreß stattgefunden hat und uns wurde bewußt, daß die mögliche Gruppengröße alles bislang Erlebte in Zahl und Umfang weit übersteigen könnte.

So ist es nicht verwunderlich, daß das Experiment Angst hervorrief. Georg Bruns, Vorsitzender des Programmkomitees, schreibt: »[…] Offensichtlich gab es unbewußte Ängste hinsichtlich dieser Gruppe. Obwohl ich sie im Programmkomitee schon ziemlich frühzeitig angemeldet hatte, um die Zeitfenster für sie zu reservieren, verschwand sie immer wieder aus unserem Blickfeld, bis es schließlich kompliziert wurde, ihr einen guten Platz im Programm zu geben« (persönliche Mitteilung). Und einzig die beiden israelischen Consultants wurden bei der Kongreßeröffnung erwähnt. In der Diskussion der Consultants vor Beginn der Sitzungen fragten wir uns, ob diese Fehlleistung bedeutete, daß diese Ängste vielleicht als Domäne der Juden erlebt werden und daß es vielleicht zu ›heiß‹ sei, Juden und Deutsche zusammenzubringen.

Hinzu kam, daß es sich als schwierig herausstellte, der Veranstaltung einen festen, verläßlichen Ort zuzuweisen. Obwohl die Veranstaltung lange im Vorhinein besprochen und geplant worden war, stellte sich heraus, daß zwar das Zeitfenster unserem ausdrücklichen Wunsch entsprechend jeden Tag das gleiche war, aber nicht der Ort; wir sollten täglich ›herumwandern‹ und uns jeden Tag an einem anderen Ort niederlassen. Uns war die Art und auch die Größe der zur Verfügung stehenden Räume im Voraus nicht bekannt, doch uns wurde angedeutet, daß einige von ihnen recht klein seien. Da wir keinerlei Anhaltspunkte über die zu erwartende Anzahl der Teilnehmer hatten, gab es auch keinen Grund, diese Raumzuteilungen in Frage zu stellen. Ein weiterer Grund für unsere eher duldende, in Kauf nehmende Haltung mag auch unserer Bangigkeit hinsichtlich der voraussichtlichen Teilnehmerzahl geschuldet sein. Die Möglichkeit, mit einer

Handvoll Leuten in einem riesigen Saal zu sitzen, fühlte sich unbehaglicher an als das Gegenteil, auch wenn es auf das Gleiche hinauslaufen würde. Erst später sollte sich herausstellen, daß jene ›organisatorischen‹ Entscheidungen über die Raumgrößen im Verlauf der Veranstaltung eine wesentliche Funktion in der allmählichen Entfaltung von Bedeutungen bekamen.

Die Veranstaltung

Ehe wir einige der Hauptthemen näher betrachten, wollen wir beschreiben, was sich im Umfeld des Settings und auch aufgrund des Settings ereignete.

Am ersten Tag landeten wir in einem kleinen Raum mit 25 in Reihen angeordneten und auf einen Tisch hin ausgerichteten Stühlen. Wir stellten die Stühle um, und zwar zu einem Kreis entlang der Wände. Das Hotelpersonal überhörte unsere Bitte, doch den Tisch zu entfernen, geflissentlich. Die Leute strömten herein und schnell waren alle verfügbaren Stühle belegt. In einem schier endlosen Strom drängten immer mehr Menschen in den Raum, setzten sich auf den Fußboden, der ebenfalls rasch besetzt war, auf den Tisch, das Fensterbrett, bis sie – wo auch immer es nur möglich war – standen, meist im Eingang.

Wie auch an den folgenden Tagen faßte einer der Consultants zu Beginn die in der Kurzankündigung enthaltene Intention und Grundidee zusammen, um die Aufgabe und Funktion der Gruppe in Erinnerung zu rufen.

Die Ansage an diesem Tag wurde sofort von den Vorgängen an der Tür überschattet. Das Verhalten dort war sowohl beängstigend als auch verstörend: während nämlich sechzig oder siebzig Leute auf sehr unbequeme Weise im Raum zusammengedrängt saßen und standen, versuchten etwa doppelt so viele vor der Tür ebenfalls hereinzukommen. Es entwickelte sich ein Gerangel zwischen jenen, die draußen standen und jenen, die sich im Raum befanden. Diejenigen, die unter der Tür im Eingang standen, unternahmen wirkungslose Versuche zu erklären, daß es drinnen keinen Platz mehr gäbe, und der Krach aus der Vorhalle störte alles, was sich im Raum langsam zu ereignen begann. Unverzüglich kamen in der Gruppe Assoziationen auf, »in einen Viehwagon gepfercht zu sein« und von »Türen, die wie in Gaskammern geschlossen werden«.

Die Organisatoren, aufgeschreckt durch diese Entwicklungen, informierten uns, daß wir anstelle eines anderen kleinen Raumes, der für uns am nächsten Tag vorgesehen war, »nur für morgen« in einen größeren Raum umziehen könnten.

Dieser entpuppte sich allerdings als ein nicht-vorhandener, ›künstlicher‹ Raum; wir wurden nämlich in das große Foyer umgesetzt, dem Vorraum zum Plenarsaal, in dem jeden Tag die kurz vor Beginn unseres Forums angesetzten Hauptvorträge gehalten wurden. Dort waren auch die Stände für die Kopfhörer der Simultanübersetzungen aufgebaut sowie eine Ausstellung mit psychoanalytischen Karikaturen. Um einen Raum herzustellen, mußten die Türen an allen vier Seiten geschlossen gehalten und von eigens für diese Aufgabe abgestelltem Personal bewacht werden. Zudem mußten spezielle Wegweiser angebracht werden. Wir erfuhren, daß »aufgrund feuerpolizeilicher Auflagen« allerdings nur fünfzig Stühle bereitgestellt werden könnten. Unsere Bitten, doch mehr Stühle zu beschaffen, blieben unerhört.

Am Morgen des zweiten Tages kamen die Leute in Scharen und nahmen die Sitzplätze schon zwanzig Minuten vor Beginn ein. Die fünfzig Stühle waren im Nu besetzt und die Kongreßorganisatoren, die bereitstanden, weil sie schon ahnten, daß es Probleme geben würde, orderten zusätzliche Stühle. Als das Hotelpersonal die aufgestapelten Stühle hereinrollte, wurden sie ihnen, zuweilen recht heftig, sofort vom Wagen gerissen, wobei eine Person verletzt wurde. Das hastige, rhythmisch-metallische Geräusch der Stühle, wie sie von den Wagen abgeladen wurden, war dauernd im Hintergrund zu hören und mehrere Leute assoziierten dazu das Geräusch von Zügen. Insgesamt wurden hundert Stühle verteilt und in konzentrischen Kreisen angeordnet, doch noch immer standen mindestens etwa einhundert Menschen außerhalb des Kreises herum.

Die Organisatoren beschlossen, daß wir am dritten und letzten Tag am gleichen Ort bleiben sollten. Die feuerpolizeilichen Bestimmungen wurden ignoriert, die Ausstellungswände beiseite geschafft, 261 Stühle beschafft und rechtzeitig vor Beginn in mehreren konzentrischen Kreisen aufgestellt. Und noch immer gab es dutzende von Leuten, die keinen Platz fanden und in verschiedenen Formationen herumstanden. Auch diesmal kamen viele Teilnehmer sehr früh, um sich einen Platz zu sichern.

Diese Details der organisatorischen Rahmenbedingungen schienen aufs engste verknüpft zu sein mit dem, was die Veranstaltung in den Teilnehmern aufwühlte. Das sich entfaltende Drama des ungeeigneten Raumes, die Bereitstellung von Stühlen, die Unannehmlichkeiten und die offenkundig inadäquaten Bedingungen – alles brachte auf nachdrückliche und schmerzliche Weise, ganz und gar unausgesprochen, essentielle Aspekte dessen zum Ausdruck, was es heißt, ›in Berlin zu sein‹. Der Versuch, den Gefühlen und Assoziationen einen Raum zu geben, evozierte bei den Teilnehmern Bilder zugeschlagener Türen von Güterwagen sowie den Klang- und Sinneseindruck von Zügen; zornig geäußerte Wünsche, der Leiter – der *Führer* – möge härter durchgreifen und Ordnung in die chaotische Situation bringen; aggressives, vorwurfsvolles Anschnauzen des Kongreßfotografen, der Fotos machen wollte etc. Dies waren die schnell bereitliegenden Assoziationen und Wiederholungen. Sie stellen die Schärfe und lebendige Gegenwärtigkeit der Assoziationen, Symbolisierungen und der Gefühle über Nazi-Deutschland und seiner Greueltaten unter Beweis. Zugleich ebneten sie den Weg zu den drängenderen, persönlichen und unpersönlichen Veränderungen und Entwicklungen dieser bemerkenswert großen Gruppe. Sie werfen außerdem ein Licht auf die gleichermaßen immens aufgeladene wie überaus dichte Atmosphäre. Die sich uns bietende Szenerie zeigte auf engstem Raum zusammen gedrängte Menschen, die jedoch trotz eines gewissen Grades an körperlicher Unbequemlichkeit und körperlichem Unbehagen ganz bei der Sache waren; aus aufmerksam zuhörenden Menschen, die alles mitbekommen, alles verstehen und von allem die Bedeutung erfassen wollen; und aus Menschen, die bereit waren zu sprechen, oftmals in der bewegendsten Weise, persönlich sich offenbarend, darauf vertrauend, daß die anderen verstehen und in der Lage sein werden, sich mit dem, was Ihnen anvertraut wurde – oft genug sehr Kostbares – auseinanderzusetzen und etwas anfangen zu können. Manchmal, vor allem gegen Ende der dritten Sitzung, wurde der Wettbewerb um den Moment, den es für sich zu erhaschen gilt, um gehört zu werden, sehr stark. Und vor allem, vielleicht das Ergreifendste: all dies ereignete sich in einer Gruppe mit mehreren hundert Teilnehmern.

Vorhandene und angesprochene Themen

Weder wäre es möglich noch entspricht es unserer Absicht, einen detaillierten Bericht über den Ablauf der Veranstaltung oder eine Übersicht über alle dort behandelten Themen zu geben, die im Lauf der drei Sitzungen aufgekommen sind. Wie in großen Gruppen durchaus üblich, veränderten sich die Themen, Inhalte und Gefühle in rascher und drastischer Abfolge und spiegelten jeweils eher ein akutes Bedürfnis des Einzelnen und seine Bereitwilligkeit zur Selbstdarstellung wider als ein Aufgreifen und Fortführen eines Diskussionsstranges. Die Leute fühlten sich angeregt zu sprechen und ergriffen die Gelegenheit, sich zu äußern, indem sie sich einmal auf einen vorangegangenen Beitrag bezogen und ein anderes Mal ganz ohne erkennbaren Kontext sprachen.

Die in der Gruppe verteilten Consultants hörten meistens zu und versuchten all das, was um sie herum geschah aufzunehmen und zu verstehen, wobei jeder von ihnen sich auf seine oder ihre eigene aktuelle Erfahrung und bis zu einem gewissen Grad auch auf seine oder ihre früheren Erfahrungen verließ. Sie sprachen nur wenig, machten jeder nie mehr als zwei oder drei Interventionen im Verlauf einer Sitzung. Das Ziel ihrer Interventionen war es, die relativ ungeordneten Großgruppenerfahrungen so einzufassen, daß sie verständlicher und zugänglicher wurden, wobei sie das subjektive Verstehen des Consultants im Moment seiner Intervention hörbar machten (Carr/Shapiro 1989). Es geht nicht darum, zu ›leiten‹, etwas zu fördern oder zu ›führen‹. So gesehen verfolgen die Consultants kein Programm und es gibt auch kein Ziel, das es zu erreichen gilt. Ganz analog zur psychoanalytischen Situation erwachsen die Deutungen und Interventionen aus dem gegenwärtigen Erleben und dem aktuellen Verstehen (Carr/Shapiro 1989). Zwar ist die Anzahl der Consultants willkürlich, doch der Umstand, daß mehrere diese Rolle innehaben, und daß diese in Geschlecht (männlich, weiblich), Hintergrund und Nationalität (israelisch, jüdisch, deutsch) differierten, machte es möglich, dem Material aus einer Vielzahl unterschiedlicher Perspektiven zu lauschen. Nach jeder Sitzung setzten sich die drei Consultants zusammen, um das Material und ihr Erleben nachzubereiten, d. h. sie verglichen ihr jeweiliges Verständnis, ihre Gefühle und Gegenübertragungen und sie handelten eine gemeinsame Sicht auf das Geschehene und dessen Bedeutung aus.

Im folgenden stellen wir einige ausgewählte Momente vor, die hoffentlich einen Eindruck von der Gefühlslage des Gruppenprozesses vermitteln mögen. Müßig zu erwähnen, daß sie aus dem Kontext gerissen sind. Wir haben Beispiele ausgewählt, die Interventionen der Consultants beinhalten, um auch hiervon zumindest einen flüchtigen Eindruck zu geben, wobei dies eine verzerrte Vorstellung über die Häufigkeit dieser Interventionen vermittelt.

Deutsche Schuld und Hoffnung

Ein deutscher Mann spricht über den Schreck, den er gerade bekam: als die Vorhänge [im Raum des ersten Tages] hochgezogen wurden, damit die Leute auf dem Fensterbrett sitzen können, füllte eine riesige deutsche Fahne plötzlich das gesamte Fenster aus. Er fühlt sich mit der deutschen Fahne unwohl und gleichzeitig beschämt. Während der Fußballweltmeisterschaft kaufte er das erste Mal in seinem Leben eine deutsche Fahne. Seine 14jährige Tochter malte sich die deutsche Fahne auf die Wangen. Unter Tränen sagt er: »Ich hoffe, sie wird die Last der Vergangenheit nicht auch mit sich herumschleppen müssen.«

Identifizierung mit Hitler

Ein Kollege, der das erste Mal in Berlin und in Deutschland war, mietete eine Wohnung und stellte fest, daß er über dem ›Führerbunker‹ [Hitlers letzter Bunker, in dem er sich suizidierte] schläft. Er konnte die ganze Nacht nicht schlafen. Er fragte sich, ob er sich als Analytiker nicht mit Hitler identifizieren müsse und unternahm auch tatsächlich einen Versuch in diese Richtung. Dies veranlaßte einen Consultant [HB] zu dem Ausruf: »Das ist wirklich ›Being in Berlin‹ – sich mit Hitler identifizieren zu müssen!«

Die Stimmen der Toten

Die ersten Bemerkungen am zweiten Tag bezogen sich auf die Sehnsucht nach dem gestrigen Raum. Dies erzeugte eine Spaltung in ›Alt-Eingesessene‹ und ›Neuankömmlinge‹: »Es war gar nicht bequem in diesem winzigen Raum, aber wir konnten miteinander sprechen, wir konnten sehen, wer spricht, wir waren beieinander. Hier können wir nichts hören und wir können auch nicht sehen, wer redet, es sind nur Stimmen.« Es gab einige Witzeleien über unheimliche Gespensterstimmen hinter den Ausstellungswänden und den Säulen. Einer fragte nach dem Unterschied von heute zu Hamburg damals. Consultant [HB]: »Vielleicht können wir die Stimme der Toten besser hören.«

Gesichtslos und namenlos sein

[Eine Frau auf einem der Tische ganz hinten; sehr aufgeregt]: »Ich möchte Erlich sehen! Ist er hier? Ich habe gelesen, was er geschrieben hat, und ich muß sein Gesicht sehen! Kennt ihn hier jemand?« Ein Consultant [HSE] erwidert: »Dies ist die Angst, gesichtslos und ohne Namen zu sein.«

Die abwesenden Stimmen

Eine Frau aus Lateinamerika erzählt die Geschichte dreier Frauen in einem Taxi, die beschlossen, ins Jüdische Museum zu fahren. Doch eine von ihnen wollte nicht; sie war keine Jüdin und deshalb interessierte es sie nicht. Consultant [MEG]: »In unserem Taxi fehlen all jene, die nicht gekommen sind, eben *weil* die Fahrt nach Berlin ging. Dies sind die Stimmen, die wir nicht hören können.«

Jüdische Nazi-Mütter

»Als ein deutscher Teilnehmer über seinen Vater sprach, der 1919 geboren wurde, verspürte ich zu meiner Überraschung eine Aufwallung von Wut. Ich dachte an meinen eigenen Vater, ebenfalls Jahrgang 1919, und was ihm in seinem Leben in Hitlerdeutschland widerfahren ist. Zudem kam mir plötzlich die Idee, ich hätte eine ›Nazi-Mutter‹ gehabt – eine bittere Frau voller Groll, deren eigenes junges Leben und all ihre Ambitionen durch den ›Anschluß‹ jäh unterbrochen wurden und die in ein neues Land fliehen mußte. Ich bewundere sie für all die Entscheidungen, die sie in so jungen Jahren treffen mußte, aber sie war eine Nazi-Mutter.«

Mütterliche Sehnsucht – die ›jüdische‹ Mutter

Eine deutsche Frau erklärt, sie ärgere sich über das, was Shmuel [HSE] [in dem Kongreß-Heft der *Psyche,* 2007, Heft 4] geschrieben habe – daß deutsche Mütter ihre Kinder nicht liebten, sondern lediglich für deren physisches Wohlergehen sorgten. Ihre Mutter habe sie geliebt! Eine andere deutsche Frau sagte, nach dem Kongreß wolle sie eine CD mit deutschen und jiddischen Wiegenliedern kaufen. Ihr sei aufgefallen, daß sie ihren Kindern nie vorgesungen habe. Die jüdische Mutter indes gelte als warm und gut. Consultant [MEG]: »Die Mutter, nach der wir uns alle sehnen, wird ›die jüdische Mutter‹ genannt.«

Unmögliche Ehen und die Ungeheuer, die sie erzeugen

Jemand liest ein Gedicht von Hölderlin vor, in dem die Wendung ›Zwillingsseele‹ vorkommt. Consultant [HSE]: »Die Spannung in der Gruppe dreht sich um Misch- und Verwandtenehen – können diese verschiedenen Anteile wirklich zusammenleben? In der Gruppe gibt es Aggressionen und Wünsche, den anderen zu töten. Die Frage ist, gibt es Platz für verwandte Seelen, die durch den Krieg getrennt wurden?« Ein Teilnehmer antwortet: »Es gibt Deutsche und es gibt Juden. Was soll ich machen? Ich bin ein deutscher Jude!« Ein jüdisch-israelischer Mann, der in Berlin lebt, berichtet, er sei mit einer Deutschen verheiratet. Letzte Nacht sei seine Frau in Panik erwacht: »Was sollen wir nur machen? Werden wir uns scheiden lassen müssen?« Da dies überhaupt nichts mit ihrer beider Beziehung zu tun habe, deutet er es als ein Aspekt der Spannung hier. In welcher Kultur werden sie wohl ihre Kinder aufziehen? Consultant [HB]: »Wir sind mit den deutsch/jüdischen Anteilen schwanger und fürchten uns vor den Ungeheuern, die herauskommen könnten.«

Neid auf die Juden

Eine Frau spricht über ihre Eltern, die als Mitglieder des Widerstands Juden aktiv versteckt und geschützt haben. Statt stolz auf sie zu sein, empfand sie Wut und Neid auf ›die Juden‹, die an ihrer Stelle all die Aufmerksamkeit und Fürsorge der Eltern genossen. Die Juden scheinen das alleinige Anrecht auf Leiden und Kummer zu haben und die ›anderen‹ in der Gruppe sind neidisch und wollen Raum für ihr eigenes Leiden. Diese plötzliche Aufwallung von Groll gegen die Juden, die Schmerz und Leiden ›monopolisieren‹ und die in gewisser Hinsicht privilegiert sind, schien in alarmierender Weise und *in vivo* die Entstehung des Antisemitismus zu wiederholen.

Das Schweigen – Lasse ich andere für mich sprechen?

»Als ich in der Nacht vor der letzten Sitzung zu Bett ging, fiel mir auf, daß ich nicht einen Moment daran gedacht hatte, auch etwas zu sagen. Statt dessen wartete ich ab und hoffte, irgend jemand würde das, was ich wichtig fand, zur Sprache bringen. Der Titel von Hanna Segals Arbeit über Atomwaffen kam mir in den Sinn: ›Schweigen ist das eigentliche Verbrechen‹ und ich fand diese Assoziation ziemlich drastisch. Dann aber fiel mir ein, daß ich aus einer Familie komme, die während der Nazi-Zeit geschwiegen hat, und plötzlich wußte ich, was ich will und was ich versuchen möchte zu sagen: ›wie dankbar ich all den Menschen bin, die trotz ihrer schmerzhaften Erinnerungen und Gefühle zu diesem Kongreß und zu dieser Veranstaltung ›Being in Berlin‹ gekommen sind. Miteinander zu sprechen hat nicht mit Vergebung zu tun, sondern damit, als menschliche Wesen zu überleben.«

Der Schmerz der nächsten Generation

Am Ende der dritten und letzten Sitzung spricht ein junger Mann, ein Kandidat, sehr bewegend über seine Erwartung, an seinem Institut als nächste Generation und als Zukunft anerkannt zu werden und willkommen zu sein. Statt dessen seien alle so darum bemüht, ihm das Leben leichter zu machen. Dauernd müsse er sich bewähren. Er bittet seine Elterngeneration darum, ihn wahrzunehmen – sich nicht so sehr um ihn zu sorgen, sondern ihn einfach wahrzunehmen, mit ihm in Beziehung sein zu wollen. Ein Deutscher der älteren Generation antwortet ihm: »Hör' auf zu heulen, ich kann es nicht leiden, daß du heulst, dafür gibt es überhaupt keinen Grund.« Sofort und fast gleichzeitig erheben sich mehrere wütende Stimmen: »Warum soll er nicht weinen? Was ist daran verkehrt?«

Die Zeit schreitet rasch voran und die Sitzung sowie die gesamte Veranstaltung nähert sich ihrem Ende. Der Beitrag des jungen Mannes hatte Applaus erhalten, ebenso wie andere Einschaltungen. Die Atmosphäre ist aufgeregt und äußerst angespannt. Es hat den Anschein, als ob die losgetretenen Ressentiments nicht länger ausgehalten werden können und daß der Applaus die einzige Möglichkeit ist, sich in der Kürze der zur Verfügung stehenden Zeit noch auszudrücken.

Diskussion

Die Bedeutung der Veranstaltung

Moses und Hrushovski-Moses (1986, 178) konstatierten, das, was in Hamburg »so offensichtlich fehlte, war die in der Rückkehr nach Deutschland enthaltene erlebnisnahe Dimension«. In ihren Schlußfolgerungen vertreten sie die Ansicht, daß der Kongreß es außerdem versäumt hätte, sich psychoanalytisch mit dem Thema menschlicher Grausamkeit und Bösartigkeit zu befassen. Von diesen zwei ganz verschiedenen Optionen haben wir den Aspekt des Erlebens gewählt und versucht, ihm in Berlin Zeit und Raum zu geben. Wir schätzen, daß von den nahezu 3000 Kongreßbesuchern etwa 10 Prozent, wenn nicht mehr, an der Veranstaltung ›Being in Berlin‹ teilgenommen haben. Der unbedingte Wunsch dabei zu sein, die Bereitschaft seine Stimme zu erheben und sich zu öffnen, was oft mit nur schwer auszuhaltenden emotionalen Turbulenzen verbunden war, die Bandbreite der aufgeworfenen Themen, die Gedanken und intensiven Gefühle, die auftauchten – all dies bezeugt, daß hier ein vitales Bedürfnis auf Seiten der Kongreßbesucher angesprochen wurde. Ein Teilnehmer, ein ehemaliger Vorsitzender der IPV, sagte nach Abschluß der Veranstaltung: »*Das* ist das einzig Wahre! Was wir [im auf die Veranstaltung folgenden Panel] vorhaben, wird im Vergleich zu dem hier tot und leblos sein. *Das* war lebendig!« Oder wie Georg Bruns es in einem persönlichen Gespräch formulierte: »Nach meinem Gefühl war diese Gruppe das emotionale Zentrum des Kongresses.« Wir finden, diese spontanen Äußerungen bringen es gut auf den Punkt. Viele Teilnehmer empfanden es ebenso, wie sie uns schriftlich oder persönlich während des Kongresses oder danach mitteilten (z. B. Schwaber 2007).

Was als wertvoller Beitrag der Veranstaltung gelten mag, ist die Tatsache, daß sie für viele – für die schweigenden Teilnehmer wie für die sprechenden – die Möglichkeit eröffnet zu haben scheint, Phantasien, Erfahrungen und kreative Ideen im Zusammenhang mit sehr persönlichen oder auf ihre jeweiligen Funktionen oder Rollen bezogenen Aspekte ihrer Erfahrungen und Empfindungen bezüglich ihres Berlinaufenthaltes mitzuteilen und wiederzuerleben. Die Wirkung unserer Veranstaltung blieb jedoch nicht allein auf den Moment beschränkt; für mehrere Teilnehmer zeigte sich deren Effekt in der Nachträglichkeit. Gleichwohl wollen wir noch einige Aspekte erwähnen, um das Bild abzurunden. Die Frage der Autorisierung haben wir bereits erwähnt. Was diese Veranstaltung anbelangt, scheinen die Teilnehmer die Befugnis für ihre schwierige Arbeit aus drei unterschiedlichen Quellen bezogen zu haben: (1) der öffentlichen Ankündigung im Eröffnungsplenum, (2) der Anwesenheit der Consultants und deren Eindeutigkeit hinsichtlich ihrer Funktion und Rolle sowie deren Arbeit vor und während der Veranstaltung, was dieser einen Rahmen und einen adäquaten Container gab und zudem kenntlich machte, daß man sich, ohne Schaden zu nehmen, der Rolle eines Gruppenteilnehmers überlassen kann, sowie, von größter Wichtigkeit, (3) der Selbstautorisierung zu dieser Arbeit. Ohne letzteres ist kaum zu verstehen, wie schnell und unmittelbar die Teilnehmer in der Lage waren, den Arbeitsauftrag zu verstehen und ihre Rolle darin einzunehmen.

Ein weiterer Aspekt hiervon ist die Art und Weise, in der die Teilnehmer mit uns als Consultants und auch mit der anstehenden Aufgabe arbeiten konnten, obgleich diese Details kaum je in einem formellen oder direkten Sinn formuliert worden wären. Dies ist besonders bemerkenswert, wird doch für gewöhnlich größter Wert auf die genaue und formal korrekte Definition dieser Aspekte gelegt. Trotzdem schien es die Fähigkeit der Teilnehmer, eine stabile Beziehung herzustellen, weder zu schmälern noch zu beeinträchtigen. Sucht man nach einer Erklärung hierfür, könnte es unserer Ansicht nach in unserer Bereitschaft liegen, auch auf Unerwartetes, Nicht-Vorhergesehenes einzugehen, uns der Dynamik einer Großgruppe auszusetzen und ihr das, was wir von deren gemeinsamem unbewußten Material verstanden haben, mitzuteilen, was den Teilnehmern ein Einlassen auf die Diskussion ermöglicht hat. Außerdem erfüllte die Tatsache, daß deutsche und israelische Leiter zusammenarbeiteten, eine Art Vorbildfunktion für einen denkbaren und möglichen Austausch.

Eine wichtiger motivierender Faktor und eine Antriebskraft für die Teilnahme an der Gruppe war das *Bedürfnis, seine eigene persönliche Geschichte zu erzählen*. Wir haben dies wiederholt sowohl in der Reihe der andernorts beschriebenen deutsch-israelischen Konferenzen (Erlich et al. 2009) als auch auf dem Kongreß selbst (Erlich et al. 2007) erlebt.[2] Dieses Bedürfnis ist vor allem bei Überlebenden sowie bei den Nachkommen sowohl der Opfer als auch der Täter stark ausgeprägt und will sich ständig, latent oder offen, Ausdruck verschaffen. Es ist, als ob ein fehlendes Stück der eigenen Geschichte, durch Schweigen ausgelöscht, eine unbenannte, ungerichtete Leerstelle geschaffen hätte, die um Bereinigung und ihre Aufhebung durch Verbalisierung, Durcharbeiten und Angleichung ringt, gerade so, als könnte auf diese Weise die gerissene historische Kette wiederhergestellt werden (Volkan 2001; Volkan et al. 2003). Sich selbst in einer historischen Kette und im geschichtlichen Kontext zu erfahren, ist ein dem Selbstgefühl und dem Gefühl der Verbundenheit innewohnender Bestandteil. Reißt diese Kette, werden das Identitätsgefühl und die Existenz in schwerwiegender Weise untergraben (Erlich 1998). Viele der während der Veranstaltung erzählten Geschichten waren äußerst persönlicher Natur, und bei einigen von ihnen hatte es den Anschein, als wären sie dort erstmals zur Sprache gebracht worden. Auffällig an diesen Geschichten ist, daß sie in der Regel sehr detailreich geschildert wer-

2　Vgl. auch: www.p-cca.org und www.internationalpsychoanalysis.net/.

den, und es sind genau diese Details, die der Erzählung ihre Authentizität verleihen. Was fast noch eindruckvoller erscheint, ist die Fähigkeit der Gruppe, authentische Berichte sehr freundlich aufzunehmen und unauthentische zugleich mit untrüglicher Sicherheit als solche zu erkennen und zurückzuweisen.

Grundannahmen und Antisemitismus

Nicht einfach zu beantworten ist die Frage, ob diese Großgruppe tatsächlich in der Lage war, ihr Verständnis und ihre Einsichten in die Themen zu verfolgen und zu vertiefen (Arbeitsgruppe) oder ob sie sich in unproduktive und ausufernde Irrationalitäten verstieg (Grundannahmen). Wenn es sich tatsächlich um eine irrationale Gruppe gehandelt haben sollte, so war sie als solche nicht auf Anhieb zu erkennen. Die drei von Bion (1961) unterschiedenen Typen von Grundannahmen – Abhängigkeit, Flucht-Kampf und Paarung – schienen sich nicht in nachhaltiger oder dominierender Weise zu realisieren, obgleich sicherlich einige Tendenzen in der einen oder anderen Richtung unvermeidlich waren und momentweise auch wahrgenommen werden konnten. Zugleich aber sollte man annehmen, daß allein die Tatsache, daß es sich um eine sehr große Gruppe handelte – am ersten Tag etwa 60, am zweiten und dritten Tag mehrere hundert Personen –, genügt, um aus ihr eine Gruppe zu machen, die für die Verfolgung rationaler, sachlicher Ziele schon per definitionem denkbar ungeeignet ist. Ob ein Ziel verfolgt wird, bemißt sich durch die Beziehung zur ursprünglichen, initialen Aufgabe und durch die Fähigkeit, diese auszuführen. Die primäre Aufgabe in dieser Veranstaltung wurde in dem oben zitierten kurzen Text, der am ersten Tag mitgeteilt wurde, festgelegt und an jedem der drei Tage nochmals von den Consultants in mündlicher Wiederholung bekannt gegeben. Wenn man dies als Mitteilung der primären Aufgabe betrachtet, kann man sagen, daß die Gruppe sie gut verstanden und zielstrebig auf sie hin gearbeitet hat. Für eine derart große Gruppe ist dies zweifellos recht außergewöhnlich. Vielleicht spiegelt sich darin einmal mehr der dringende Wunsch, sich auf diese besondere Aufgabe einzulassen. Sobald das Setting und der Rahmen erst einmal gesetzt waren, begann der Prozeß fast auf der Stelle und verlief ohne Unterbrechung.

Ein tiefergehender irrationaler Prozeß, den wir beobachten konnten, war jener *in vivo*-Vorfall, den man als Entstehung des Antisemitismus beschreiben könnte. Im weiteren Fortgang des Gruppenprozesses gab es zunehmend Manifestationen von Spaltungen und Projektionen mit Blick auf Juden und Jüdisch-sein. Einerseits geschah dies in Gestalt von Idealisierungen, wie das Bild der jüdischen Mutter oder der Juden als Helden der Kultur. Andererseits aber zeigte sich Neid gegen die Juden und es gab neidische Attacken gegen deren vermeintliche Monopolisierung des Leidens, die dem Leiden anderer keinen Raum zugesteht. Der Neid, der Groll und die angedeuteten Aggressionen, die diese Manifestationen begleiteten, waren, auch wenn sie vereinzelt blieben, nicht zu überhören und nicht zu übersehen. Vielleicht verweist dies auf die Notwendigkeit, solche spontanen Entwicklungen von Antisemitismus im Auge zu behalten.

Ein anderes Beispiel für Irrationalität ist der Ausbruch von Wut und Aggression gegen den älteren deutschen Kollegen wegen seiner Reaktion auf den jungen Mann. Offensichtlich wurde er als Angehöriger der älteren Generation identifiziert, die die jüngere Generation angreift. Möglicherweise handelte es sich hier um eine Projektion der Gruppe, in der sich viele der älteren Generation befanden, und deren eigener Aggression, die ihn als Feind ausmachten und zum Schweigen bringen wollten.

Der Klang der Stille/des Schweigens

Auch wenn die Anzahl der Teilnehmer an unserer Veranstaltung sehr eindrucksvoll war, machten sie doch nur etwa 10 Prozent der Kongreßbesucher aus. Dieser Kongreß war einer der bis dahin meistbesuchten, und viele Analytiker kamen wahrscheinlich eben *weil* er in Berlin stattfand, während andere aus genau diesem Grund *nicht* kamen. Die stummen Stimmen letzterer konnten wir nicht hören und mußten auf sie verzichten.

Die zweite Ebene des Schweigens umfaßt jene, die auf den Kongreß und nach Berlin kamen, aber die Veranstaltung nicht besuchten. Was sagen uns die schweigenden Stimmen derjenigen, die der Gruppe lieber fernblieben? Kann aus deren Nicht-Teilnahme irgend etwas geschlossen werden? Dies deuten zu wollen ist sicherlich noch schwieriger und auch riskanter, und es bleibt uns lediglich, einige sehr vorläufige Überlegungen anzustellen. Einige Ideen bieten sich an. Der Kongreß ist wie ein Marktplatz voller quirliger Betriebsamkeit und mit einer Überfülle an lebhaften und bunten psychoanalytischen Angeboten sowie einer immensen Vielzahl an Arbeitsberichten. Der Wettbewerb um Aufmerksamkeit für jede

Veranstaltung ist hart und zeitigt die verschiedenartigsten Dynamiken. Unser Angebot galt als experimentelle Veranstaltung und entsprach, wie bereits erwähnt, in keiner Weise der üblichen Kost eines internationalen psychoanalytischen Kongresses. Parallel fanden größere Vorträge und Hauptvorträge zu hochrelevanten Themen sowie die sich daran anschließenden Diskussionsgruppen statt, und viele Kollegen zogen es verständlicherweise vor, dorthin zu gehen, wo sie die psychoanalytische Auffrischung und Anregung erhalten wollten, derentwegen sie nach Berlin gekommen waren. Außerdem ist es sehr wahrscheinlich, daß das Thema ›Being in Berlin‹ nicht für alle die gleiche emotionale Bedeutung besaß. Angesichts der vielen ansprechenden Alternativen liegt es nahe, daß die Leute nicht überall sein können und eine Auswahl treffen müssen. Zugleich ist aber einzuräumen, daß das bloße Vorhandensein dieser Veranstaltung und das Wissen, daß sie stattfindet, eine wichtige Einflußgröße für den Auswahlvorgang selbst darstellt. Bewußt oder unbewußt trägt es zu dem Gefühl bei, daß andere sich ›stellvertretend‹ dieser Aufgabe stellen, was ja auch geschah. So gesehen wurde die Arbeit jener, die anwesend waren, tatsächlich auch im Namen vieler anderer getan, die, aus welchen Gründen auch immer, nicht teilnahmen.

Eine ganz ähnlich gelagerte Beobachtung war die auffällige Abwesenheit israelischer Kollegen und zwar gerade angesichts der Tatsache, daß eine ziemlich große Gruppe den Kongreß besuchte. Dies blieb von uns nicht unbemerkt und etliche Teilnehmer nahmen darauf Bezug. Vielleicht ist dies ein Ausdruck der Schwierigkeiten, die viele israelische Kollegen im Zusammenhang mit ihrem Berlinbesuch empfanden, was auch von einigen ausdrücklich angeprangert wurde, und auf der anderen Seite das Übermaß und nahezu tägliche Konfrontation der Israelis mit der Anwesenheit der Überlebenden und dem Gedenken an die Shoa in deren Kultur. Gleichzeitig könnte es jedoch auch auf das Bedürfnis hinweisen, mit diesen schwierigen Inhalten nicht allzu sehr in Berührung zu kommen. Die gleichen Widerstände haben wir in recht heftiger Form bereits bei den schon erwähnten deutsch-israelischen Konferenzen erlebt, die nur eine handvoll israelischer Analytiker anzogen, obgleich die Israelische Psychoanalytische Gesellschaft sie stets und zuverlässig unterstützte und förderte. Deren Abwesenheit steht in deutlichem Widerspruch zu der großen Anzahl von Diaspora-Juden, die sowohl die Veranstaltung in Berlin als auch die bereits erwähnten deutsch-israelischen Konferenzen besuchten. Diese Sache hat offensichtlich eher mit dem ›Israelischsein‹ als mit dem ›Jüdischsein‹ zu tun. Möglicherweise fällt es Israelis weitaus schwerer, an Veranstaltungen wie diesen teilzunehmen, und zwar wegen einer tief verwurzelten emotionalen Haltung, die in der Negierung und Verleugnung der Opferposition gründet. Die israelische Identität hat sich mit Selbstbewußtsein und Stärke als Wiedergutmachung der schmerzlich erlebten und sich durch weite Teile der Geschichte ziehenden Opferrolle der Juden formiert, in der sie als willige Schafe auf dem Weg zur Schlachtbank wahrgenommen wurden. Es kann durchaus sein, daß die emotionale Konfrontation mit ›Being in Berlin‹ vielleicht eine zu große Bedrohung für dieses zwar tief eingeprägte, aber noch immer leicht zu erschütternde Element ihrer Identität darstellte.

Die dritte Ebene des Schweigens ist die Stimme derjenigen, die zwar in der Gruppe anwesend waren, aber nichts sagten. Selbstverständlich ist nicht jeder in der Lage, in einer Gruppe mit mehreren hundert Menschen zu sprechen, und Sprechen ist auch nicht gleichbedeutend mit Dazugehören oder Beteiligtsein. Es liegt auf der Hand, daß wir nicht viel über diese Gruppe sagen können, und doch muß sie in ihrem Vorhandensein als Gruppe für sich zur Kenntnis genommen und mitreflektiert werden. Einige von ihnen schwiegen sicherlich aufgrund eines Fremdheitsgefühle oder wegen kritischer Vorbehalte. Jemand, der nur am letzten Tag dabei war, sagte uns hinterher, er hätte die Veranstaltung als etwas ›theatralisch‹ empfunden und sich fern und außerstande gefühlt mit zu machen. Andere hingegen, die schwiegen, waren sehr involviert und kamen jeden Tag. Tatsächlich stellten wir fest, daß diejenigen, die am ersten Tag kamen, an all den darauffolgenden Tagen wiederkehrten. Uns fielen keine hervorstechenden Merkmale auf, die die Sprechenden oder die Schweigenden jeweils charakterisierten. Ein Grund hierfür dürfte die relativ kurze Dauer der Veranstaltung sein – alles in allem drei Stunden – , die eine Exploration von Fragen wie die nach der Stimme des Schweigens nicht zuließ.

Implikationen für die Zukunft

War dies eine einmalige Veranstaltung oder könnte man in ihr ein neues Format für künftige Kongresse sehen? Die emotionale Intensität eines Aufenthaltes in Berlin, in jener Stadt, die den Schrecken und das Trauma des Zweiten Weltkrieges, der Nazigreuel und den Holocaust symbolisiert in Kombination mit dem Setting und der Arbeit mit Großgruppen nach dem Tavistock-Modell ist zweifellos einzigartig. Sind daraus Lehren zu ziehen, die für künftige IPV-Kongresse oder ähnliche Veranstaltungen relevant wären?

Ein starker Eindruck war die Bereitschaft oder vielleicht sogar das Dürsten der Kongreßbesucher nach einer Möglichkeit, sich in einer sinnvollen Weise persönlich auszudrücken – nach einem Setting also, in dem sie aus dem Herzen sprechen und ihren Gefühlen Luft machen können. Der Unterschied zwischen dem Tenor in der großen Gruppe und dem allseits bekannten Diskursstil in den herkömmlichen wissenschaftlichen Gruppen war unübersehbar und augenfällig. Diese Erfahrung legt die Erwägung nahe, Veranstaltungen für solcherart direkte und persönliche Äußerungsformen zusätzlich zu dem anspruchsvollen wissenschaftlichen Austausch, den wir von den IPV-Kongressen gewohnt sind, vorzusehen. Allerdings sollte dies nicht ohne sorgfältige Planung und Vorbereitung geschehen. Nicht immer sind große Gruppen der angemessene und passende Weg zur Selbstentfaltung und auch der Rahmen, in dem dies geschieht, ist von wesentlicher Bedeutung. Die Veranstalter künftiger Kongresse könnten darüber nachdenken, einen solchen Rahmen mit einzubeziehen, sofern es ihnen als der geeignete Weg erscheint, spezielle Themen genauer in den Blick zu nehmen. Dies wären Themen, die für viele von uns von unmittelbarer Bedeutung sind und uns als Psychoanalytiker, die wir unter den vielfältigsten sozialen Bedingungen arbeiten, angehen. Eine weitere wichtige Grundvoraussetzung ist stabiles und starkes Containing im Sinne einer Funktion, die das Setting, den theoretischen Hintergrund und die Moderation miteinander verknüpft. Beispiele für passende Themen könnten sein: Die Erosion der Standards; die Integration verschiedener perspektivischer Zugänge zur Analyse; der Einfluß sozialer Gewalt auf die analytische Praxis; Terrorismus, Fundamentalismus und das Unbewußte etc. Die Verbindung eines sowohl sozial als auch analytisch wichtigen Themas mit der hier beschriebenen Herangehensweise könnte Analytikern verschiedener sozialer Kulturen und theoretischer Überzeugungen die Möglichkeit bieten, sich sowohl mit den Problem- und Fragestellungen als auch miteinander in einer sinnvollen Weise auseinanderzusetzen.

Zusammenfassung

Im Juli 2007 tagte der Internationale Psychoanalytische Kongreß erstmals nach dem Krieg in Berlin, der ehemaligen Hauptstadt Hitlerdeutschlands. Im Rahmen des Kongresses fand eine offene Großgruppe statt, die den (jüdischen, deutschen und anderen) Teilnehmern die Gelegenheit bot, die emotionalen Aspekte ihres Aufenthaltes in Berlin zu explorieren. Mehrere hundert Personen nahmen an diesem Forum teil und bezeichneten es als ›das Herzstück des Kongresses‹. Wir untersuchen verschiedene Aspekte der Veranstaltung, u. a. die durch den Berlinaufenthalt geweckten leidenschaftlichen Gefühle, das Containment des Settings sowie die anwesenden und fehlenden Stimmen.

Summary
›Being in Berlin‹: A Large Group Experience in the Berlin Congress

In July 2007, the International Psychoanalytic Congress convened for the first time since the war in the former Nazi capital, Berlin. An open large group forum was held at this meeting, where attendees (Jewish, German and others) had the opportunity to explore the emotional aspects stirred up by being in Berlin. Hundreds of people participated in the event and described it as the ›heart of the Congress‹. We examine several aspects of the event, including the passions stirred, the containment of the setting, and the voices present and absent.

Danksagung

Wir sind Dr. Edward R. Shapiro für seine hilfreichen Anmerkungen zu großem Dank verpflichtet.

Literatur

Beland, H. (1988): How they know themselves: Confronting the past – A contribution to the history of the German Psychoanalytic Association. In: Freedman, N. (Special Issue Editor): *Psychoanalysis and values: Reflections on the Hamburg Congress. In: Psychoanal Contemp Thought* 11, 267–283.
Bion, W.R. (2001 [1961]): *Erfahrungen in Gruppen und andere Schriften.* Stuttgart: Klett-Cotta.
Brainin, E./Kaminer, I. (1982): Psychoanalyse und Nationalsozialismus. In: *Psyche – Z Psychoanal* 36, 989–1012.

Brecht, K./Friedrich, V./Hermanns, L./Kaminer, I./Juelich, D. (Hg.) (1985): ›Hier geht das Leben auf eine sehr merkwürdige Weise weiter –‹. Zur Geschichte der Psychoanalyse in Deutschland. Hamburg: Kellner.

Carr, A. W./Shapiro, E. R. (1989): What is a Tavistock interpretation? In: Carr, A. W./Gabelnick, F. (Hg.): Proceedings of the International Symposium. Washington, DC: AK Rice Institute, 53–58.

Erlich, H. S. (1997): On discourse with an enemy. In: Shapiro, E. R. (Hg.): The inner world in the outer world: Psychoanalytic perspectives. New Haven, CT: Yale UP, 123–142.

— (1998): Adolescents' reactions to Rabin's assassination: A case of patricide? In: Adolesc Psychiatry 22, 189–205.

— (2001 a): Enemies within and without: Paranoia and regress ion in groups and organizations. In: Gould, L. J./Stapley, L. F./Stein, M. (Hg.): The systems psychodynamics of organizations. London: Karnac, 115–131.

— (2001b): Milch, Gift, Tränen. Bericht van den Nazareth Gruppenkonferenzen ›Germans and Israelis – The Past in the Present‹. In: Bohleber, W./Drews, S. (Hg.): Die Gegenwart der Psychoanalyse – die Psychoanalyse der Gegenwart. Stuttgart: Klett-Cotta, 128–138.

— /Erlich-Ginor, M./Beland, H./Kreuzer-Haustein, U. (2007): Shaping the future by confronting the past: Germans, Jews, and affected others. IPA Congress Panel, Benin, 25 July 2007.

— /Erlich-Ginor, M./Beland, H. (2009): Gestillt mit Tränen – Vergiftet mit Milch. Die Nazareth-Gruppenkonferenzen. Deutsche und Israelis – Die Vergangenheit ist gegenwärtig. Gießen: Psychosozial-Verlag.

Erlich-Ginor, M. (2006): Structure and design of group relations conferences: Issues and dilemmas. In: Bruner, L. D./Nutkeviteh, A./Sher, M. (Hg.): Group relations conferences: Reviewing and exploring theory, design, role-taking and application. London: Karnac, 30–43.

Etchegoyen, R. H. (1991): The fundamentals of psychoanalytic technique. London: Karnac.

Frosh, S. (2005): Hate and the Jewish science: Antisemitism, Nazism and psychoanalysis. Basingstoke/New York, NY: Palgrave Macmillan.

Goggins, J. E./Brockman Goggins, E. (2001): Death of a Jewish science: Psychoanalysis in the Third Reich. West Lafayette, ID: Purdue UP.

Khaleele, O./Miller, E. J. (1985): Beyond the small group: Society as an intelligible field of study. In: Pines, M. (Hg.): Bion and group psychotherapy. London: Routledge & Kegan Paul, 353–383.

Miller, E. J. (1989): The Leicester model: Experiential study of group and organizational processes. London: Tavistock Institute of Human Relations. (Occasional Paper No. 10.)

Moses, R./Hrushovski-Moses, R. (1986): A form of group denial al the Hamburg Congress. In: *Int Rev Psychoanal* 13,175 – 180.

Obholzer, A. (1994): Authority, power and leadership: Contributions from group relations training. In: Obholzer, A./Zagier Roberts, V. (Hg.): *The unconscious at work*. London: Routledge, 39 – 47.

Ostow, M. (1988): Apocalyptic thinking in mental illness and social disorder. In: Freedman, N. (Special Issue Editor): *Psychoanalysis and* values: *Reflections on the Hamburg Congress. In: Psychoanal Contemp Thought* 11, 285 – 297.

Schwaber, P. (2007): On being in Berlin. In: *American Psychoanalyst* 41, 15.

Shapiro, E. R. (1997): The boundaries are shitting. In: Ders. (Hg.): *The inner world in the outer world: Psychoanalytic perspectives*. New Haven, CT: Yale UP, 7 – 25.

— (2005): Joining a group task: The discovery of hope and respect. In: *Int J Group Psychother* 55, 211 – 227.

Turquet, P. (1975): Threats to identity in the large group. In: Kreeger, L. (Hg.): *The large group: Dynamics and therapy*. London: Karnac, 87 – 144.

Volkan, V. D. (2003): Large-group identity: Border psychology and related societal processes. In: *Mind Human Interact* 13, 49 – 76.

Volkan, V. O./Ast, G./Greer, W. F., Jr. (2001): *Third Reich in the unconscious: Transgenerational transmission and its consequences*. Philadelphia, PA: Brunner Routledge.

Wallerstein, R. S. (1988): Psychoanalysis in Nazi Germany: Historical and psychoanalytic lessons. In: Freedman, N. (Special Issue Editor): *Psychoanalysis and values: Reflections on the Hamburg Congress. In:Psychoanal Contemp Thought* 11, 351 – 370.

H. Shmuel Erlich und Mira Erlich-Ginor, Midbar Sinai 42, 97805 Jerusalem, Israel, Shmuel.Erlich@huji.ac.il

Hermann Beland, Weddigenweg 11, 12205 Berlin,
hermann.beland@t-online.de

Übersetzung aus dem Englischen von Prof. Dr. Lilli Gast,
Berchtesgadener Str. 15, 10825 Berlin, lilli.gast@ipu-berlin.de

Buchessay

Untot oder auferstanden? Das Jesusbild Christoph Türckes

Eberhard Th. Haas[*]

Christoph Türcke: *Jesu Traum. Psychoanalyse des Neuen Testaments.* Springe: zu Klampen 2009, 158 Seiten, 14,80 €.

Die islamistische Gewalt in den westlichen Metropolen und die damit verbundene religiös motivierte Bedrohung zwingen dem aufgeklärten Zeitgeist eine Debatte auf, die er längst als erledigt erachtet hatte. Das Abendland ist nach dem Befund Türckes schon lange nicht mehr christlich. Das in der westlichen Welt praktizierte Christentum ist aufs Ganze gesehen hohl und morsch und existiert in unseren Regionen praktisch nur noch in Resterscheinungen und inaktivierten Ablagerungen. Von diesem sedimentierten Christentum, von dem in den letzten fünf Jahrhunderten gleichsam »festgetretenen, beruhigten Untergrund, auf dem sich das unruhige Leben der Moderne abspielt« (8), gingen – als es noch mächtig war – die Renaissance, die Aufklärung, die Menschenrechte und die moderne Wissenschaft und Technik hervor und freilich auch der Kolonialismus. Durch das gewaltsame Eindringen des Islam in die abendländische Zivilisation wird

[*] Eberhard Th. Haas, Dr. med. ist Psychoanalytiker (DPV) in eigener Praxis. Lehranalytiker am Psychoanalytischen Institut Heidelberg-Karlsruhe. Arbeitsschwerpunkte: Trauerprozesse; Kulturanthropologie; Literatur und Psychoanalyse; Religion und Psychoanalyse; Wiederaneignung von Totem und Tabu. Letzte Buchveröffentlichung: *Das Rätsel des Sündenbocks. Zur Entschlüsselung einer grundlegenden kulturellen Figur.* Gießen: Psychosozial 2009.

deren christlicher Untergrund erneut aufgerührt, und mancher Zeitgenosse fühlt sich zu einer Stellungnahme herausgefordert, die er längst als historisch angesehen hatte.

Abhandlungen über Religion sind deswegen wieder vermehrt anzutreffen, auch im Raum der Psychoanalyse. Dabei fällt auf, daß der Kernbereich dieses Gegenstands regelmäßig ausgeklammert bleibt: die Frage, warum bislang keine Kultur ohne Religion gefunden wurde. Es geht dabei um nichts Geringeres als um eine Theorie des Religiösen. Statt dessen befassen sich die meisten Abhandlungen mit thematischen Doppelungen wie Religion und Gewalt, Glaube und Hirnforschung, Soziologie der Kirchenein- oder -austritte, Fundamentalismus oder Fortschritt. Religion hat zwar mit Gewalt zu tun, aber in dem Sinn, daß ihr ursprünglich eine Gewalt bindende und kanalisierende Rolle zukam. Erst das sich auflösende Religiöse setzt die dort gebundene Gewalt frei.

In seinem Essay über das Neue Testament bezieht sich Christoph Türcke, wie in vorangehenden Arbeiten, auf die Frühzeit der Hominisation, aber er rückt eine vergleichsweise jüngere Zeit ins Zentrum seiner Aufmerksamkeit. Was trieb eine Handvoll einfacher Männer und Frauen, sich um den Wanderprediger Jesus aus Nazareth zu scharen, der heilend und predigend durch Judäa zog? Solchen Fragen haben sich Theologen seit Jahrhunderten gestellt und damit ganze Bibliotheken gefüllt, aber selten anthropologisch ausgeweitet. Türcke unternimmt den Versuch, das Neue Testament psychoanalytisch zu lesen, und gerät damit zwangsläufig in die Nähe Freuds, der auf der Suche nach den Anfängen der menschlichen Kultur die in der Bibel verborgenen Wahrheiten als Referenz heranzog.

Türckes »fundierte Psychoanalyse des Neuen Testaments« (10) geht andere Wege, verwirft Freuds Ansichten über die Anfänge der Gesellschaft, wie er sie ausgehend von *Totem und Tabu* bis hin zum *Mann Moses* in seinen kulturwissenschaftlichen Studien entwickelt hat, und auch dessen »Einschätzung des Christentums« (10) wird eher beiläufig zurückgewiesen. Türcke liest das Neue Testament wie einen manifesten Traum, hinter dem er den latenten sucht. Die authentischen Worte und Taten Jesu wären demnach die »latenten Traumgedanken des Christentums«, die Evangelien, um Zensur und Milderung bemüht, stellen den »manifesten Trauminhalt« dar (81).

Diese zunächst verlockend erscheinende Vorgehensweise hat jedoch den großen Nachteil, daß das Deutungsmonopol ganz in den Händen des Traumdeuters und Autors liegt. Bekanntlich ist es aber der Träumer selbst, der in der analytischen Situation den Weg vom manifesten zum latenten Traum finden muß. In der Dechiffrierung von Jesu Traum soll die theologische Fachhistorie diesen Part übernehmen. Doch sie bietet sich, was die Leben-Jesu-Forschung anlangt, in einem chaotischen Zustand dar, wie schon Albert Schweitzer (1984 [1906], 39) Anfang des vergangenen Jahrhunderts festgestellt hat. Türcke scheint es für möglich zu halten, auch nach zwei Jahrtausenden leidenschaftslos und objektiv zur historischen Wahrheit vorzudringen und dem nahezukommen, was die Schreiber der Evangelien an »historischer oder journalistischer Sorgfalt« (12) vermissen ließen.

Dieser Anspruch der Geschichtswissenschaft ist mit Recht immer wieder kritisch hinterfragt worden. Pointiert widmet sich Friedrich Nietzsche in seiner Abhandlung *Vom Nutzen und Nachteil der Historie für das Leben* diesem Problem. Schon in seiner Zeit macht er auch in der Theologie eine objektivierende Tendenz aus, die das Leben schwächt. Echte Historie habe dem Leben zu dienen. Sie muß in intuitiver künstlerischer Schau die großen geschichtlichen Gestalten und Geschehnisse so erfassen, daß sie in der Gegenwart wirksam werden und ihre Kraft entfalten. Eine Religion, die durch und durch wissenschaftlich erkannt werden soll, geht an den »historischen Sezierübungen« (Nietzsche 1973 [1874], 253) zugrunde. In gleicher Richtung argumentiert Kierkegaard: Will man objektiv etwas wissen, leidenschaftslos etwas feststellen, entzieht man sich gerade dadurch den eigentlichen der Existenz aufgegebenen Fragen. Historische und existentielle Einstellung schließen einander aus (vgl. Graß 1969, 13).

Diese Auffassung ist nicht weit von der Psychoanalyse entfernt, die, folgt man Freud, weniger an der materiellen als an der psychologischen Wahrheit interessiert ist und darüber hinaus der Religion einen »Wahrheitsgehalt« zubilligt, der bei genauerer Betrachtung mitten hineinführt in das, was Kultur im Innersten zusammenhält (vgl. Freud 1935a, 32f.).

Für ihn war es ein Arbeitsprinzip, in den Bildungen der Neurose wie in Kunstwerken zu lesen und die dort verborgenen, gleichwohl erkennbaren Tiefenschichten freizulegen. Religion nannte er auch Menschheitsneurose, und in dieser, wie auch in der des Individuums, machte er Gewaltverhängnisse aus, die sich aber in Richtung Kultur transformieren können.

Die vier Evangelien kann man wie Kunst gewordene Texte gleichsam theopoetisch lesen, und sie vermitteln darüber hinaus eine fundamentale anthropologische Wahrheit. Zu verschiedenen Zeiten entstanden, stellen sie Jesu Leben und Sterben aus unterschiedlichen Perspektiven dar, und zwar so, daß sie sich gegenseitig ergänzen und kommentieren. Leben und Tod Jesu werden in späteren Jahrhunderten zu bedeutenden Themen der abendländischen Malerei. Natürlich kann man heute mit modernen technischen Hilfsmitteln Übermalungen sichtbar machen, eventuell den Kompositionsprozeß rekonstruieren, doch zuviel Helligkeit und Transparenz wirkt merkwürdigerweise wie eine Demontage. »Alles Lebendige braucht um sich eine Atmosphäre, einen geheimnisvollen Dunstkreis« (Nietzsche 1973 [1874], 254), und man darf sich nicht wundern, wenn ohne diese Hülle Religion oder Kunst unfruchtbar werden und erstarren. Auf die Texte der Evangelien bezogen heißt das, sie können angesichts solcher Dekonstruktionen immer schwerer wie in einer zweiten Naivität gelesen werden.

Ostern

Wo historisch-kritisch arbeitende Theologen von ›leerem Grab‹ sprechen, bemüht, dieses heller auszuleuchten, als dem Thema angemessen ist, fällt ihr Blick doch immer nur auf ihren eigenen Schatten. Weder die Synoptiker noch das vierte Evangelium kennen solche juristischen Präzisierungen, geht es doch bei der Auferstehung um innere Erfahrungen. Sie gehören in das Zwielicht und Morgengrauen des ersten Tages der Woche und zum paradoxen Bereich von Trauer, Träumen, Wachen und Wachträumen. Sie sind subjektiv und dennoch unermeßlich geschichtsmächtig.

Nach Türckes Auffassung hingegen kommt seriöse Historik, die Jesus so erfassen will, »wie er an und für sich gewesen ist« (14), nicht umhin, von »Geschichtsfälschungen« zu sprechen. Für den historisierenden Blick ist ausgemacht, daß das Osterereignis »auferstehungskonform« zurechtgebogen ist, und es ist eine Gewißheit, daß »bei der Komposition der Evangelien Betrug im Spiel ist« (14). Freilich räumt er auch ein, daß der Betrug immer wieder »von Anfällen von historischer Redlichkeit unterlaufen« (15) ist, finden sich doch so kompromittierende Sätze wie: »Da verließen ihn alle und flohen« (Mk 14, 50).

Wie die »abtrünnigen Gefolgsleute Jesu [...] zu den beharrlichsten Gewährsleuten seiner Auferstehung geworden« (16) sind, erscheint hier als unfaßbare Kehrtwende, wo »alle Psychologie« (17) versagt. Türcke bemüht hier sein anthropologisches Konzept von der Heiligung des Schreckens, ohne allerdings zu bemerken, daß genau an dieser Stelle, bei der Verarbeitung des Todes, »die Psychologie geboren« (Freud 1915b, 347) wurde. Die von Konfusion gepeinigten Jünger treten die Flucht nach vorn an und suchen »beim Schrecklichen Zuflucht vor dem Schrecken« (19). Diese luzide und zentrale Feststellung Türckes wird jedoch wieder entwertet, weil es einer zum Naturalismus tendierenden Theologie nach Fakten und Objektivierung verlangt. In diesem Bereich gilt: Mehr wissen wollen mindert die emotionale Erfahrung und endet schließlich bei totem Wissen. Bion hat für diesen Sachverhalt das Zeichen (-K) gesetzt.

Fehlen die »neutralen Zeugen« (30) der Auferstehung, wie sie auch Türcke fordert, beginnt die Psychiatrisierung des Auferstehungsgeschehens, wird auf Halluzination erkannt. Schon der griechische Philosoph und Gegner des Christentums Celsus bemängelte im zweiten nachchristlichen Jahrhundert, daß sich der Auferstandene nicht auch Außenstehenden und Widersprechenden gezeigt habe, sondern zunächst einem halbrasenden Weib, der Maria von Magdala (vgl. Haas 2002). Es hat den Anschein, als sei die naturalistisch arbeitende Theologie in den vergangenen Jahrhunderten mit diesem Problem nicht fertig geworden und habe, wie Albert Schweitzer (1984 [1906], 624) es ausdrückt, einen merkwürdig unlebendigen Jesus hervorgebracht.

Auferstanden oder untot?

Historisch und naturalistisch arbeitende Theologen stehen heute nicht nur vor der Frage nach dem ›leeren Grab‹, von dem aus gutem Grund in keinem der vier Evangelien die Rede ist, sondern vor weiteren konkretistischen Präzisierungen. Ein Türcke nahe stehender Theologe drückt es so aus: Können wir heute noch Christen sein, wenn das Grab gar nicht leer war, sondern voll, wenn es überhaupt ein Einzelgrab gegeben hat, »und der Leichnam Jesu nicht entwichen, sondern verwest« (Lüdemann 1994, 198) ist? Das Denken in biologischen Kategorien oder Zersetzungsprozessen kann das Seelische so weit affizieren, daß aus dem Auferstandenen der Evangelientexte schließlich ein Untoter wird.

Alle vier Evangelien sind im Grunde – anthropologisch gesprochen – nichts anderes als Text gewordene Trauerarbeit, und manche Sackgasse hätte sich vermeiden lassen, wenn die historisch-kritische Forschung eine Idee von dieser Transformationsarbeit gehabt hätte. Das älteste Evangelium, das nach Markus (um 70 n. Chr. abgefaßt), kennzeichnet eine Unmittelbarkeit in der Darstellung der Gewalt der Menschensohntragödie und Gottverlassenheit. In seiner ursprünglichen Form endet es offenbar mit dem Erschrecken, welche das Erscheinen des Auferstandenen bei den Frauen und Jüngern auslöst (Mk 16, 8). Statt von Jubel ist in diesem Bericht zunächst von Zweifel, Verwirrung, Angst und Entsetzen die Rede.

Das einige Jahrzehnte später entstandene Evangelium nach Johannes spricht nicht mehr von Erniedrigung, sondern Erhöhung am Kreuz. Jesus wird in feierlicher Hoheit und als Erlöser der Welt dargestellt. Die im Laufe der nachfolgenden Jahrzehnte stattfindende Idealbildung gehört, anders als Türcke (15 f.) es meint, regelhaft zur Trauer. Davon streng zu unterscheiden ist die Idealisierung im Dienste der Abwehr, wobei zugegebenermaßen das real existierende Christentum, wie es sich in die Kirchengeschichte eingeschrieben hat, mehrheitlich von dieser Form der Erhöhung zu Herrschaftszwecken dominiert ist.

Die kollektive Trauer und die damit einhergehenden Transformationen und Verinnerlichungen sind bei Johannes weiter vorangekommen. Auch das Wissen um Trauerarbeit hat hier eine Höhe erreicht, wie die bemerkenswerte und psychologisch stimmige Abschiedsrede Jesu zeigt (vgl. Haas 2006, 223 f.). Doch all das mindert die Bedeutung des vierten Evangeliums für die historisch-kritische Forschung, so auch bei Türcke.

In jedem der vier Evangelien spiegeln sich unterschiedliche Etappen einer kollektiven Transformationsarbeit, deren Dauer nach Jahrzehnten zu rechnen ist und nicht wie in der individuellen Trauer nach Jahren. Zugleich erlauben sie einen vertieften Blick auf das Auferstehungsgeschehen und vermögen sich gegenseitig zu kommentieren. Damit wird auch erkennbar, daß diesen Texten nicht Genüge getan wird, wenn sie als eine von Abwehr und Traumzensur zurechtgebogene Wunschfassade aufgefaßt werden, hinter der die latenten Traumgedanken zu analysieren sind.

Zur frühen Trauer gehört zweifelsfrei, daß sich der Verstorbene nur seinen engsten Angehörigen zeigt und sein inneres Bild, der Abwesenheit zum Trotz, eine um so stärkere Leuchtkraft entfaltet, was durchaus für heutige Leser halluzinatorisch anmuten kann. Aus demselben Grund versteht sich, daß der Tote keinen neutralen Zeugen erscheint, haben sie doch keine vergleichbare Bindung entwickelt. Die Auferstehung muß man als inneren, subjektiven und traueranalogen Verarbeitungsprozeß lesen, der sich im Binnenraum antiker Seelen vollzog, die noch von keinem naturwissenschaftlichen Denken beeinflußt waren.

»Wo keine Götter sind, walten Gespenster« (zit. n. Safranski 2009, 127), heißt es bei Novalis; wo es keinen Auferstandenen gibt, herrscht ein Untoter, wenn es keine transzendierende Erfahrung gibt, dominiert das Gefühl der Verfolgung, lautet sinngemäß derselbe Befund bei Bion. Solche Vorgänge sind von größter Bedeutung und nicht nur im Kultur schaffenden, sondern auch zerstörenden Sinn.

Das zwanzigste Jahrhundert wird bis in unsere Zeit hinein von Untoten beherrscht, die diesen Namen verdienen. Die Idole dieser Zeit – Hitler, Stalin, Mao usw. und ihre Jünger – leben als Dämonen fort und haben Verwüstungen und Vernichtungen hinterlassen, an denen die Arbeit der Trauer scheitert. Wie das Seelenleben des Depressiven von einem melancholischen Introjekt beherrscht wird, von dem Lösung kaum möglich ist, sind die totalitären, gottgleichen Machthaber von einst als Gespenster lebendig und haben ihre Anhängerschaft, ihre kultischen Versammlungen, bei denen die Devotionalien nicht fehlen dürfen. Eine destabilisierte Welt bringt solche Gestalten in einer Vielzahl hervor, und auch die gewaltbereiten islamistischen Führer sind eigentlich nur deren Revenants, die teils gefürchtet, teils aber auch bewundert werden.

Der Osterglaube ist die lichte Seite eines seelischen Vorgangs, dessen Schattenseite ebenso psychisch real und geschichtsmächtig ist, aber spiegelverkehrt mit seiner Vertikalen nach unten zeigt. Trägt Christoph Türckes Jesus die Embleme unserer Zeit, ist er als Untoter auferstanden, eine Mischgestalt oder ein Vexierbild, das Konfusion verbreitet, weil von ihm keine ordnende Kraft mehr ausgeht und Licht und Dunkelheit vertauscht erscheinen? Ist er ein Dämon, dem nur durch »Selbstexorzismus« (34) beizukommen ist?

In seiner *Massenpsychologie* hat sich Freud ebenfalls mit dieser Frage auseinandergesetzt, wobei es für ihn feststeht, daß es sich bei Jesu Passion und Auferstehung um nichts Geringeres als die Errichtung des abendländischen »Kultur-Über-Ichs« (Freud 1930a, 501 f.) handelt. Dieses zentrale Kulturereignis, das nach Art des Untergangs des Ödipuskomplexes und der Über-Ich-Entwicklung zu denken ist, kann reversibel sein und sich umkehren. Eine »religiöse Masse« kann sich zersetzen, wenn ihre Führerfigur ins Zwielicht gerät und die Bedingungen seines Todes und seiner Auferstehung den Massen nicht mehr als heilig, sondern als Betrug erscheinen. Die zuvor durch die »Liebe Christi« gebundenen feindseligen Gefühle gegen andere Personen oder Gruppen können sich ungehindert äußern. Anarchische Gewalt bricht aus, die vorher durch ein gemeinsames Kultur-Über-Ich gebändigt war (vgl. Freud 1921c, 106 f.).

In einer globalisierten Welt mit kulturellen Brüchen und gewaltigen, an Völkerwanderungen erinnernden Bewegungen hat diese mit Gewaltentbindung einhergehende »Zersetzung einer religiösen Masse« (ebd.) eine hohe Erklärungskraft. Merkwürdig ist, daß bei Türcke der massenpsychologische Aspekt völlig fehlt und auf seiner Bühne lediglich Einzelpersonen agieren.

Paulus

Zu diesen gehört natürlich auch Paulus, und er macht bei Türcke eine denkbar schlechte Figur. Das Damaskus des Saulus, seine Bekehrung, stellt sich ihm als wenig glaubwürdiges Debakel dar, wo erneut die vertikale Symmetrieachse kippt und der Gegenstand seiner Analyse sich ins Pathographische wendet.

Dagegen verdient festgehalten zu werden, daß Begegnungen mit dem Auferstandenen und Bekehrungen sich bis in unsere Tage ereignen, wie William James (1902) in *Die Vielfalt religiöser Erfahrung* oder einhundert Jahre später Christian Heidrich in *Die Konvertiten* ausgeführt haben. Solche abrupt sich vollziehenden Konversionen haben eine anthropologische Basis, die Initiation. Sie können durchaus einem Liebesverhältnis ähneln, sind aber für eine auf materielle Fakten ausgerichtete Historie kaum greifbar und ohne Relevanz. Über den Wert einer solchen Bekehrung oder mystischen Hinwendungen zu einem neuen Ideal entscheiden letztlich die Folgen, die sie zeitigen: »An ihren Früchten werdet ihr sie erkennen« (Mt 7, 16). Bekanntlich wird Paulus als der eigentliche Begründer des Christentums gesehen. Wie sich der Auferstandene dem Völkerapostel zeigt, vermag das vorliegende Buch wieder einmal nur in sakrilegischer Rede auszudrücken: »›Christus gesehen‹ hat Paulus offenbar so, wie man ›Sterne sieht‹ – etwa nach einem Faustschlag« (52).

Der Leser findet keine Würdigung dieser subjektiven, gleichwohl die Weltgeschichte grundlegend verändernden Wende im Seelenleben des Völkerapostels, kein Wort zu dem bis heute anhaltenden und sich unter unseren Augen vollziehenden Vorgang, daß mit der Christuserkenntnis für Paulus alle ethnischen Schranken ihre Wertigkeit verloren haben. Statt dessen lesen wir eine Pathographie des Völkerapostels. Es geht um seinen »Stachel im Fleisch« (2 Kor 12, 7), sein Leiden, dessen posthume Diagnostik Theologen und Medizinhistoriker bis heute beschäftigt: Waren es epileptische Anfälle, Dissoziierungen, ging es um seine Selbstüberhebung oder um seinen Konflikt zwischen jüdischer und römischer Identität? Hier greift Türcke auf etwas zurück, was in der Psychoanalyse mit gutem Grund seit einigen Jahrzehnten als obsolet angesehen wird. Pathographie ohne ausreichende Quellen ist wie Traumdeutung ohne die Einfälle des Träumers. Paulus wird als ein von »missionarischer Hyperaktivität« (74) gekennzeichneter Ehrgeizling karikiert, der immer »die Nr. 1 sein wollte« (54).

Auch was das Lebensende des Paulus anlangt, über das die Apostelgeschichte schweigt, bleibt Mutmaßung des Autors; übrigens schweigt sie auch über das Sterben des Petrus und der anderen Aposteln. Wäre sein Tod einfach nur unbekannt, insinuiert Türcke, hätte der Verfasser der Apostelgeschichte, der Evangelist Lukas, einen »wunderbaren Freiraum gehabt, um das Martyrium des verehrten Paulus nach Muster des Todes Jesu auszugestalten und der Christenheit als leuchtendes Beispiel vorzuhalten« (55). Doch gerade daran war der Chronist nicht interessiert. Türcke hingegen äußert den Verdacht: »Irgendetwas muß geschehen sein, […] was für Paulus nicht schmeichelhaft war. Wir wissen nicht, was. Es ist nicht durchgesickert. Erstaunlich, wie die Christenheit hier dicht gehalten hat« (55).

Ganz anders sieht Freud den Völkerapostel. Er erscheint ihm als ein im eigentlichen Sinn religiös veranlagter Mensch: »[…] die dunklen Spuren der Vergangenheit lauerten in seiner Seele, bereit zum Durchbruch in bewußtere Regionen« (Freud 1939a, 192). Er war fähig, die »Völkerverstimmung« (ebd., 244), welche die matt gewordene antike Kultur erfaßt hatte, zu begreifen und auf ein tiefreichendes Schuldgefühl zurückzuführen, das er »Erbsünde« nannte. Paulus, selbst einmal auf der Täterseite stehend, fand in der Passion Christi das Prinzip Urschuld enthüllt, das anerkannt und durch kein Gesetz getilgt werden kann. In seiner Identifizierung mit dem gekreuzigten und auferstandenen Christus vollzog sich die eigentliche Bekehrung. Christusnachfolge nahm fortan dem Tod seinen Stachel. Das Leiden und die Nachtseite des Lebens, die Teil der allgemeinen Bedrückung der damaligen Welt waren, erschienen in einem neuen hoffnungsvollen Licht.

Ein neuer Geist erfaßte die auf Christus Getauften, die ihn als Ich-Ideal gewählt oder die, wie Paulus es nannte, »Christus angezogen« hatten. Die neue christliche Sekte wagte, sich dem Machtanspruch Roms zu widersetzen, wo er dem eigenen Gewissen widersprach, sie traute sich, Gott mehr zu gehorchen als den Menschen. Diese neue Kraft befreite den Blick und legte die Bedrückung ab, die sich gegen Ende der Antike den Menschen immer stärker auferlegt hatte.

So verwundert es nicht, daß Menschen unter der Last totalitärer Regime bis heute ihren Widerstand aus eben diesen Quellen beziehen. Die Entwicklung in Osteuropa, die mancherorts mit einer Rechristianisierung einhergeht, ist ohne die Mitwirkung der Kirchen und des damaligen polnischen Papstes kaum denkbar, und auch die Machthaber im heutigen China fürchten und unterdrücken die wachsende Zahl der in Hauskirchen organisierten Christen. Türckes blasser oder untoter Jesus scheint eher in die Landschaft der säkularen Demokratien westlichen Zuschnitts zu passen, wo Auferstehung allenfalls noch immanent gedacht werden kann: als Wirtschaftswunder oder etwas weiter östlich als »Auferstanden aus Ruinen ...«.

Jesu Antimoral oder die Kritik am Äquivalenzprinzip

Die Kommentierung der Gleichnisse und der Bergpredigt verlebendigt jedoch Türckes Jesusbild, trifft die angemessene Tonhöhe, ist weitgehend frei von störenden sprachlichen Nebengeräuschen und wird dem Neuen in Jesu Predigt und Wirken gerecht. In den Gleichnisreden vernimmt der damalige wie der heutige Hörer eine unerhörte Botschaft, und die Kühnheit der Rede vom Reich Gottes wird in aller Deutlichkeit erkennbar.

Das Gleichnis ›Von den Arbeitern im Weinberg‹ (Mt 20, 1–16) handelt von einer Gerechtigkeit, die sich von der in Ökonomie und Gesellschaft grundlegend unterscheidet: Der Herr des Weinbergs zahlt den Arbeitern zum Feierabend den am Morgen vereinbarten Tageslohn. Andere, zu späteren Zeiten angeworben, und einige, die erst um die elfte Stunde mit der Arbeit begonnen hatten, erhalten dasselbe Entgelt. Diejenigen, die den ganzen Tag gearbeitet haben – sie stehen auch für die Erstberufenen des alten Bundes – hätten nicht gemurrt, wäre da nicht der Vergleich mit den Nebenleuten und Spätgekommenen, den Heiden. Das Gottesreich geht diesem und anderen Gleichnissen zufolge weiter als menschliches Gerechtigkeitsdenken, ohne jedoch dessen Wert zu verwerfen. Es bestreitet jedoch ein Äquivalenzprinzip, das alles Heil in Wechselseitigkeit sehen will. Die berühmteste Formel für das Äquivalenzprinzip lautet: »Auge um Auge, Zahn um Zahn« (Ex 21, 24). Aber Äquivalenz begleicht lediglich, sie vermag nicht zu heilen. Jesus sah das Ungenügen dieser Form der Gerechtigkeit und Wechselseitigkeit: »Höflichkeiten, Nützlichkeiten, Freundlichkeiten, Zärtlichkeiten austauschen mag ja unerläßlich für den Bestand und die Fortpflanzung des Gemeinwesens sein. Aber ist Wechselseitigkeit nicht bloß ein anderes Wort für Äquivalenz?«, fragt Türcke zu Recht, »Vorteil um Vorteil, Ware um Geld, Kuß um Kuß: ist das nicht nur die Schokoladenseite des ›Auge um Auge, Zahn um Zahn‹?« (139).

Das Reich Gottes, nicht von dieser Welt, aber doch in ihr, eröffnet die Möglichkeit, aus dem Teufelskreis der finalen Vergeltung herauszukommen. Darum gipfelt die Bergpredigt in dem nie gehörten Gebot der Feindesliebe. Alle auf Wechselseitigkeit beruhenden Ethiken, das jüdische Talionsgesetz wie der kategorische Imperativ Kants brechen sich an dieser Antithese.

Aber ist das Gebot der Feindesliebe in dieser Welt erfüllbar, ist es nicht ein Wahn? Dabei muß man jedoch sehen, wogegen es sich sträubt: »Daß es immer so weitergeht mit Verletzung um Verletzung, Gewalt um Gewalt, und kein Ende abzusehen ist: ist das denn minder wahnhaft?« (140). Das Gebot der Feindesliebe, in Verbindung mit der Naherwartung Jesu stehend, soll gleichsam eine »eschatologische Initialzündung« (139) sein, dem anbrechenden Gottesreich voranleuchten, »so daß ihm gar nichts anderes übrig bleibt als zu kommen und alle Feindseligkeit der bestehenden Welt aufzulösen« (139).

Wenn es sich aber verzögert, fragt Türcke, ist es dann nicht untauglich? Ist ein Gemeinwesen lebensfähig, wenn es nicht dem Bösen widersteht und auf Gerichtsbarkeit verzichtet? Doch wie verhält es sich umgekehrt mit dem Realitätsprinzip, welches vielleicht nur ein anderes Wort für das Äquivalenzprinzip ist? Führen Wechselseitigkeit und Vergeltungsdenken angesichts der vorhandenen Massenvernichtungswaffen nicht in ein weltweites Desaster, wenn sie nicht durch so etwas wie Feindesliebe unterlaufen werden? »Ein absurd überspanntes Gebot hält einer nicht minder absurden Vergeltungspraxis den Spiegel vor: den einzigen, worin sich das zum Weltsinn aufgespreizte Äquivalenzprinzip voll reflektieren kann« (141). Doch bricht Türcke seine Gedanken an dieser Stelle zu früh ab. Wie die Dinge heute in einer globalisierten Welt mit ständiger Gewalteskalation stehen, sehen nachdenkliche Zeitgenossen die Gedanken der Bergpredigt keineswegs als unrealistische und pazifistische Utopie an. Es erscheinen nicht wenigen diejenigen als naiv, die sich immer noch dafür aussprechen, auf gewaltsame Provokation mit Gegengewalt zu reagieren.

Hiob

In der Hiobdichtung findet sich ein Vorläufer Jesu, allerdings nicht der einzige, wie Türcke meint, sondern Hiob gehört in eine Reihe von Gerechten und Propheten, die wie Abel erschlagen oder verfolgt wurden (vgl. Mt 23, 34–36). Die manifesten Evangelientexte sagen immer mehr, als Türcke sie sagen läßt. Es geht um nichts Geringeres als um die Gründungsmorde, von denen Jesus in den Weherufen gegen die Pharisäer und Schriftgelehrten (Lk 11, 50–51) redet, also um das Blut aller Propheten, das seit Grundlegung der Welt vergossen wurde. Freud war der erste Religionspsychologe, der diesen Gründungsgewalten den Rang einräumte, der ihnen zukommt; darüber später mehr.

Hiob in der Asche sitzend und seine Geschwüre kratzend hat alles verloren, seine Habe und seine Kinder. Da machen sich seine Freunde auf, um ihn zu beschwören, er möge sein Leiden als Strafe annehmen und seine Schuld eingestehen. Die Freunde fragen gemäß den Regeln der Äquivalenz nach seinem Vergehen, denn im archaischen Denken gibt es kein Leiden ohne eine zuvor begangene Schuld. Doch darauf will sich Hiob nicht einlassen. »Er sieht beim besten Willen in seinem Leben keine Verfehlung, die zu seinem Leiden in einem annehmbaren Verhältnis stünde. Er weigert sich, seinem Leiden durch ein aufgezwungenes Schuldbekenntnis Sinn zu geben und darin Gottes Gerechtigkeit zu erkennen« (141). Er will lieber sterben, als sich der Prozedur der Selbstkritik zu unterziehen, die im Rußland Stalins oder im China Maos geltende Praxis war, lieber sterben, auf daß sein Blut wie das Abels zum Himmel schreie, als vor einer archaischen Gottheit einknicken, die auf der Seite der herrschenden Majorität steht und die hier durch die Freunde repräsentiert wird.

Das ganze Alte Testament, angefangen von der Bluttat an Abel und den Gottesknechtliedern bei Jesaja bis hin zur Hiobdichtung, ist von diesem Widerstand gegen ein Prinzip durchzogen, wonach Leiden und Unglück immer Folge einer zugehörigen Verfehlung und Schuld zu sein hat. Schon in der hebräischen Bibel zeigt sich ein Gott, der nicht auf der Seite der Machthaber, sondern der Opfer steht. In diesem Sinn ist Hiob ein Vorläufer Jesu. Die Freunde Hiobs sind die Hüter der öffentlichen Ordnung und die Vertreter des Äquivalenzprinzips, das sich aber bei genauerem Hinsehen als Sündenbockprinzip entlarvt. Zwar spricht auch Türcke vom Sündenbock (vgl. 98f.), aber nie in dem umfassenden Sinn, wie er in der Hiobdichtung und darüber hinaus schon im Alten

Testament als archaisches Verfolgungsprinzip entlarvt wird (vgl. Girard 1990 [1985]).

Es geht um den Zusammenhang zwischen Schuld und Unglück, ein Zusammenhang, der bis heute im Seelenleben des Einzelnen wie im kollektiven Denken und Handeln Anlaß zu Verfolgung und Ausstoßung gibt. Unglücksfälle, wie Hiob widerfahren, sind keine göttliche Heimsuchung, aber sie ziehen die Verfolger an, weil sie als Strafe Gottes verkannt werden. Dieser entscheidende Punkt ist ein zentraler Gedanke in den Evangelien. Jesus lehnt eine archaische, auf Sündenböcken basierende Religion ab, die auf dem Zusammenhang zwischen Unglück und göttlicher Strafe beharrt. Auf die diesbezügliche Frage seiner Jünger antwortet er, daß »die achtzehn, auf die der Turm in Siloah fiel und erschlug« (Lk 13, 4) nicht schuldiger sind als alle anderen Menschen, die in Jerusalem wohnen.

Christoph Türckes Anthropologie – ein Vergleich

Jesu Traum greift auf frühere kulturanthropologische Vorstellungen Türckes zurück, die in der Nähe von Freuds Denken über die Anfänge von Religion und Kultur angesiedelt sind, aber in entscheidenden Punkten abweichen. Zentrale Begriffe bei Türcke sind das Heilige, das Opfer, der Schrecken, das Ritual, der Wiederholungszwang. Die Steinzeit ist gleichsam in uns, sie hat in den Jahrzehntausenden und darüber hinaus auf unser Sensorium eingewirkt und bereits unser Nervensystem zu einer den Schrecken deeskalierenden physiologischen Organisation werden lassen. Außerdem haben seit alters religiöse Institutionen mit Erfolg versucht, Panik und übermäßige Erregung zu absorbieren und in heilsame Bahnen zu lenken. Sie stellen den Versuch dar, »das Schreckliche durch seine Vergewöhnlichung verblassen zu lassen« (Türcke 2002, 142), wie das auch der Wiederholungszwang versucht.

Türcke geht davon aus, daß moderne, mit elektronischen Prothesen ausgestattete Menschen und Gesellschaften bei aller technischen Progression sich unversehens im »Rückwärtsgang in graue Vorzeit« (ebd., 10) befinden können. Der technische Fortschritt schafft das Paradox, daß immer mehr Erregung zu bewältigen ist, als ein Nervensystem verarbeiten kann. Türcke spannt den Bogen von der physiologischen und kulturellen Frühzeit bis zur Gegenwart, wo eine mediale Sensationsmaschinerie immer vehementer alles Geschehen in eine erregende und Aufmerksamkeit heischende Reizflut verwandelt.

Frühe Kulturen hatten die Fähigkeit, die Schrecken durch Wiederholungen zu vergewöhnlichen, wobei die regelmäßig wiederkehrenden Rituale so etwas wie selbsttherapeutische Institutionen waren. Rituale verabfolgen wie in einem »Selbstimpfungsverfahren« (ebd., 134) den Schrecken, um gegen den Schrecken zu immunisieren. Wenn Türcke von traumatischem Schrecken spricht, so denkt er zuerst an »erschütternden Lärm von Erdbeben und Unwettern« (20), also an Naturkatastrophen.

Doch darüber hinaus ist von allen Schrecken derjenige, den Menschen einander zufügen, der schrecklichste. Naturkatastrophen wie Dürre, Überschwemmungen oder Epidemien führen dazu, daß sich die zwischenmenschlichen Verhältnisse verschlechtern und nicht selten in wechselseitige Gewalt abgleiten und damit zu massenpsychologischen Phänomenen erster Ordnung werden. Insofern geht Vergewöhnlichung des Schreckens weit über physiologische oder neurologische Maßnahmen hinaus, rührt vielmehr an die Grundlagen menschlicher Kulturentwicklung. Türckes Vorstellungen vom Ritual bedürfen der Ergänzung durch diejenigen, die René Girard (1992 [1972]), herkommend von Freuds Auffassung von den Anfängen der Kultur, entwickelt hat.

Hiob ist wie Ödipus ein gefallenes Idol, und Krisenzeiten sind durch die Suche nach Schuldigen gekennzeichnet, weil das archaische Denken in Kategorien von Unglück, Verstoß gegen ein göttliches Gebot und Strafe denkt. In einem Gedankenexperiment kann man die Ödipustragödie, die Hiobdichtung und die Passion Christi übereinanderlegen und erstaunliche Parallelen feststellen. Für Freud gehört die Kreuzigung in dieselbe Kategorie von Urtragödien, allerdings mit dem Unterschied, daß das stets verborgene Strukturprinzip dort enthüllt wird. Das nennt er den Wahrheitsgehalt der Religion, der wie verschlüsselt auch immer allen mythischen Erzählungen über die Anfänge der Kulturen zugrunde liegt. Türcke geht es um einen anderen Wahrheitsgehalt, um die Erforschung der latenten Traumgedanken, welche die christliche Zensur in den Evangelienberichten vermeintlich verschweigt, nämlich die authentischen Worte und Taten des historischen Jesus. Diese seien zu kühn gewesen und mußten deswegen »gemildert oder umgebogen« (77) werden.

Freud ist so kühn, die paulinischen Briefe und die Evangelien anthropologisch zu lesen und aus ihrer selbstexplorierenden Kraft zu schöpfen: Der Opfertod Jesu und seine Auferstehung wiederholen und enthüllen zugleich, weil hier das Gründungsprinzip der Kultur offen zutage tritt: »So bekennt sich denn in der christlichen Lehre die Menschheit am unverhülltesten zur schuldvollen Tat der Urzeit« (Freud 1912–13, 185). Krisen können kollektive Gründungsgewalten nach sich ziehen und im Sinne der Traumaverarbeitung, des postmortalen Gehorsams oder der Trauer neue Gebote und neue Ideale erzeugen. Für Freud war der Vorgang, der zum mosaischen Gesetz führte, derselbe wie der, der nach der Kreuzigung mit Christi Auferstehung zur Errichtung des kulturellen Über-Ichs des Abendlandes führte.

Riten haben Erinnerungscharakter, insofern sie die Gewalt der ursprünglichen Opfer-Sündenbock-Tragödie nachspielen und damit Gefahrensituationen vom Gemeinwesen abzuwenden versuchen. Dazu gehören in gleicher Weise auch die Tabus und Verbote, die als negative Riten bezeichnet werden. Türcke betont immer wieder den Charakter gewendeten Schreckens, der die Gewalt von unbewältigten Naturkatastrophen nach Art der traumatischen Neurose bannen und mildern helfen soll, und auch dieser Aspekt ist unverzichtbar.

Seine Psychoanalyse des Neuen Testaments geht jedoch weniger von dessen Stärken aus als von seinen Schwächen. Vor allem ist Türcke die Fähigkeit zur Selbstenthüllung entgangen, die sich schon im Alten Testament vorbereitet, insofern sich dort, vielleicht erstmalig in der langen Geschichte der Religionen, ein Gott auf der Seite der Opfer zu zeigen beginnt. Dort bereitet sich ein Wissen um Menschheitsverhängnisse und Tragödien vor, das in der Passion Christi seine umfassende Offenlegung erfährt. Das Zentrale der Evangelien, die Theologia crucis, wird von Türcke merkwürdig randständig behandelt.

Türckes Essay über das Neue Testament scheut vor einer so grundlegenden Analyse der Kulturbildung zurück und aberkennt der Kreuzigung die offenbarende, d. h. offenlegende Bedeutung, die Freud und Girard in ihr sahen. Für ihn ist sie lediglich eine »Hinrichtung« (66), mit der nachträglich das christliche Abendmahl in Verbindung gebracht wurde, eine rückdatierte Prophezeiung. Im Sinne der Traumarbeit, die hier »Geschichtsklitterung« (66) genannt wird, hätten die Texte der Evangelien Jesu Hinrichtung und das letzte Abendmahl mit seinen Jüngern zum Sakrament erhoben und mit frühgeschichtlichen, archaischen Ritualen in Verbindung gebracht.

Seine Analyse des Neuen Testaments traut der historisch-kritischen Methode mehr zu, als sie verdient. Zugleich schneidet diese Forschungsrichtung von den Kraft spendenden Wurzeln ab, von dem, was Nietzsche als die für das Gemeinwesen notwendige »pietätsvolle Illusionsstimmung« (Nietzsche 1973 [1874],

252) bezeichnet. In erstaunlicher Vorausschau fürchtet er, Religion könne in der Moderne einer gefährlichen Stimmung der Ironie oder – noch gefährlicher – des Zynismus zum Opfer fallen, so daß »die wirklichen Dinge nicht mehr ernst zu nehmen« (ebd., 233) sind. Winnicott wird später vom Illusionären des Übergangsraums sprechen, der zugleich der Raum des Spiels und des kulturellen Erlebens ist.

Diese Aufwertung des Illusionären bedeutet jedoch nicht, daß dieser Bereich frei von Destruktion ist, wie ja auch das kindliche Spiel rohe Gewalt kennt. Ebenso entgeht Nietzsches Blick keineswegs, daß unter der Illusion »so viel Falsches, Rohes, Unmenschliches, Absurdes, Gewaltsames zutage tritt« (ebd., 252), aber dennoch sei sie notwendig, um den »unbedingten Glauben an das Vollkommene und Rechte« (ebd.) zu erhalten.

Freuds Desillusionierung des Religiösen zerstört und bietet zugleich eine Entschädigung, die man als erwachsenen Glauben in einer nachmetaphysischen Zeit bezeichnen kann. Sie macht den ersten gültigen Versuch, aus der Sprache der Religion in die der anthropologischen Wissenschaft zu übersetzen. Das hat freilich zur Folge, daß die Gewaltverhängnisse, die im Religiösen mehr oder weniger verschleiert enthalten sind, nun unverhüllt und schmerzhaft zutage liegen. Doch diese Art der Auflösung der Menschheitsneurose wird als zu anstößig immer noch mehrheitlich zurückgewiesen.

Statt dessen ist unser Denken von einer Karikatur des Religiösen dominiert, das sich weigert, die überkommenen mythologischen Vorstellungen in eine nichtreligiöse Sprache zu übersetzen, damit ihr Sinn neu zur Geltung kommen kann. Ein lächerlich machender Blick auf unsere kulturellen und religiösen Wurzeln schützt davor, die dahinterliegenden anthropologischen Wahrheiten, das Opfer-Sündenbock-Prinzip, erkennen zu müssen. Türckes Dekonstruktion des Opferdenkens bleibt ambivalent und vermeidet den Anschluß an eine kohärente Theorie der Kultur. Wenn er davon spricht, daß die modernen, technisch hochgerüsteten Zivilisationen sich rückwärts in graue Vorzeiten bewegen, trifft das merkwürdigerweise auch auf sein Jesusbild zu. Es trägt dieselben Züge von Vitalitätsminderung, die für das Lebensgefühl unserer Zeit charakteristisch sind und die einst die Völkerverstimmung der Antike kennzeichnete. Sein Jesus ist nicht zu kulturellem Wissen über uns selbst auferstanden. Doch wo es keinen Gott gibt, walten Gespenster, es ist, als wäre die Unentschiedenheit und Hoffnungslosigkeit des Karsamstag auf Dauer gestellt. Wir leiden an

Depressionen, und es überwiegen apokalyptische Ängste, die keineswegs unrealistisch sind.

An dieser Stelle, wo es um eine Welt ohne Bereitschaft, auf Gegengewalt zu verzichten, geht und das ›Auge um Auge‹ vorherrschend ist, verlebendigt sich jedoch Türckes Jesusbild: »Das Feindesliebegebot plagt und beschämt mehr denn je durch seine Unerfüllbarkeit und Dringlichkeit« (156).

Zusammenfassung

Schon vor rund einhundert Jahren kam Albert Schweitzer zu der Auffassung, die moderne Theologie habe einen merkwürdig unlebendigen Jesus hervorgebracht. Noch früher warnte Friedrich Nietzsche, historische Sezierübungen auf Religion angewandt könnten diese zerstören. Echte Historie habe dem Leben zu dienen und geschichtliche Gestalten und Geschehnisse so zu erfassen, daß sie in der Gegenwart wirksam werden und ihre Kraft entfalten. Türckes Versuch, das Neue Testament wie einen manifesten Traum zu lesen und mit Hilfe eigener Deutungen und der historisch-kritischen Forschung zu den dahinter liegenden latenten Traumgedanken vorzudringen, wird auf seine Validität hin überprüft. Seine Ausführungen über das Ostergeschehen, die ohne das Konzept der Trauer auszukommen versuchen, tragen wesentlich zur Imago eines untoten Jesus bei. Auch der Exkurs über den Apostel Paulus ist nicht angetan, das Bild von den Anfängen des Christentums zu verlebendigen.

Türcke grenzt sich in seiner Psychoanalyse des Neuen Testaments von den Ausführungen Freuds in dessen kulturtheoretischen Schriften ab. Seine Anthropologie vertritt wichtige und neue Ansichten, verweigert aber den Anschluß an Entwürfe Freuds oder anderer Autoren zu einer allgemeinen Theorie der Religion. In den Kapiteln über die Bergpredigt, die Gleichnisreden und das Feindesliebegebot hingegen begegnet der Leser einem lebendigeren Jesusbild, das nachvollziehbar macht, warum das Neue Testament bis heute nichts von seiner Herausforderung verloren hat.

Summary

Undead or Risen? Christoph Türcke's Image of Jesus

It was approximately one hundred years ago when Albert Schweitzer came to the conclusion that modern theology had produced a strangely lifeless Jesus. Friedrich Nietzsche warned even earlier that historical dissection, applied to religion, could destroy it. True history had to serve life and it had to include historical figures and events in such a way that they have an influence on the present and develop their power. Türcke's attempt to read the New Testament as a manifest dream and to advance to the underlying latent dream thoughts via own interpretations and historical-critical research, is reviewed with regard to its validity. His remarks about the Easter event, trying to get along without the concept of mourning, contribute considerably to the image of an undead Jesus. Even the excursion about the apostle Paul is not suitable for bringing to life the image of the beginnings of Christianity.

In his psychoanalysis of the New Testament Türcke dissociates himself from Freud's explanations in his cultural-theoretical writings. His anthropology represents important and new views, but refuses the connection to the drafts of Freud or other authors offering a general theory of religion. In the chapters on the Sermon on the Mount, the parable speeches, and the command to love enemies, the reader meets however a more vivid image of Jesus that makes comprehensible why the New Testament has still today not lost its challenge.

Literatur

Freud, S. (1912–13): Totem und Tabu. Einige Übereinstimmungen im Seelenleben der Wilden und der Neurotiker. *GW* IX.

— (1915b): Zeitgemäßes über Krieg und Tod. In: *GW* X, 324–355.

— (1921c): Massenpsychologie und Ich-Analyse. In: *GW* XIII, 71–167.

— (1930a): Das Unbehagen in der Kultur. In: *GW* XIV, 419–506.

— (1935a): Nachschrift 1935 zur »Selbstdarstellung«. In: *GW* XVI, 29–34.

— (1939a): Der Mann Moses und die monotheistische Religion. In: *GW* XVII, 103–246.

Girard, R. (1992 [1972]): *Das Heilige und die Gewalt*. Frankfurt am Main: Fischer.

— (1990 [1985]): *Hiob – ein Weg aus der Gewalt*. Zürich: Benzinger.

Graß, H. (1969): Historisch-kritische Forschung und Dogmatik. In: Ders.: *Theologie und Kritik. Gesammelte Aufsätze und Vorträge*. Göttingen: Vandenhoek und Ruprecht, 9–27.

Haas, E. Th. (2002): Auferstehung: Das Osterereignis und die Arbeit der Trauer. In: Ders.: *… und Freud hat doch recht. Die Entstehung der Kultur durch Transformation der Gewalt*. Gießen: Psychosozial, 213–229,

— (2006): *Transzendenzverlust und Melancholie. Depression und Sucht im Schatten der Aufklärung*. Gießen: Psychosozial.

Heidrich, C. (2002): *Die Konvertiten. Über religiöse und politische Bekehrungen*. München/Wien: Hanser.

James, W. (1979 [1901–1902]): *Die Vielfalt religiöser Erfahrung*. Olten: Walter.

Lüdemann, G. (1994): *Die Auferstehung Jesu*. Stuttgart: Radius.

Nietzsche, F. (1973 [1874]): Unzeitgemäße Betrachtungen, Zweites Stück: Vom Nutzen und Nachteil der Historie für das Leben. In: Ders.: *Werke in drei Bänden*. Bd. 1. München: Hanser, 209–285.

Safranski, R. (2009): *Romantik. Eine deutsche Affäre*. Frankfurt am Main: Fischer.

Schweitzer, A. (1984 [1906]): *Geschichte der Leben-Jesu-Forschung*. Tübingen: Mohr Siebeck.

Türcke, C. (2002): *Erregte Gesellschaft. Philosophie der Sensation*. München: Beck.

Eberhard Th. Haas, Lossenweg 1, 64285 Darmstadt, e.th.haas@t-online.de

Namenregister

Sachregister